# 高质量发展的
# 湖北实践与探索

■ 赵霞 著

WUHAN UNIVERSITY PRESS
武汉大学出版社

**图书在版编目(CIP)数据**

高质量发展的湖北实践与探索/赵霞著.—武汉：武汉大学出版社，
2023.8

ISBN 978-7-307-23449-9

Ⅰ.高…　Ⅱ.赵…　Ⅲ.区域经济发展—研究—湖北　Ⅳ.F127.63

中国版本图书馆 CIP 数据核字(2022)第 217519 号

责任编辑:龚英姿　　　责任校对:汪欣怡　　　版式设计：马　佳

出版发行:武汉大学出版社　　(430072　武昌　珞珈山)
　　　　　(电子邮箱：cbs22@whu.edu.cn　网址：www.wdp.com.cn)
印刷:武汉邮科印务有限公司
开本:720×1000　1/16　印张:16.25　字数:264 千字　插页:1
版次:2023 年 8 月第 1 版　　2023 年 8 月第 1 次印刷
ISBN 978-7-307-23449-9　　定价:58.00 元

# 前　　言

2020 年是中华人民共和国成立以来湖北历史上极不平凡、极不容易、极其难忘的一年。千年梦想与百年目标交汇，世纪疫情与百年变局交织，挑战前所未有，斗争艰苦卓绝。在以习近平同志为核心的党中央坚强领导下，湖北省上下众志成城、万众一心、攻坚克难，全力打好战疫、战洪、战贫三场硬仗，稳住了经济基本盘，兜住了民生底线，守牢了社会稳定底线，夺取了统筹疫情防控和经济社会发展的"双胜利"。

2021 年 7 月，《中共中央国务院关于新时代推动中部地区高质量发展的意见》(以下简称《意见》)公布。以推动高质量发展为主题，着眼于中部地区在全面建设社会主义现代化国家新征程中作出更大贡献，从创新、协调、绿色、开放、共享等方面确定了多项重大任务及相应的政策措施。《意见》有 40 多处涉及湖北，明确提出"受新冠肺炎疫情等影响，中部地区特别是湖北省经济高质量发展和民生改善需要作出更大努力"。

为了深入贯彻习近平总书记视察湖北、参加湖北代表团审议时的重要讲话精神，抢抓中央支持湖北发展重大政策机遇，以危机倒逼转型，把"重启键"变成"升级键"，湖北各地有力有序推动疫后重振和高质量发展。

全书按照五大发展理念，分为"创新发展""协调发展""绿色发展""开放发展""共享发展"五个篇章，以习近平总书记重要讲话精神为指导，从理论的高度对湖北疫后实践进行了系统总结。同时，立足湖北特色，通过在武汉经济技术开发区(汉南区)(以下简称武汉开发区)、青山区等地深入实地调研，用鲜活的案例和精炼的经验，讲述了英雄的湖北人民创造的又一伟大壮举的生动实践与探索。

第一部分为"创新发展"，主要探讨长江经济带建设背景下湖北打造世界级

1

万亿汽车产业集群、人工智能与湖北制造业深度融合的思路与路径、加快湖北战略性新兴产业"壮链扩群"的政策研究。

第二部分为"协调发展"，研究如何加快推进武汉城市圈两型社会综改区协同发展、武汉开发区汽零产业园建设现代产业园。

第三部分为"绿色发展"，涵盖以推进南水北调后续工程高质量发展为契机，统筹解决汉江中下游水资源难题和湖北省生态保护补偿机制的实践探索与政策建议。

第四部分为"开放发展"，关注新形势下武汉突破外贸困局的路径研究、抢抓 RCEP 机遇推动武汉外贸提质升级的路径与对策研究。

第五部分为"共享发展"，聚焦以产业转型带动人口导入，助推老工业基地青山区焕发新生机和武汉开发区军民融合产业发展。

# 目　　录

# 第一章　创新发展

## 第一节　长江经济带建设背景下湖北打造世界级
## 万亿汽车产业集群研究

2016年9月，《长江经济带发展规划纲要》正式印发，提出"打造世界级的汽车产业集群，联合上海、南京、杭州、宁波、武汉、合肥、芜湖、长沙、重庆、成都等地，利用区域内资金、技术优势，加强合作和产业集聚，做好核心技术攻关，提高整车和关键零部件创新能力，推进低碳化、智能化、网联化发展"。2020年11月，习近平总书记在南京召开推动长江经济带发展座谈会，提出企业发展离不开创新，要提高自主创新实力，培育具有国际竞争力的制造业集群，提高在国际市场的影响力。2021年6月，《中共湖北省委、湖北省人民政府关于新时代推动湖北高质量发展加快建成中部地区崛起重要战略支点的实施意见》提出，发挥产业基础雄厚优势，强化高端产业引领功能，推动湖北制造高质量发展，打造世界级先进制造业产业集群。

汽车产业是湖北的第一大支柱产业，湖北要想在长江经济带建设中走在前列，加快打造世界级汽车产业集群无疑是重要抓手。湖北汽车产业在"十三五"期间平稳发展，保持较高水平，虽然多数在短期内遇到困难，但是湖北汽车产业具有较大韧劲，率先实现反弹，为湖北省经济复苏作出了卓越贡献，表现出强大的发展活力和内生动力。湖北省"十四五"规划提出深入推进制造强省建设，发挥产业基础和科教集聚优势，培育打造万亿级汽车产业集群，提高汽车及新能源汽车等重点产业的影响力和控制力，努力打造代表湖北参与国际竞争、全国重要的先进制造业基地。

因此，立足于长江经济带建设的实际需求，结合湖北省汽车产业现状，以万亿汽车产业集群为主题开展研究具有重要的现实意义。

## 一、长江经济带建设背景下湖北打造世界级万亿汽车产业集群的重大意义

《长江经济带发展规划纲要》和《长江中游城市群发展规划》都提出了建设世界级产业集群和具有国际竞争力城市群的重要任务，湖北作为长江沿线的重要省份，积极参与建设世界级产业集群意义重大。

### (一)是区域经济发展迈入新阶段的重要体现形式

首先，城市群成为区域经济发展新的空间形式。总结世界经济发展规律，城市群的协调及总体发展是一个区域经济发展的先导，只有城市群内的产业关联度增强，规模扩大，才能增强区域经济实力。中心城市在城市群发展中具有举足轻重的地位，承担着集聚、扩散及创新作用，必须加强中心城市的建设规划。城市群以中心城市为依托，通过自然环境、交通、资源以及产业链条不断增强区域联系，形成相对完整的经济体系。城市群能发挥集聚效应，促进经济的快速发展，是区域经济的高级形态。

其次，世界级城市群都需要以世界级产业集群或基地的建设为依托。美国的芝加哥-匹兹堡城市群包括匹兹堡、底特律等多个城市，在区域内工业集聚发展，成为特大工业化区域。我国经济发展特征明显，从沿海区域辐射至内陆，从单一中心城市发展转为城市群协同促进。

京津冀、长三角、粤港澳大湾区等城市群快速发展，利用自身发展优势，建立起具有一定竞争力的产业集群，并具备了带动、辐射更大范围产业经济全面升级的作用。

### (二)是推动长江经济带发展的重要任务

首先，长江经济带沿线省市迎来新的发展机遇期。推动长江经济带发展是我国重大战略决策。习总书记高度重视长江经济带的发展，分别在重庆、武汉和南京主持召开座谈会，从"推动"到"深入推动"，再到"全面推动"，一脉相承、一

以贯之，赋予了长江经济带发展新的历史使命。

其次，打造世界级万亿汽车产业集群是推动长江经济带发展的有效方式。必须实现长江经济带的高质量发展，加强企业创新能力建设，培育先进制造业集群。因此，长江经济带的高质量发展将以世界级产业集群建设为突破口。

最后，湖北区位优势独特，汽车产业基础雄厚，理应在长江经济带世界级汽车产业集群建设中发挥重要作用。湖北省位于长江中游，全长 1061 千米。同时，湖北省汽车产业基础条件较好，已有较好的产业集群优势。因此，积极与上下游地区合作，以开发区为载体，加强与大型企业深度协作，培育世界级汽车制造业集群，将有助于建设具有国际竞争力的沿江经济带。

### (三) 是提升长江中游城市群国际竞争力的重要途径

首先，长江中游城市群的战略地位日益突出。2015 年 4 月 5 日，《长江中游城市群发展规划》实施，长江中游城市群成为经济建设新增长极、内陆开放合作示范区和"两型"社会建设引领区。在国家"十四五"规划纲要中，长江中游城市群的定位被提升至与京津冀、长三角、珠三角同一梯队。

其次，世界级产业集群是长江中游城市群的重要内核支撑。建设长江中游城市群必然要有世界级的产业集群作为重要的内核支撑，否则其会变成没有生命力的空壳。《长江中游城市群发展规划》强调要发挥长江中游城市群引领带动作用，推动长江经济带及全国经济的快速发展。

最后，湖北在长江中游城市群的世界级产业集群建设中应发挥核心作用。长江中游城市群覆盖武汉城市圈、环鄱阳湖城市群、环长株潭城市群，范围广，四通八达，成为长江经济带的重要发展支撑。其中湖北武汉城市圈的综合实力居首，将发挥龙头作用。在产业协作方面，从产业基础出发，发挥各自资源禀赋，推动城市群产业高效协同，培育优势产业集群。综上，在湖北建设世界级汽车产业集群，将全面提升湖北在长江经济带建设中的枢纽和聚集功能。

### (四) 是湖北建成支点、走在前列、谱写新篇的重要支撑

2013 年习总书记视察湖北时强调，要突出湖北在中部发展崛起中的作用，加快转型升级步伐。有步骤地建成支点、加快发展、走在前列。实现这一战略目

标，需要有一定的经济实力与综合竞争力，积极建设世界级汽车产业集群正是增强湖北经济实力的重要着力点。湖北省正在加快构建协高效的区域发展格局，同时积极培育万亿级汽车产业集群，汽车产业结构不断优化、产业聚集功能进一步提升，经济实力与综合竞争力不断增强，为实现建成支点、走在前列打下重要基础。

## 二、主要国家世界级汽车产业集群的发展历程、基本特征与经验借鉴

产业集群在工业化发展过程中发挥了重要作用。产业集群推动了美国20世纪90年代工业快速发展。特别是底特律的汽车产业集群发展尤为突出。当前，无论是欧美发达国家还是发展中国家，都纷纷制定产业集群发展战略以推动国家或区域经济发展。本书通过对主要国家汽车产业集群发展历程的分析来为湖北省打造世界级万亿汽车产业集群提供宝贵经验与重要启示。

### (一)世界级汽车产业集群案例分析

世界级汽车产业集群的形成与发展是资本、知识、技术和人才不断集聚和相互作用的过程，同时也受到政策因素、区位环境和市场环境等外部力量的影响。从这些案例中，我们可以提炼和归纳出形成世界级产业集群所需要具备的共同要素，以及保持持续竞争力的关键。

1. 美国底特律汽车产业集群

从世界工业发展历程来看，集群化是汽车工业发展的趋势。汽车产量大国中国、美国、日本等国家的产业集群特征明显(见表1.1)。从汽车产业发展的历史变迁中可以看出，美国底特律汽车产业集群和日本的丰田汽车产业集群是比较具有代表性的。

表1.1　　　　　2018年汽车产量排名前五位的国家

| 排名 | 国家 | 产量(万辆) | 占比 |
| --- | --- | --- | --- |
| 1 | 中国 | 27809196 | 29.08% |

| 排名 | 国家 | 产量(万辆) | 占比 |
|---|---|---|---|
| 2 | 美国 | 11314705 | 11.83% |
| 3 | 日本 | 9728528 | 10.17% |
| 4 | 印度 | 5174645 | 5.41% |
| 5 | 德国 | 5120409 | 5.35% |
| 世界总产量 | | 95634593 | |

注：根据中国汽车工业协会《2018年世界各国汽车(分车型)产量》整理得出。

美国汽车产业发达，在全球都具有较大竞争力，这得益于汽车产业集群的推动。同时，也对全球汽车产业产生了深远影响。19世纪初，大量移民进入底特律，推动了航运及造船业发展，与之相关的钢铁和机械业得到了快速发展，从而带动了汽车产业的崛起。亨利·福特于1903年建立第一家汽车生产厂，之后通过完善装配线，使得汽车批量化生产成为可能。1929年，世界汽车有95%由美国生产，底特律汽车产量占到美国汽车产量的80%。美国汽车生产工艺较为先进，劳动生产率远超当时的欧洲。

底特律重视技术升级，提高生产效率，使得产业集群规模扩大。但由于各个公司战略趋同，忽视创新，没有及时根据市场进行调整，主要生产的大型汽车存在耗油高等问题，导致了集群的衰落。同时，欧洲、日本和韩国汽车产业崛起，对美国汽车产业在全球的地位造成了冲击。2008年受到金融危机的冲击，美国汽车产业崩塌。三大巨头希望通过"复兴计划"改变危局，包括技术升级、降低成本、突出品牌效应、开发新能源汽车。自2011年以来，在政府资助下，美国汽车业三巨头本土销售均实现增长，为美国经济复苏增添了动力。

2. 日本丰田汽车产业集群发展

产业集群推动日本汽车工业快速发展，日本汽车工业逐步进入世界前列。日本汽车工艺之所以在全球具有较大竞争力，主要得益于日本丰田实施集群化发展战略，创新提出精益生产方式，改变以往零部件独立分割局面，采取半独立模块生产，提升生产一体化进程，加大对供应商的控制。1988年日本丰田与美国福特汽车产量相近，但是前者的零部件供应商仅为340家，后者却达到1800家。

在模块化的生产方式下，专业化、规模化的供应商对于整车厂的影响与参与度大大提高，因此决定了精益生产方式对地域集中有着强烈的要求。2001 年丰田市拥有分属于 144 家公司的 160 个工厂，其中 86 家公司的 104 个工厂是生产汽车及汽车零部件的。

综上所述，产业集群催生了高效的协作体系，推动汽车产业的合作共赢。日本整车厂 70% 的零部件从外部专门零件厂购置，形成了垂直协作关系。主机厂可以最大程度地发挥自身优势，提高谈判合作筹码，促使零部件企业优化品质、压低价格，达到最佳竞争状态。在此过程中，汽车产业链条企业加大了合作与了解，优化了产业协作进程。

3. 西班牙巴塞罗那汽车产业集群

汽车工业后起国家西班牙获益于产业集群的快速发展。1960 年，西班牙汽车产量不超过 6 万辆。20 世纪 80 年代，国有汽车公司西亚特与德国大众汽车公司进行合作和股权转让。随后，雷诺、奔驰、通用、福特等国际汽车公司相继投资建厂。到了 20 世纪 90 年代初，国际跨国汽车公司已在西班牙占据垄断地位。西班牙也成为世界汽车生产大国。在 1998 年成为全球第五大汽车生产国。

巴塞罗那的 ACICAE 汽车集群于 1993 年 6 月建造，是西班牙规模最大的汽车生产地。到 2001 年，集群包含企业 250 家，工人数量达到 4 万人。集群发展迅速，有力提升了西班牙汽车产业在全球的地位。

汽车集群内的企业可以获得技术交流、强化客户关系、获得新市场等，使西班牙汽车工业能在短期内得到飞速发展。

(二)世界级产业集群的基本特征

根据上述对典型世界级汽车产业集群发展历程的分析，我们可以归纳出世界级产业集群所具备的一些基本特征(见图 1.1)。

1. 产业规模在行业内占有较大的比重

世界级产业集群能够集聚大量的资金、人才、技术等，在产量及吸纳就业方面拥有显著优势。例如，美国出厂汽车的 25% 由底特律生产，解决了 360 多万人口的就业难题。又如，萨索洛是意大利的陶瓷制造中心，通过不断的产业集聚，意大利 1987 年的瓷砖制造业年产值超过 100 亿美元，在全球占比约 30%。凭借

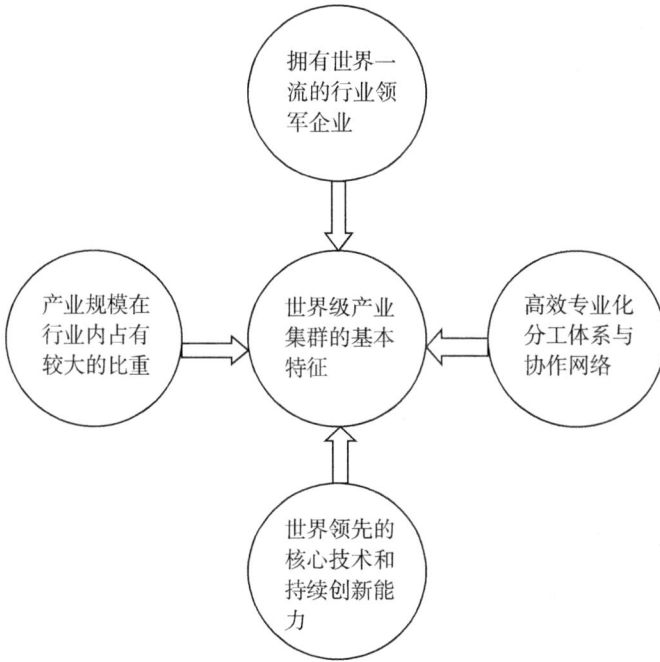

图 1.1　世界级产业集群的基本特征

高质量工艺水平，其同时也成为瓷砖业外贸大国。德国纺织产业集群中，形成了以杜塞尔多夫、科隆、斯图加特、法兰克福、德累斯顿和慕尼黑为核心的六大产业基地，集中了德国 70%～80% 的纺机企业。美国是全球生物医药产业最重要的集聚区，其生物医药年销售额占全球药品市场销售额的 50% 左右。其中硅谷生物技术产业集群吸纳相关人员占到同行业的 50% 以上，营业收入占到整个行业一半以上，科学研究与试验发展(R&D)投入占比接近 60%。

2. 拥有世界一流的行业领军企业

世界级产业集群内存在中心龙头企业，对其他企业起到引领带动作用，形成完备的生产链条。如美国底特律市有通用、福特和克莱斯勒三大汽车公司；丰田是日本汽车产业集群的核心。地区龙头企业拥有强大的实力，对集群内企业起到辐射带动作用。形成的规模效应为地区产业集群吸纳和配备了产业化必需的工艺和管理人才以及配套性产业。

3. 形成高效专业化分工体系与协作网络

世界级产业集群拥有完备的分工协作体系。不同规模的企业都能发挥各自的比较优势，形成良好的合作关系。美国生物医疗产业集群中，龙头企业会加大对新成立公司的扶植帮助与相关合作，让小企业在良好的创业环境中得到成长，逐步发展成为拥有较强实力的大公司。大公司加强与大学的战略合作，充分利用其智力资源，在此过程中又为小公司的建立创造了沃土，此种良性循环使得集群内公司始终充满活力，集群规模不断扩大。由于集群内部公司具有区域竞争性，为了抢占市场，企业会加大研发投入，自发形成竞争氛围，优胜劣汰，促使集群内整体实力的提高。

4. 具有世界领先的核心技术和持续创新能力

创新对于产业集群的持续发展起着不可替代的作用。要提升集群创新能力必须形成良好的区域创新氛围，加强产学研一体化建设。通过大学、研究机构与企业的合作，提升创新实力，加快科研成果转化进程。美国"硅谷"充分利用斯坦福、圣克拉拉等学校的科研资源，联合企业构建全世界范围内的人才流动机制，使得世界各国一流的科技创新人才都能自由地向硅谷集聚。美国九大生物医药集群都充分利用了区域内的科研单位。像波士顿拥有哈佛、NIT、Mass 等全球有名的科研单位；"世界基因之都"巴尔的摩，则是 NIH 和约翰霍普金斯大学的所在地。智力成果的快速投产使用以及创造价值必须依靠成熟、高效的转化体系。美国相关科研项目遵循市场价值规律，引入企业参与机制，做好相关投资风险管理。企业、投资商与大学加强合作，提升项目市场价值，更好地实现了技术转移及产业化。

(三)国外世界级产业集群发展的经验借鉴

产业集群的形成和发展充满了不确定性，需要政府的大力投入和诸多的政策扶持。打造世界级产业集群，湖北省可以借鉴国外成功经验，根据实际情况，寻找适合集群发展的有效途径。美日英等国产业集群迅速发展的原因可概括为以下几点(见图 1.2)。

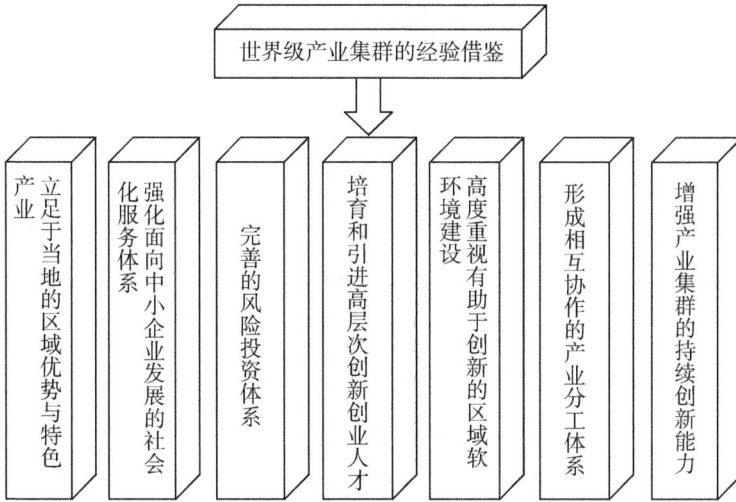

图 1.2　世界级产业集群的经验借鉴

### 1. 立足于当地的区域优势与特色产业

国外世界级产业集群的发展历程表明，成功的关键在于能够利用当地的区位优势、资源条件、地理位置等形成特色产业集群，最终建立具有根植性的地方生产体系。因此，湖北省在规划和培育世界级产业集群时，应充分利用自身资源禀赋，构建代表湖北省产业发展特色和区域比较优势的汽车产业集群。

### 2. 强化面向中小企业发展的社会化服务体系

根据国外世界级产业集群的发展经验来看，各种行业协会组织的建设对于产业集群的发展壮大起到了积极的推动作用。通过行业协会等中介组织，能够促进企业网络形成，强化专业化分工，并促进知识外溢与信息扩散。因此，湖北省在培育世界级汽车产业集群过程中，应充分发挥行业协会相关作用，进一步优化融资、技术、人才培养、成果转化等配套体系，最大程度利用公共信息平台，以便企业能够获得研究开发、咨询管理、金融等一体化服务。

### 3. 完善风险投资机制

根据相关统计数据，美国风险投资创造的效益巨大，接受风险投资的企业对美国 GDP 具有重大影响，直接贡献率达到 10%。金融创新是世界级产业集群得以长期保持竞争力的活力之源。科技和金融的融合能促进产业的快速发展。特别是美国中小企业在发展过程中离不开风险投资的扶持。因此，要促进产业集群的发展，湖北省也必须做好风险投资管理，提高资金筹措能力，多元化筹集资金。

4. 培育和引进高层次创新创业人才

美国汽车产业集群、生物医药产业集群等成功的一个重要因素在于能够吸引高素质创新创业人才。湖北省是教育强省，科教人才众多，但也面临人才留不住、人才优势不突出的困境。近年来，湖北省重视人才保护，实施"科技十条"，鼓励高校、科研院所等事业单位科技人员创办或服务科技型企业。同时，对创新科技人才实施"团队+项目+平台"的培养模式，从本省发展实际需求出发，培养、引进与自身产业发展相匹配的高素质人才，加快科技优势转化为发展优势。

5. 高度重视有助于创新的区域软环境建设

创新是产业集群保持较强竞争力的动力来源。集群发展经验证明，集群的发展虽然离不开硬环境的支持，但是软环境才是促进创新必不可少的支撑。通过相关优惠政策、良好市场环境及中介服务体系形成良好创新循环体系。因此，湖北省培育世界级产业集群，应把重点放在软环境的建设上。

6. 建立产业集群内相互依存的产业体系

产业集群拥有国家税收、土地等相关优惠政策，但是粗暴集聚起来的企业并没有充分利用自身优势，形成完善的分工合作体系。这阻碍了集群规模的扩大，不利于技术升级和创新效率提高。湖北省应推动传统产业园区向集群化发展，加快形成大中小企业密切配合、专业化分工与协作完善的产业体系。

7. 增强产业集群的持续创新能力

从国外世界级产业集群的成功经验来看，持续创新能力是产业集群升级的动力，也是产业集群的核心竞争力。湖北省培育世界级产业集群，要做好集群内的组织管理，为技术开发做好物质保障。加强与专业技术研发企业的合作，提升自身技术实力。壮大集群龙头企业，发挥其引领带动作用，提升研发创新能力，增强市场竞争力。

## 三、湖北汽车产业集群现状与存在的问题

### (一)湖北省汽车产业集群步入高质量发展新阶段

#### 1. 汽车工业规模稳步增长

"十三五"期间,湖北省汽车工业规模稳步增长(见图1.3)。2020年,湖北省全年生产汽车209.4万辆,居全国第4位(见表1.2);汽车工业增加值为2740亿元,占湖北省工业增加值的13.96%;湖北省整车及汽车零部件规上企业超过1500家,建立了以东风公司为核心,大中型企业为支撑,以及"重、中、轻、轿、专、特、改"等多个系列协调发展的产业格局。

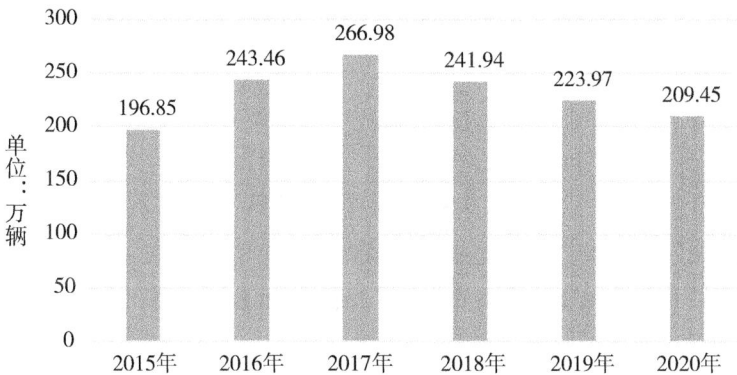

图1.3 "十三五"时期湖北省汽车产量统计

(数据来源:国家统计局)

表1.2 **2020年中国汽车产量排名前五位的省(区、市)**

| 排名 | 省(区、市) | 产量(万辆) | 累计同比(%) |
|------|-----------|-----------|-------------|
| 1 | 广东 | 313.23 | 0.49 |
| 2 | 吉林 | 265.46 | -8.12 |
| 3 | 上海 | 264.68 | -3.72 |
| 4 | 湖北 | 209.45 | -6.48 |
| 5 | 广西 | 174.49 | -4.67 |

数据来源:统计局。

2. 新能源汽车产业从培育期进入发展期

"十三五"期间,湖北省加强协同创新和两化融合,引领汽车产业转型升级,电池、电机、电控等关键领域创新活跃,成果纷呈。新能源汽车增长快速,产量从 2016 年的 2.4 万辆增加到 2019 年的 6 万辆左右(见图 1.4),日前,东风岚图等多款新能源车亮相,在主打电动化的同时,被赋予了多项智能化、网联化新技术。

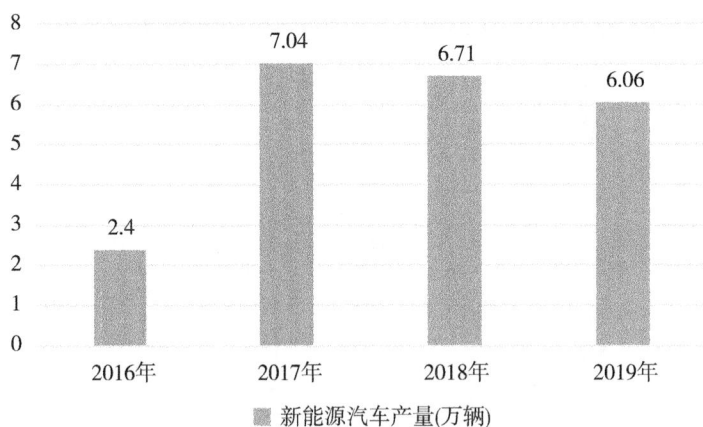

图 1.4 2016—2019 年湖北省新能源汽车产量

(数据来源:《中国汽车工业年鉴 2017—2020》)

3. 智能化、网联化正成为汽车工业转型升级的新牵引力

当前,湖北省依托国家级新能源与智能网联汽车基地,利用最新 5G、人工智能等核心技术,促进智能汽车的快速发展。区域龙头企业东风公司也加大了对自动驾驶的投入,组建全国最大规模的自动驾驶车队元。在江汉大学启动无人驾驶物流配送的示范应用,首批 13 辆无人驾驶售货车、物流配送车驶进校园,为师生提供无人售卖、物流配送服务。经过两年多的建设,武汉示范区已形成由20 余家企业跨界融合共建的智能汽车产业生态,建成了 106 千米的智能化道路,以及 5G 通讯网、高精度地图、北斗高精度定位网、高精度城市三维空间模型等相关智能基础设施,具备 L4 及以上等级的自动驾驶测试运行条件车路协同技术应用在全国处于领先地位。武汉示范区正在成为智能网联示范区及智慧城市建设

的科研高地。

4. 以"武襄十随"为重点的汽车"双走廊"产业布局逐步完善

湖北省汽车产业经过不断发展，已形成了两大汽车产业走廊。一条为汉江千里汽车走廊，由武汉出发，沿着汉江依次连接孝感、随州、襄阳、十堰，沿线云集了东风本田、神龙、东风乘用车、上汽通用、程力、东风商用车、三环等众多重量级车企。另一条为新兴的汽车走廊，由武汉沿长江上溯，即宜昌、荆门、荆州、武汉至黄冈、黄石，集结了广汽传祺、长城汽车、星晖电动车、汉龙等整车及零部件企业(见图1.5)。

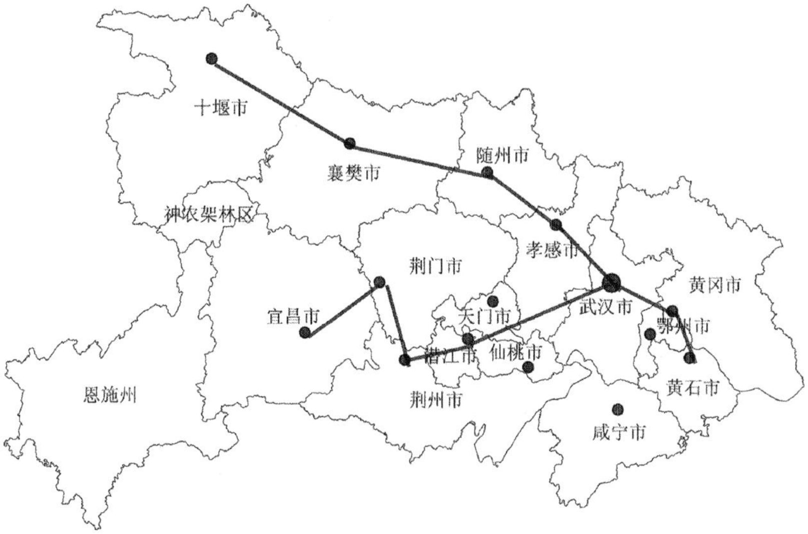

图1.5　湖北省汽车业"双走廊"布局

"武襄十随"2020年汽车整车及零部件产业产值近7000亿元，占湖北省同产业产值的90%，武汉、襄阳、十堰、随州四大整车及零部件生产基地各具特色。武汉是全国六大乘用车基地之一，东风本田汽车有限公司三大工厂均位于武汉，能带动上下游1100家企业的发展；襄阳打造"新能源汽车之都"，十堰定位为"中国卡车之都"，随州布局"中国专用汽车之都"，初步形成了以武汉开发区为核心，"武襄十随"千里汽车走廊为重点的产业布局(见表1.3)。

表 1.3                           **"武襄十随"汽车产业布局**

| 基地 | 产业定位 | 区域特色 | 产值 |
|---|---|---|---|
| 武汉 | 全国六大乘用车基地之一、国家新能源与智能网联汽车基地 | 建成以武汉开发区为核心的超过300万台发动机、30万台变速箱的生产基地,目前正在加速推进国家级智能网联示范基地建设。以乘用车为主,以客车、改装车为辅,形成近500家汽车零部件企业构成的汽车产业体系 | 武汉市汽车产业规模居中部地区第一、全国第六,汽车产能近300万辆。2019年,汽车产业产值达到3200亿元 |
| 襄阳 | "新能源汽车之都" | 目前建成东风公司轻型商用车、中高档乘用车、新能源汽车及关键零部件总成生产基地 | 2019年,襄阳市汽车产业产值逆势增长7.2%,达到2300亿元 |
| 十堰 | "中国卡车之都" | 专用车生产企业30家,整车产品涵盖重、中、轻、微、客、专用车、新能源汽车等全系列,从业人员在20万人以上,产能在90万辆以上 | 2019年十堰市生产各类汽车51.8万辆,实现总产值1509亿元,占十堰市工业总产值的65% |
| 随州 | "中国专用汽车之都" | 在全国市场份额占比达10% | 2019年,专汽产业实现产值416亿元,同比增长14%,连续3年保持两位数增长 |

### 5. 湖北省汽车产业集中度测算

目前测量区域内产业集聚的定量分析方法主要有区位熵分析法、赫希曼-赫佛因德指数法以及行业集中度与集中系数法等。本书采用的研究方法为区位熵分析法。区位熵计算过程简单,综合性较强,可以反映某一地区的某一产业的专业化、集中化程度,被普遍用于测量产业集群集中度。计算公式为:

$$\mathrm{LQ}_{ij} = \frac{\dfrac{q_{ij}}{q_j}}{\dfrac{q_i}{q}} \tag{1-1}$$

在公式(1-1)中，$LQ_{ij}$ 就是 $j$ 地区的 $i$ 产业在全国的区位熵；$q_{ij}$ 为 $j$ 地区的 $i$ 产业的相关指标；$q_j$ 为 $j$ 地区所有产业的相关指标；$q_i$ 指在全国范围内 $i$ 产业的相关指标；$q$ 为全国所有产业的相关指标。在本书中，$q_{ij}$ 取湖北省汽车产业总产值，$q_j$ 取湖北省地区生产总值，$q_i$ 取中国汽车产业总产值，$q$ 取中国国内生产总值。

通常认为区位熵的值越大，专门化率也越大。当 $LQ_{ij}<1$ 时，表明部门产品短缺，需要借助外调入产的方式才能满足地区消费需要，属于非专业化部门，可以认为 $j$ 地区的 $i$ 产业集中度在全国范围内不占优势；当 $LQ_{ij}>1$ 时，表明该部门产品生产能力强，不仅能满足当地消费需要，还能将多余的产品向外输送，属于专业化部门，且产业集中度在全国范围内具有一定优势；当 $LQ_{ij}=1$ 时，说明该部门的产品供需均衡；当 $LQ_{ij}>1.5$ 时，就可以认为 $j$ 地区的 $i$ 产业在全国范围内专业化程度和集中度都很高。根据《中国汽车工业年鉴》《湖北省统计年鉴》中的数据，笔者算出 2015—2019 年中国和湖北省的汽车产业总产值和国民生产总值的比例，得出区位熵结果(见表1.4)。

表1.4　　　　　　　　湖北省汽车产业在全国的区位熵

| 年份 | 中国汽车产业总产值(亿元) | 中国国内生产总值(亿元) | 湖北省汽车产业总产值(亿元) | 湖北省地区生产总值(亿元) | LQ |
|---|---|---|---|---|---|
| 2015 | 45014.6 | 688858.2 | 5386.4 | 30344 | 2.72 |
| 2016 | 83345.25 | 746395.1 | 6798.4 | 33353 | 1.83 |
| 2017 | 88207.32 | 832035.9 | 6918.64 | 37235 | 1.75 |
| 2018 | 87316.45 | 919281.1 | 6929.8 | 42021.95 | 1.74 |
| 2019 | 80846.7 | 990865.1 | 6904.8 | 45828.31 | 1.85 |

数据来源：《中国汽车工业年鉴》。

2015—2019 年，湖北省汽车产业的区位熵最小值为 1.74，最大值为 2.72，LQ 值显著高于 1.5。"十三五"期间湖北省汽车产业在全国范围内专业化程度和集中化程度居于全国前列。

通过考察长江中游城市群的汽车产业集群区位熵，笔者发现 2015 年湖北汽车产业集群的区位熵为 2.72，而湖南和江西该产业的区位熵均小于1，通过合作,长江中游城市群的汽车产业集群区位熵将达到1.24。可见,长江中游城市群的汽车产业合作有助于提升竞争力。

(二)湖北汽车产业集群发展存在的问题

虽然湖北汽车产业集群具有一定的竞争优势,但对标"十四五"达到万亿级产业规模的目标,要保持每年10%以上的增长率,目前还存在着以下短板和不足。

1. 汽车零部件产业发展滞后

未来,全球汽车产业链会向着多元化方向发展。湖北省面临汽车零部件发展滞后、整车的规模优势和带动作用没有充分发挥的瓶颈。

湖北省汽车整车与零部件的产值比例在1:0.4左右,全国为1:0.7,国际为1:1.7。武汉作为"车都",比值仅在1:0.56左右,随州"专用车都"的比值只有1:0.3。汽车零部件产业集中度、技术水平和制造能力均不及长三角和珠三角地区,关键零部件需要从国外进口和省外配购。目前,湖北省的汽车零部件企业(含规下企业)虽有7000余家,但规模多在亿元以下。2020年全国汽车零部件行业企业百强中,湖北省仅东风汽车零部件(排名第13位)、三环集团(排名第30位)、恒隆集团(排名第81位)3家企业入围(见表1.5)。

表1.5 2020年湖北省进入中国汽车零部件企业百强榜名单

| 企业 | 2018年排名 | 2018年零部件业务收入(亿元) | 2018年公司总收入(亿元) | 2019年排名 | 2019年零部件业务收入(亿元) | 2019年公司总收入(亿元) |
|---|---|---|---|---|---|---|
| 三环集团有限公司 | 9 | 225.23 | 225.23 | 30 | 72.93 | 188.06 |
| 东风汽车零部件(集团)有限公司 | 13 | 184.92 | 193.18 | 13 | 182.74 | 190.08 |
| 湖北恒隆企业集团 | 48 | 52.2 | 52.2 | 81 | 30.07 | 30.07 |

数据来源:《中国汽车报》。

正在全力推进"中国车谷"建设的武汉开发区是东风汽车集团有限公司总部所在地，2020年武汉开发区汽车工业总产值达2200亿元。但区内汽车产业链现代化程度不高，产业基础能力存在薄弱环节，表现为区内仅能提供模具、塑料件等零部件，基本没有五金件的配套。周边洪湖新滩提供的五金件等级不够，荆州可提供部分五金件的配套，但距离武汉开发区也有200多千米。从长三角等地运回来的五金件等零部件与省内配套相比，不仅质量高，且价格更低。一辆中档汽车的生产下线，需要5000多个独立的零部件和数以千计的互换及通用标准件，总体上需要超过1万个不可拆卸的独立部件。东风本田在国内共有超过500家的一级供应商，在湖北省内的一级供应商只有176家。

2. 产业的外向度低

2019年湖北汽车产业营业收入超过6000亿元，出口额仅21.7亿元，占全国汽车出口额的2%；产量为224万辆，出口量仅1.8万辆，占全国汽车出口量的1.48%，远低于湖北汽车产量占全国8.8%的比例。安徽省2019年的汽车产量为92.1万辆，出口汽车数量位居全国第一，其中，江淮汽车出口4.53万辆，连续14年稳居中国轻卡出口首位。

武汉一家做汽车电子元件的企业负责人参加过多次"一带一路"沿线的展会，他说每次参会的温州团、宁波团的客商可以坐满一飞机，湖北的客商能有2~3人就不错了。他的企业原来为神龙做配套，汽车电子元件的销量一年有十几万个，通过"一带一路"走出去，每年出口的电子元件现已超过70万个。

3. 武汉"一主引领"的辐射带动作用发挥不够

《湖北省开发区总体发展规划》提出，形成以武汉开发区为核心，"武襄十随"千里汽车走廊为重点，宜昌、荆州、荆门、黄石、黄冈等地开发区协同发展的产业布局。武汉要发挥"一主引领"的辐射带动作用，就要做强副城（见图1.6）。按照武汉市"十四五"规划的布局，武汉东湖新技术开发区（以下简称东湖高新区）要突出核心承载区功能，光谷副城辐射带动江夏区和鄂州、黄石和咸宁等地区；武汉开发区要发挥在车谷创新走廊中的核心区功能，车谷副城辐射带动蔡甸区和仙桃、天门、潜江及洪湖等地区。

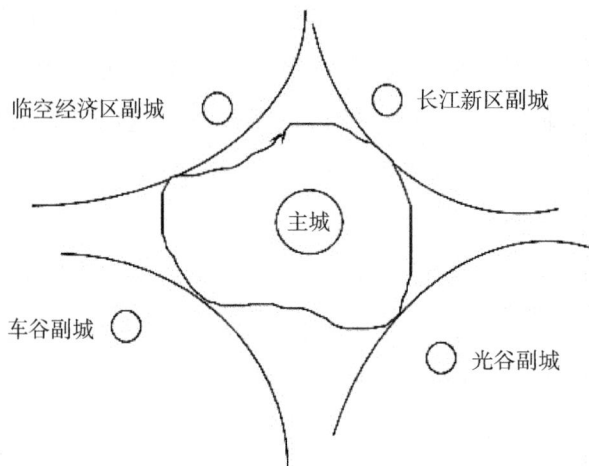

图 1.6　武汉市产业总体布局图

2020 年，武汉开发区实现规模以上工业总产值 2950 亿元，占武汉市规上工业总产值的 20%。武汉开发区汽车产量占湖北省汽车产量的 42.4%，是湖北省重要制造业基地、武汉市工业主战场。但是，武汉开发区与东湖高新区等先进开发区相比，差距逐渐变大。东湖高新区生产总值继 2019 年首次超过武汉开发区后，2020 年生产总值跨过 2000 亿元，而武汉开发区 2020 年的生产总值为 1700 亿元。且东湖高新区的市场主体有 14.5 万户，企业超 10 万家，其中高新技术企业超过 3100 家，武汉开发区的市场主体不足 2 万家，高新技术企业仅 242 家；东湖高新区 2019 年新上 5 个千亿级的重大项目，武汉开发区仅 2 个百亿级的重大项目；东湖高新区享受省、市税收留存的政策，同为国家级经开区的苏州工业园区里的税收留存比例高达 40%，武汉开发区的税收留存比例仅 12.5%。武汉开发区的综合实力和竞争力不够强，难以通过汽车产业链的延伸发挥区域发展引领作用。

四、加快布局长江中游城市群汽车产业链集群

以武汉为中心的长江中游城市群（以下简称"中三角"）汽车产业集群是我国六大汽车产业集群之一，工业基础深厚，整车生产优势突出，且湘鄂赣三省汽车产业发展各具特色、优势互补。

（一）中三角汽车产业发展状况

1. 中三角汽车产业整体发展现状及特点

（1）中三角是我国重要的汽车制造基地。中三角汽车产业集群拥有多个汽车生产基地，拥有深厚的工业基础、完整的重工业产业链，整车生产规模优势突出。

东风汽车集团作为区域龙头企业展现出强大的引领带动作用。其中，武汉是中三角汽车产业重要的投资区域，吸引了吉利、东风云峰等企业投资。长江中游地区形成了以武汉为中心的长江中游集群区。湖北、湖南、江西三省 2019 年汽车总产量为 358.85 万辆，占全国汽车产量的 13.95%。

（2）中三角汽车企业发展态势长期向好。截至 2018 年，湖北省汽车制造业规模以上企业为 1482 家，创造营业收入 6663 亿元，汽车产量为 241.93 万辆，占国内汽车总产量的比重为 8.70% 左右。2019 年汽车产业整体产能为 300 万辆，产值为 3200 亿元。除了东风汽车之外，上汽通用、比亚迪、吉利汽车等车企均在武汉布局有工厂。

长株潭城市群集聚了湖南汽车产业 55% 以上的企业，70% 以上的生产要素，80% 以上的重点企业，拥有 300 多家规模以上汽车工业企业。2018 年，长株潭城市群 12 家重点整车制造类生产企业实现整车生产 104 万辆，产量占同期全国汽车生产量的 3.74%。

江西省出台《支持汽车产业平稳发展的若干措施》，在引导采购省产汽车，加大金融、资金、研发支持等方面，形成长效机制。在促进汽车消费、加快新能源汽车推广应用、稳定出口三个方面精准发力，加大政策扶持力度。

（3）中三角新能源汽车稳步发展。当前在汽车产业发展速度整体放缓的背景下，新能源汽车产量逆势增长，呈现长期向好态势。长江中游三省会城市新能源汽车产业资源丰富、市场潜力巨大。武汉、长沙、南昌等省会城市通过科技合作，打造新能源汽车产业集群。

《湖北省新能源汽车及专用车产业"十三五"发展规划》为未来新能源汽车的发展做出相应计划，提出要建成较为完善的配套设施支撑体系。目前襄阳市正在打造中国新能源汽车之都。湖南省 2019 年新能源汽车产量为 11.8 万辆，比 2018

年增长148.1%。随着总投资150亿元的世冠汽车总部落户宁乡经开区,湖南省有了首个自主品牌的新能源汽车总部及研发、生产基地。江西省新能源汽车产业初步形成了从整车到"三电"关键零部件较完整的产业链。

(4)汽车产业发展各具特色、优势互补。湖北省乘用车产销量大,为三地汽车产业协同发展龙头。江西省的铃木汽车集团、昌河汽车集团、江铃汽车集团也是国内有名车企,以生产轻型皮卡和客车为主,在湖南省则是以三一重工、中联重工为首,以专用汽车、工程机械制造为主。① 湘赣鄂三省汽车产业各有特色,优势互补。

(5)形成以园区为依托的产业带。产业集群是未来汽车产业得以规模化发展的有效形式。三省都加大对园区的投入,增强汽车产业园区的实力,形成以园区为基础的集群区域。湖北的汽车产业以两带为基础,即十堰—襄阳—随州—武汉一带与宜昌—荆州—武汉—黄石一带(见图1.7),交汇于集群发展快速、实力强劲的中心地武汉。湖南汽车及零部件企业集聚度较高,多集中在工业开发园区,如长沙经开区、株洲高新区。不仅具有设施完备的整车制造基地,零部件企业也粗具规模,为整车发展提供有力支撑。江西省汽车产业主要集中在赣北的九江—景德镇—南昌环鄱阳湖经济区内,同时小蓝汽车零部件产业基地和抚州金巢汽车零部件基地带动昌—抚汽车产业带发展。

2. 湖北省汽车产业现状与问题

(1)湖北省是全国重要的汽车及零部件产业基地。湖北省作为全国交通枢纽和中部经济核心区,形成了两大汽车产业走廊。两大汽车产业走廊推动了湖北省汽车制造及产业链的快速发展,2019年湖北省汽车产量占全国汽车产量的8.74%,2017年升至9.2%。具体来看,2014—2017年湖北省汽车产量直线上升,2018年受全国汽车行业下行因素的影响,湖北省汽车产量较2017年有小幅下降,达到241.93万辆,2019年其汽车产量为224.75万辆,较2018年有小幅度上升。具体见图1.8。湖北拥有十余家整车制造厂、42万名汽车从业者。

---

① 李永康. 中部地区汽车产业结构优化研究[D]. 武汉:武汉大学,2015.

汽车产业走廊1：武汉—孝感—随州—襄阳—十堰
汽车产业走廊2：宜昌—荆门—荆州—武汉—黄冈—黄石

图 1.7　湖北省汽车产业走廊

资料来源：前瞻产业研究院整理。

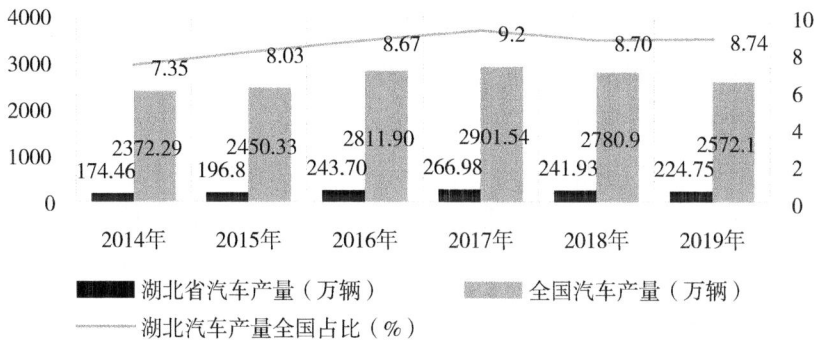

图 1.8　2014—2019 年全国及湖北省汽车产量统计

（2）传统汽车生产增降分化。2018 年，湖北传统汽车行业出现分化，乘用车产量降幅最大，客车次之，载货汽车产量微降，中高端车产量增长。具体见表1.6。2018 年，湖北省乘用车产能为 249 万辆，全年产量为 191.2 万辆，同比下降 11.6%（全国乘用车产量为 2353 万辆，下降了 5.2%），产能利用率为 76.8%；载货汽车生产能力为 50 万辆，全年产量为 39 万辆，同比下降 3.7%，产能利用率为 79%；客车生产能力为 8 万辆，全年产量为 5 万辆，同比持平，产能利用率为 62.5%。

表 1.6　　　　　　　　　　　2018 年湖北省汽车骨干企业生产情况

| 企业名称 | 产量(万辆) | 同比增幅 | 产值(亿元) | 同比增幅 |
|---|---|---|---|---|
| 东风本田 | 73.9 | 0.037 | 1198 | 0.122 |
| 上海通用 | 65 | −0.079 | 548 | −0.012 |
| 神龙公司 | 17.9 | −0.348 | 132 | −0.422 |
| 东风乘用车 | 8.5 | −0.272 | 77 | −0.232 |
| 东风雷诺 | 5 | −0.331 | 82 | −0.354 |

(3)新能源汽车发展强势。湖北新能源汽车产业起步较晚，但发展较快，近年来先后有武汉、襄阳、十堰、黄石、荆门、黄冈等地建设新能源整车企业。2018 年，湖北省新能源汽车产量为 6.7 万辆，同比增长 14.5%(全国产量为129.6 万辆，同比增长 40.1%)。东风股份、美洋汽车等襄阳市企业生产新能源汽车 4 万辆，同比增长 23.8%。湖北省新能源汽车动力电池生产增长较快，金泉新材料生产锂电池 5000Mwh，同比增长 133.7%；格林美生产三元电池前驱材料6.5 万吨，产值为 99.6 亿元，同比增长 48.9%。

(4)改装汽车生产逆势增长。2018 年，湖北省的改装汽车生产能力为 34 万辆，全年生产改装车 24.1 万辆，同比增长 7.6%，综合产能利用率为 70.9%。随州市 2018 年生产改装汽车 13.1 万辆，同比增长 16.5%，其中程力专用车生产3.6 万辆，增长 32.7%，实现产值 50.2 亿元，增长 39.1%；厦工楚胜生产 1.4 万辆，增长 5.5%，实现产值 12.5 亿元，增长 16.2%；驰田股份生产 2.1 万辆，增长 12%，实现产值 38.9%，增长 59.6%。

3. 湖南省汽车产业发展现状及特点分析

湖南省汽车工业起步相对较晚，因为多种原因，湖南省汽车产业的发展也遭遇了许多困难，错失了汽车发展黄金阶段，导致在技术、资金、配套服务方面都需要加快发展的步伐。十八大以来，湖南省把汽车工业作为重点支持产业，推动了湖南省汽车工业在中国汽车制造版图中崭露头角，发展成效斐然。

2019 年湖南省汽车产量为 85 万辆，比 2018 年降低 2.1%，轿车产量为 33.6万辆，比 2018 年降低 21.4%，运动型多用途乘用车(SUV)产量为 36.4 万辆，比

2018 年增加 6.8%。新能源汽车产量为 11.8 万辆，比 2018 年增加 148.1%。2019 年汽车类社会消费品零售额及其增长速度分别为 1681.2 亿元和 8.3%。2019 年年末民用汽车保有量为 875.4 万辆，增长 11.3%；私人汽车保有量为 812.7 万辆，增长 11.7%；轿车保有量为 479.4 万辆，增长 11.4%。①

(1) 全国地位提升，"湘"造汽车逐步崛起。随着产业规模的迅速壮大，湖南汽车制造业崭露头角，逐渐在全国汽车制造版图中占据一席之地。从整车制造来看，2019 年湖南省汽车产量为 85 万辆，占全国总产量的 3.3%，相比 2018 年占全国的比重上升了 0.82%。从产业综合规模来看，2019 年，我国汽车制造业整体营业收入规模为 80846.7 亿元，湖南省汽车类产业营业收入为 1681.2 亿元，占全国同行业的 2.1%。在汽车制造领域，湖南跃升为全国重要的汽车生产基地，成为全国汽车产业生态圈的重要一员。具体见图 1.9。

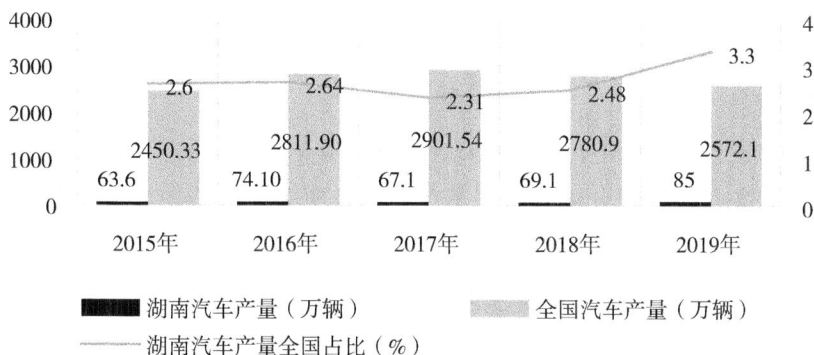

图 1.9　2015—2019 年湖南及全国汽车产量

(2) 三大优势铺平湖南新能源汽车发展之路。"十三五"规划中新能源汽车产业被列为国家新兴战略产业，湖南省新能源汽车产业迅猛发展(见图 1.10)，聚集了中车电动、长沙比亚迪、长沙众泰、北汽株洲等全国知名的 13 家新能源汽车生产企业，成为湖南"绿色发展"的一张亮丽名片，更是湖南省重点打造的支柱产业。

---

① 数据来源：湖南省 2019 年国民经济和社会发展统计公报。

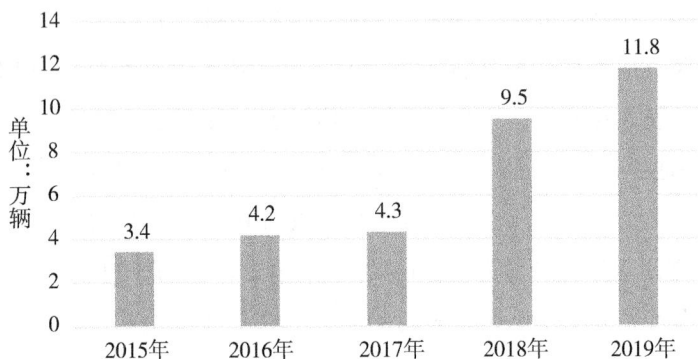

图 1.10　2015—2019 年湖南省新能源汽车产量

（3）配套能力增强，制造产业链逐步健全。拥有完整的产业配套体系是产业发展的基础。湖南不仅加大了对整车制造投入的力度，而且注重产业链条的协作配合。以龙头企业为引领，通过招商引资不断增强集群实力和规模，做好配套基础设施建设。

零部件企业博世汽车、吉盛动力、及索恩格等进入湖南，使得湖南汽车产业链条更加完备，有力提升了湖南汽车产业整体实力。不仅整车制造能力快速提升，汽车相关行业也在不断扩展，综合竞争实力显著增强。

4. 江西省汽车产业发展现状及特点分析

（1）汽车产量增长缓慢。2019 年江西省汽车产量为 49.10 万辆，同比下降 10.87%，有轿车、客车、卡车和货车等多种类型产品。江西省汽车产量远远落后于湖北省，2019 年汽车产量约为湖北省汽车产量的 21.85%；与湖南省相比也有较大差距，2019 年汽车产量约为湖南省的 57.76%（如图 1.11 所示）。

（2）零部件和整车发展失衡。从表 1.7 中可以看出，江西省的大型整车企业如江铃、大乘和昌河主要从事整车生产业务，而汽车零部件如发动机的生产则较少，缺乏具有影响力的大企业生产标准专业化零部件，江西省在零部件和整车的生产上存在不均衡。

江西省汽车及零部件产业分割为不同的条块和集团，相互之间注重竞争，较少开展大规模合作。零部件和整车的供应体系分割严重，生产体系不同，对应的

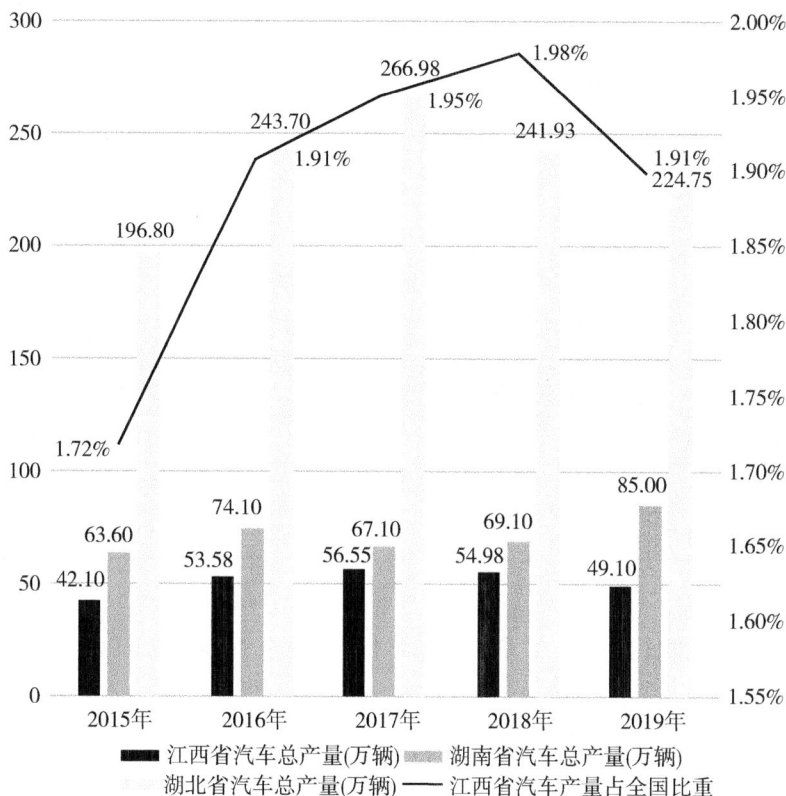

图 1.11　2015—2019 年江西省、湖南省、湖北省汽车产量情况

上游配套供应商体系也各不相同。①

表 1.7　　　　　　　　2018 年江西省部分整车和零部件产量详情

| 企业 | 乘用车产量(辆) | 商用车产量(辆) | 汽车发动机产量(辆) |
|---|---|---|---|
| 江铃控股 | 77378 | — | 282263 |
| 昌河汽车 | 56799 | 14387 | 2215 |
| 大乘汽车 | — | 16043 | — |
| 江西五十铃 | — | 34897 | — |

① 聂炳胜. 江西省汽车产业国际化战略的研究[D]. 南昌：江西财经大学，2019.

(3)汽车品牌规模较小。江西省大型汽车集团为江铃和昌河。江铃汽车品牌主要生产轿车和SUV,北汽昌河除了轿车和SUV,还生产MPV品牌和交叉型乘用车(见表1.8)。从整体来看,江铃和昌河集团下各汽车品牌产量偏低,和欧美大型汽车企业存在很大差距。[1]

表1.8 **2018年江西省部分汽车品牌产量**

| | 江铃 | 昌河 |
|---|---|---|
| 轿车(辆) | 44422(E100、E160、E200) | 22704(北斗星、A6、H40D) |
| MPV品牌(辆) | —— | 21985(M50、M70) |
| SUV品牌(辆) | 32956(陆风、驭胜) | 11856(Q25、Q35) |
| 交叉型乘用车(辆) | | 254(福瑞达) |

(4)汽车零部件出口较多,整车出口较少。截至2018年,江西省汽车制造企业的数量约为1036家。整车制造企业有26家,改装汽车制造企业有24家,低速载货汽车制造企业有2家,电车制造企业有12家,汽车车身、挂车制造企业有11家,汽车零部件及配件制造企业有961家(见图1.12)。

江铃汽车在海外的主要市场还是集中在北非、中东、东南亚和中南美地区,而江西凯马百路佳客车的产品主要销往美国、澳大利亚、新西兰、中东、南美等32个国家及地区。总的来说,汽车出口量相对较少,高端汽车出口量比重小。

江西省的零部件出口量虽然大于整车出口量,但是江西省的汽车零部件企业中,出口量较大的多为外资企业,江西本土缺乏具有影响力的零部件企业。

## (二)中三角汽车产业分工协作的基础条件分析

2015年国务院批复《长江中游城市群发展规划》,其中重点任务是打造优势产业集群,构建具有区域特色的现代产业体系。[2]

---

① 聂炳胜.江西省汽车产业国际化战略的研究[D].南昌:江西财经大学,2019.
② 陈丽媛.加快长江中游城市群发展——长江论坛会议综述[J].江汉论坛,2015(6):143-144.

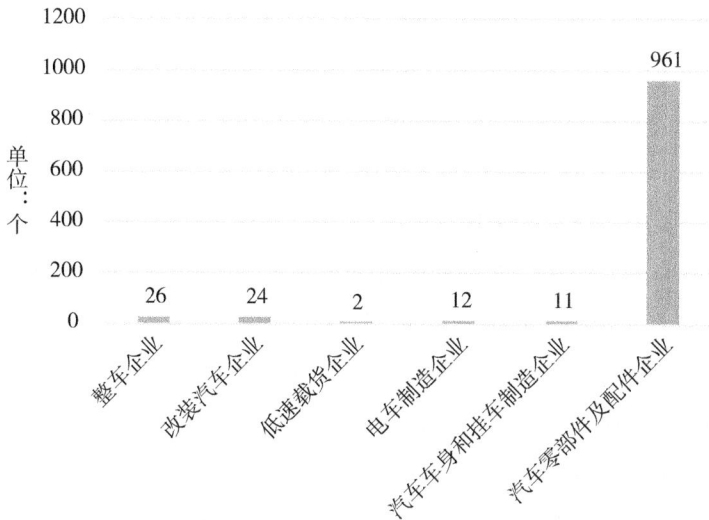

图 1.12　2018 年江西汽车制造企业分类数量

中三角汽车产业发展状况不一、分工合理，为避免恶性竞争提供了有利条件。同时产业呈现的集聚发展态势及三省地缘优势使中三角地区的经济联系日益紧密，为三大次城市群实现汽车产业合理分工、避免恶性竞争提供了有利条件，便于优化汽车资源配置、分工协作，提升区域整体竞争力。①

1. 三大次城市群实现汽车产业合作的利益结合点

（1）推动汽车产业高质量发展的共同历史使命。在构建现代汽车产业体系，推动经济高质量发展，增强经济发展新动能的大背景下，促进汽车产业高质量发展成为国家赋予三大次城市群共同的战略使命。中三角汽车产业的合作是应对外部激烈竞争的首选之路，同时在协作分工、信息共享、技术发展等方面已经有合作基础，推进中三角汽车产业进一步深化合作是大势所趋。

（2）长江经济带开放开发的共同战略任务。随着长江经济带发展战略的深入推进，中部沿江城市面临更多的发展机遇，有利于进一步扩大外向型经济规模，

---

①　白洁. 长江中游城市群产业分工协作的基础条件分析[J]. 湖北社会科学，2012（6）：61-64.

提高进出口贸易量。湘鄂赣优化沿江产业布局，加强分工协作，促进中三角整体汽车实力提升。

2. 三大次城市群产业分工协作的现实基础

(1)区位、交通条件。中三角地处我国中部腹地，具有明显的区位优势。区域内部以京广、京九、沪昆铁路构成交通交叉网络，以长江中游交通走廊为主轴，给物资的流动带来了极为便捷的条件。中三角南接珠三角，东临长三角，北承环渤海。中三角与上述三大经济增长极形成互补，并与之实行产业、人才和贸易的双向流动。三省建立了较为完备的综合交通运输体系。

(2)产业基础条件。汽车产业作为中三角的优势产业，具有良好的产业基础。中三角三省都把发展汽车产业作为推动经济发展的重要举措，但是三省汽车产业在发展程度、规模、方向等方面存在重大差异。湖北省汽车产业生产总值及市场占有率具有绝对优势，处于区域龙头地位。湖南省近年来发展速度加快，主要以重工改装和引进广汽品牌为主。江西省抢占轻型客车和载货车市场，利用丰富锂矿资源，打造新能源汽车产业链。三省汽车产业发展各有侧重，差异明显，有效避免了区域内部的恶性竞争。

(3)汽车人才密集、科技实力雄厚。中三角三省高校众多，智力资源丰富，汽车人才密集，为推动汽车产业高质量发展提供了有利条件。武汉理工大学是中国最早设立汽车专业的高校之一，已形成全球汽车先进教育体系，多年持续输出高质量汽车人才。湖南大学拥有汽车国家重点实验室。中三角通过企业联盟、地区合作，加速推进"产学研"一体化进程。

(三)中三角汽车产业面临重大机遇

1. 全球产业链结构性重构的机遇

随着世界制造业的深入发展，全球产业链形成明确分工的同时，也加剧了产业链断裂的风险。一旦遭遇全球性危机，制造业整体都将面临重大风险。

为应对这种风险，必须重构产业链集群，使汽车产业既能融入全球化分工体系，又能在某些区域实现生产关系的垂直整合，从而提高抗风险的能力。中三角区域要抓住全球产业重构机遇，打通三省的协同联动，打造世界级汽车产业链集群。

2."新基建"建设带来的机遇

2020年《政府工作报告》指出，我国将进一步加大对新型基础设施、新型城镇化建设投资，落实好交通、水利等重大工程建设。

新型基础设施主要包括信息基础设施、融合基础设施、创新基础设施三个方面，强调在新科技时代下，互联网、5G、智能网联、新能源等技术的发展和应用，与汽车"五化"趋势高度吻合，为下一代汽车产业的发展带来了机遇。中国新基建推进迅速，充电桩覆盖率大幅度提高有利于缓解用户的能源里程焦虑问题，也为新能源汽车的普及创造了条件。

3.国企加快推进汽车产业协同发展的机遇

为了凝聚央企的技术、渠道优势，推动自主品牌的进一步发展，一汽、东风、长安等企业，投资设立T3科技平台公司，未来将重点研发电动平台及先进底盘控制、氢燃料动力平台、智能驾驶及中央计算平台等领域核心技术。一汽和东风还在车联网和燃料电池等领域签订战略性合作协议，以期自主汽车实现换道超车。为推动自主品牌全面崛起，上汽和广汽于2019年12月23日签署战略合作协议，双方在多方面开展深度合作。

## （四）中三角布局汽车产业链集群的对策建议

1.抓住全球产业链重构机遇，提升产业链现代化水平

围绕新能源、智能网联等重点领域，中三角强化关键环节及领域，提高产品质量，运用点式突破、链式创新方式，打造耦合式产业链集群。注重产业集群组织培养，建设非营利性、合作共享的开放型跨区域产业集群，营造产业创新生态。

加快推进信息基础设施互联互通。国家政策让换电模式迎来了更好的发展环境，工信部在2020年4月补贴新政中提出，换电模式车型不受售前价格的限制。在5月召开的全国两会上，进一步提出要加快电站改革进程，做好新基建工作，提高电站布局密度，为新能源汽车行业发展提供有力保障。

加大财政金融支持力度。充分发挥武汉光谷联合产权交易所的作用，整合武汉股权托管交易中心、武汉知识产权交易所功能，帮助中小企业解决融资难困境。对于整个中三角地区的产业集群以及中小企业的发展会有很大的推动作用。

2. 通过龙头企业的跨区域布局，促进资源要素有序跨区域流动

在产业要素配置方面，围绕土地、人才、资本、数据等要素，发挥龙头企业在跨区域产业布局中的带动作用，促进生产要素的有序流动，形成优势互补、合理分工的产业链条。加大在区域重大工程和项目上的合作，实现科研、生产、营销最佳效果的发挥，推进产业集群化发展。

一是突出各省主导优势产业，避免产品趋同导致地区内部恶性竞争；二是延伸产业链。以骨干企业为龙头，兼并、重组一批中小企业，加强分工协作，提升地区产业集群实力。三是整合产业组织结构。突出地区大企业集团实力，充当地区快速发展引擎。

3. 支持核心零部件发展，突出强链补链延链

根据经济发展规律，推动供应链本地化、区域化是未来发展方向。产业链本地化分为三层：一是底层，主要包含本地化组装生产，侧重人员、设施本地化；二是中间层次，为本地研发，包含研发体系、人员及设备的本地化；三是高层次，指知识产权本地化，包括自身及合作伙伴知识产权的本地化。高层次的知识产权本地化是核心，需要在中三角汽车产业从全球产业链、价值链中低端向中高端攀升的过程中布局创新链。

目前汽车核心零部件发展困局明显，必须加大扶持力度。2019 年全国汽车零部件行业企业百强中，中三角地区仅三环集团(排第 9 位)、东风汽车零部件(排名第 13 位)、恒隆集团(排名第 48 位)3 家企业入围。加大高端零部件和高端装备的投入，自主掌握"卡脖子"技术，提高产品科技含量和附加值，以品质赢得市场。

## 五、长江经济带建设背景下湖北打造世界级万亿汽车产业集群的对策建议

在长江经济带建设背景下，推动与湖南、江西汽车产业协同发展，有利于提升产业集群的规模和竞争力，加快实现打造世界级万亿产业集群的发展目标。具体见图 1.13。

```
            ┌─────────────┐
            │  打造和培育  │
            │ 万亿级产业集群 │
            └─────────────┘
                   │
       ┌───────────┼───────────┐
       │           │           │
┌──────────┐ ┌──────────┐ ┌──────────────┐
│ 提升产业集群 │ │ 优化产业集群 │ │ 积极推动长江经济 │
│ 核心竞争力  │ │ 发展环境   │ │ 带产业协同发展  │
└──────────┘ └──────────┘ └──────────────┘
```

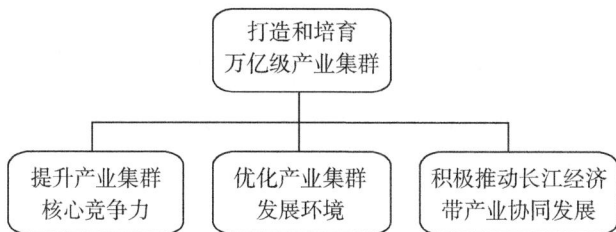

图 1.13 打造世界级万亿汽车产业集群的重点措施

## (一)提升产业集群核心竞争力

### 1. 大力培育产业集群龙头企业

龙头企业是产业集群的核心竞争力,是推动产业集群良性发展的前提条件。这在世界级产业集群发展历程中更为凸显。如美国底特律汽车产业集群、日本汽车产业集群等均是以核心大企业为支撑。在产业要素配置方面,围绕土地、人才、资本、数据等要素,发挥龙头企业在跨区域产业布局中的带动作用,促进生产要素的有序流动,形成优势互补、合理分工的产业链条。加大在区域重大工程和项目上的合作,实现科研、生产、营销最佳效果的发挥,推进产业集群化发展。

### 2. 形成向全球价值链高端延伸的国际竞争新优势

无论是产业集群的生命周期还是价值链结构,都取决于集群的技术能力。湖北拥有密集的智力资源,这为培育万亿级汽车产业集群创造了良好的基础条件。目前,湖北省汽车产业集群内部仍存在高、低端分布失衡的问题,需要政府部门对附加价值高、创造能力强的企业给予财政补贴或税收优惠的政策倾斜,以支持汽车产业集群的要素发展重点从劳动要素、资本要素转移到技术要素,进而逐步向知识技术密集型过渡。加强集群企业与外部经济行为主体的联系和互动,鼓励企业通过对外投资、技术贸易等进行开放式创新,促进市场能力升级,提高集群价值创造规模。这点对于开放型经济发展水平较低的内陆省份尤为重要。

### 3. 打造集群品牌,建立产业集群的整体优势与价值

产业集群要想获得长足发展,提高全球影响力,必须加强品牌建设。湖北汽车产业集群已形成品牌效应,在全国具有较大影响力和竞争力。打造万亿级汽车

产业集群，要强化核心企业的优势，利用技术、资金形成行业引领，打造区域内集群品牌链，通过区域品牌一体化增强小企业的影响力，为小企业发展创造良好的外部环境。以大企业带动小企业，以小企业促进整个区域发展，提升产业集群在全国甚至全球的影响力。

### (二) 优化产业集群发展环境

#### 1. 完善产业集群政策扶持体系

"十四五"时期对于产业集群出台了许多针对性举措。比如：加快传统园区集群化进程；推进集群基础设施一体化建设，扩宽资金筹集渠道，加强公共服务平台建设，完善分工协作体系，加大政策扶植力度；通过有力举措，加快集群发展进程；发挥科技、人才优势，做好核心零部件的开发，努力攻克汽车产业发展现存难题；重点实施新能源和智能网联汽车等新兴产业的培育工程；设立专项基金，扶持相关企业科技创新和产业转型。

#### 2. 加强公共服务平台体系建设

充分利用现代网络技术，打造集群公共服务平台。建立全球营销体系，打通国际市场，使得集群汽车能够销往世界各地。要建立产业集群内金融平台，保证供应链各个环节资金充足，完善相关筹资渠道，有效降低筹资成本。做好供应商网络建设，保证生产原料充足，采购方便，为促进集群发展提供有力支撑。

加快推进汽车产业集群创新创业服务平台建设。一是推进汽车产业集群建设协同创新服务平台建设，强化产学研用协同创新。采取市场化运营模式，推进协同创新服务平台与专业园区、孵化器、高校院所及产业联盟的资源对接，着力构建协同创新中心，推进前沿性技术研究和关键共性技术攻关。二是推进汽车产业集群建设技术转移专利交易服务平台建设，强化高端发展。搭建汇集信息发布、挂牌公示、展示推介、在线展会等功能的信息共享与交互服务平台，促成技术交易，推进产业集群向价值链高端发展。三是推进汽车产业集群建设高端人才综合服务平台建设，强化产业集群可持续发展。加强与高端人才的交流与合作，推进产业集群内企业与高校点对点合作，为企业引进高端人才、促进校企产学研搭建服务平台。

**3. 强化产业园区的示范作用**

强化规划指引，明确产业定位和发展方向，推进项目向专业园区集聚。加大专业园区建设扶持力度，打造一批产业特色鲜明、企业关联紧密、配套功能完善的产业集聚区。突出武汉经济技术开发区的示范引领作用，聚力发展汽车、新能源、新材料三大支柱产业。紧盯汽车"新四化"发展趋势，围绕全价值链环节，在龙头企业引领下推动形成融合共享的新型产业生态圈，推动汽车产业价值链向高端延伸。

**4. 加强与海外产业集群的合作**

湖北省汽车产业发展虽较为迅速，但是也面临着诸多问题。汽车生产相关资源紧缺、市场占有率低、关键核心技术面临难关、高端人才匮乏，这些都阻碍了集群规模的进一步扩大。要弥补发展短板，必须加强与外国产业集群的合作，借鉴其技术及管理方式，促进湖北省汽车产业发展，使其在全球市场中占有更多份额。

### (三) 加快提升汽车产业链供应链水平

党的十九届五中全会强调要促进实体经济的发展，提升产业链现代化水平。数据显示，长江经济带汽车产量占全国比重在 2017 年达到 45.17% 的高点后，2018 年、2019 年分别降至 43.8% 和 41.9%。乘用车芯片是制约汽车产业发展的瓶颈，我们必须把关键核心技术掌握在自己手里。要保持汽车产业比重基本稳定，巩固壮大实体经济根基，完善产业链供应链体系，增强自身创造力，提高产品附加值，进而推动长江经济带汽车产业高质量发展。

**1. 打造具有世界竞争力的下一代汽车产业集群**

随着新技术与汽车产业加快融合，以"新四化"为特征的"下一代汽车"(主要是新能源汽车和智能网联汽车)成为汽车产业风口。2020 年，我国新能源汽车产销分别完成 136.6 万辆和 136.7 万辆，新能源汽车市场份额达 5.4%。新能源汽车保持高速增长态势。长江经济带的上汽等车企新能源汽车销量成倍增长，以蔚来为代表的"造车新势力"上升势头迅猛。

做好规划的衔接和战略指引。近期长江经济带的多个省市先后发布了"十四五"规划建议，上海、湖北、重庆等省市都为未来汽车产业发展做好了规划和布局。总体都把未来发展大方向放在新能源和智能网联领域上。长江经济带沿线省市要进一步衔接上位规划和省市各专项规划，突出区域特色，丰富完善"十四五"期间的重点任务、重大举措。

2. 构建垂直整合的产业链集群

长江经济带汽车整车与零部件企业实力雄厚，汽车产业是全球产业链供应链的重要组成部分。由中国机械工业联合会与中国汽车工业协会联合发布的 2019 年中国汽车工业零部件 10 强企业中，长江经济带有 4 家，分别是上海的华域汽车、浙江的万象集团、宁波均胜电子和中策橡胶，可见长三角汽车零部件制造业的优势突出。

一是发挥优势构建产业链集群。发挥长三角、中三角和成渝地区汽车产业规模优势、配套优势和部分领域先发优势，培育若干上下游协同创新产业链集群。产业链集群上的企业相互之间的触达时间在 1~3 小时，半径范围是 50~200 千米，通过加强资源有机整合，供给更加快速。

二是推动创新链产业链深度融合。加强产业链之间的良性竞争，增强企业创新实力，提高全行业产品实力，延长产业的生命周期。同时有效降低物流成本，补齐创新短板，形成核心竞争力。加强对研发的投入力度，建立有效智力成果转换机制，提高产品附加值。

3. 布局国内国际双循环相互促进的汽车产业新格局

2019 年，长江经济带 9 省 2 市汽车生产总量达 1078.4 万辆，占全国生产总量的 41.93%，其中上海、武汉和重庆的汽车产量分别超过了 274 万辆、223 万辆、138 万辆。从短期来看，受疫情和贸易单边主义冲击，外向趋势明显的长三角汽车产业链销售市场受到较大影响。

一是全面对标国际国内一流营商环境。长三角基础设施完善，愈发得到跨国企业的青睐。特斯拉上海超级工厂把研发端前移，把销售区域进一步分散，布局好国际市场。长江经济带对标世界一流营商环境，加强与国际通行规则对接，实行负面清单管理制度，提升市场主体活力。

二是构建产业开放新格局。要充分发挥上海、武汉和重庆的区域优势，组建具有吸引力的世界级自由贸易区，实现长江经济带对外开放的整体升级和协同发展。进一步强化"一带一路"沿线产业合作机制，提高产业链治理能力，发挥龙头企业引领带动作用。加强对远岸和近岸产业宏观布局，推动产业合作由生产制造环节向技术研发、生产营销等全链条延伸。

## （四）积极推动长江经济带汽车产业协同发展

《长江中游城市群发展规划》中，明确要求三省联手打造汽车、战略性新兴产业等优势产业集群。本书通过对长江中游城市群的汽车产业集群区位熵的测算，发现湘赣鄂三省合作将大大提升产业集群的竞争力。目前，湘鄂赣三省有着较为完备的工业体系和较强竞争力的特色支柱产业，汽车产业在全国有着较强竞争力。

1. 加强汽车产业领域的合作

汽车产业具有较高关联度。相关配套行业之间相互依存。该区域内拥有东风集团、神龙汽车、东风本田、江铃集团、昌河汽车、广汽菲亚特、广汽三菱、广汽长丰等车企品牌，综合实力在全国位居前列。要加强湘鄂赣三省在产业发展中的协调配合，通过集聚扩大规模优势，推动长江中游城市群成为最具竞争力的汽车产业集聚区。

2. 推动企业跨区域兼并重组

要最大程度地发挥国有企业活力，加快并购重组步伐。加强企业合作，打造世界级产业集群。加快资本流动，鼓励跨区域投资，增强区域整体实力。加强武汉、长沙、南昌等汽车产业发达地区的合作，推动企业重组，建立具有国际竞争力的大企业。提高省际汽车产业关联度，延长产业链，提高增加值，做好相关配套设施建设，打造一流汽车产业基地。

3. 加强共性技术和关键技术研发合作

一是以科技项目为纽带，推动武汉理工大学、中国地质大学（武汉）、湖南大学、南昌大学等高校与企业合作，加快在新能源汽车等新兴技术领域实现突破。

二是充分发挥三省在科技及人才方面的优势，做好创新平台的研发，通过共享平台，促进交流合作，攻克核心技术难关，掌握汽车制造领域的技术主动权。加强产学研一体化合作，促进重大科技成果转化。

4. 提升武汉引领带动作用

湖北作为汽车大省，在全国汽车制造领域中具有重要地位。要打造长江中游城市群汽车产业集群必须要发挥武汉的领头羊作用。三省产业发展进程相似，在市场上存在竞争关系。要想实现三省的协调发展，武汉要加大科研投入力度，实现产业升级，培育战略新兴产业，形成与其他省份不同的产业优势，避免同质化竞争，以实现区域内的互补发展。

武汉应依托国家新能源与智能网联汽车基地建设，加快人工智能、无人驾驶、物联网、通讯导航、车载芯片等产品开发与产业化，建设国家新能源汽车质检中心，推动向下一代汽车转型升级。依托武汉经济技术开发区形成具有全球竞争力的下一代汽车产业集群。

# 第二节 人工智能与湖北制造业高质量发展研究

当前，由人工智能引领的新一轮科技革命和产业变革方兴未艾。人工智能在产业变革中发挥核心驱动力，并创造新的强大引擎，重构经济活动各环节，打造智能化新需求，催生新模式、新技术、新产业、新产品、新业态。人工智能正在与各行各业快速融合，加速传统行业提质增效、转型升级，引发全球新的产业浪潮。

## 一、人工智能与制造业深度融合的内涵和意义

### (一)人工智能的概念

人工智能(Artificial Intelligence)，英文缩写为 AI，是研究、开发用于模拟、延伸和扩展人的智能的理论、方法、技术及应用系统的一门新的技术科学，通俗地说，就是模仿人类行为的智能机器。人工智能产业链，主要有三个核心：基础技术、人工智能技术及人工智能应用。

在基础技术方面，大数据和云计算技术的发展完善是一切人工智能应用得以实现的前提；人工智能技术，目前主要聚焦在人机交互、计算机视觉、深度学习领域；人工智能应用聚焦在智能医疗、机器人、智能家居、汽车电子等领域，当

前正处于由专业应用向通用应用过渡的发展阶段。①

## (二)人工智能发展的趋势

人工智能正在引发一场新的工业革命,这场智能化变革由三大核心要素驱动,分别是数据、计算力和算法。其中,数据主要由越来越丰富的智能物联网设备产生,计算力则来自高性能计算、云计算或边缘计算等技术的支撑,再加上基于机器学习、深度学习等算法的进步,企业能够对各个行业的知识、经验、流程进行快速学习和掌握,进而使企业的每一个价值链环节都变得越来越智能。人工智能对制造业的赋能,是一个逐渐深入的过程。

1. 机器从事"三高"

自动化和机器人,特别是人工智能机器人正在改变生产生活方式,它们可从事处理高危险性、高重复性和高精度的工作,无须休息,不会犯错,将极大提高生产力和安全性。如今,智能自动化在建筑业、制造业等领域中广泛应用。全球产业展望报告预测:2025 年,每万名制造业员工将与 103 个机器人共同工作。

2. 人机协创

人工智能与云计算技术的深度融合,将大幅促进未来创新型社会的发展。试错型创新的成本得以降低;原创、求真的职业精神得到保障;人类的作品也因机器辅助变得更为丰富。全球产业展望报告预测:2025 年,97%的大企业将采用人工智能。

3. 共生经济

无论身在何处、语言是否相通、文化是否相似,数字技术与智能能力逐渐以平台模式被世界各行各业广泛应用。各国企业都有机会在开放合作中,共享全球生态资源,共创高价值的智能商业模式。全球产业展望报告预测:2025 年,全球所有企业都将使用云技术,而基于云技术的应用使用率将达到 85%。

4. 5G 加速

大带宽、低时延、广连接的需求正在驱动 5G 的加速商用,将渗透到各行各业中,并比我们想象中更快地到来。全球产业展望报告预测:2025 年,全球将

---

① 杨丹辉,邓洲. 人工智能发展的重点领域和方向[J]. 人民论坛,2018(2):22-24.

部署 650 万个 5G 基站, 服务于 28 亿用户, 58% 的人口将享有 5G 服务。

5. 数字治理

触及智能世界, 遇到了新的阻力和挑战。全球应该加快建立统一的数据标准、数据使用原则; 鼓励推动建设第三方数据监管机构, 让隐私、安全与道德的遵从有法可依。全球产业展望报告预测: 2025 年, 全球年存储数据量将高达 180ZB。

### (三) 人工智能与制造业深度融合的内涵

促进产业创新发展是人工智能与制造业深度融合的本质, 以人工智能在制造业的广泛场景应用为方式, 实现制造业全面而深刻的智能化转变, 实现智能化时代制造业智能化发展, 其实质不仅仅是技术应用, 而是整个产业发展模式的根本性转变, 开创制造业智能化时代的智能化模式。从当前实践的实际发展看, 人工智能对于制造业的智能化改变主要体现在六个方面:

第一, 产品智能化。一是智能化产品种类日益丰富。智能化产品按照功能可以分为包括智能音箱、智能手机、智能电视、智能家居产品等在内的消费型智能产品和包括家务机器人、智能安防、智能金融、智能医疗及智能电网、物品分拣机器人等在内的生产型智能产品。二是产品智能化水平不断提升。例如, 汽车从具有单个主动安全系统, 发展到"全面实时感知+及时通信+智能驾驶"模式, 进而发展为可实现自动驾驶的智慧道路系统。人工智能使得制造业产品由功能化向智能化转变, 极大地拓展了产品满足各种需求的范围, 提升了产品效用。

第二, 装备智能化。通过人工智能与制造业的深度融合, 可以发展出具有感知、分析、决策、执行、维护等功能, 能够实现自组织、自适应的网络化、协同化、智能化的生产设备与生产系统。目前, 智能化装备已经由智能化单机装备, 向以其为基础的智能生产线、智能车间、智能工厂等发展转变, 达到提供工厂级的系统化、集成化、智能化的生产设备标准。装备智能化为生产智能化和产品智能化提供了直接物质基础。

第三, 生产智能化。从传统制造业的"人工分析决策+自动生产"转变为"人工智能分析决策+自主生产"的智能化制造方式, 即生产制造过程由人工监控下的机械化、自动化生产转变为以人工智能为核心的信息化、集成化、自主化生产。以数字化数据、系统化连接、信息化处理为基础，综合产品特性、时间要求、物流管理、成本控制、安全要求等全方位要求，以人工智能决策为核心，实现生产制造的自主化控制与实施。

第四，管理智能化。以包括原材料采购、生产制造、仓储物流、需求系统、售后服务等全方位的硬件、软件的相互连接为基础产生海量数据，在客户关系管理、产品生命周期管理、生产数据管理等系统的支撑下，对海量数据进行汇总、结构化处理、智能化分析，对产品特性、生产成本、原材料、物流、生产时间等方面进行全方位、深度化的智能化管理，实现制造业管理的全面智能化。

第五，商业应用智能化。即从被动式需求分析转化为主动式需求管理。传统制造业在客户需求信息收集、整理的基础上，对客户需求进行分析、判断、预测，根据需求分析，组织生产制造。在人工智能的改变下，制造业通过工业互联网、商业互联网及消费互联网的互联互通，收集客户需求的海量数据，运用机器学习技术，在对海量数据实时自动整理、分析、存储的基础上，实时向客户发送关联性需求信息，及时关注、引导客户需求。与被动式需求分析相比，智能化主动式需求管理的特点突出表现在实时性、主动性、智能化三个方面。其中，实时性体现为客户需求信息收集、分析、存储以及客户需求关注、引导的实时性。主动性体现为不是被动感应、分析客户需求，而是以主动联系、主动响应、主动引导等为基础的主动型需求管理。人工智能全过程参与主动式需求管理充分体现其智能化。

第六，产业生态智能化。产业链、价值链、创新链以及产业周边社会环境系统、人文环境系统、生态环境系统在工业互联网的连接与集成下，以人工智能为核心，实现产业生态系统的数据收集、信息共享、业务协同、系统集成等全过程、全任务的智能化实施，实现产业生态系统空前的数字化、网络化、集成化、智能化。

（四）人工智能与制造业深度融合的意义

人工智能对制造业的六大智能化改变，在客户服务、产品和服务优化以及质量控制等领域创造出了巨大的业务价值。[①] 有些企业已经开始享受智能化带来的

---

① 邓洲．促进人工智能与制造业深度融合发展的难点及政策建议[J]．经济纵横，2018（8）：41-49.

好处，主要体现在成本节约、效率提升、价值创造、发展扩散四个方面。

首先，在成本节约方面。一方面，人工智能将大幅缩减人工成本。人工智能导致的无人化或少人化生产，将极大地节约制造业的人工成本，这一点对于当前"人口红利"消失，人工成本全面、持续攀升的中国制造业作用十分突出。另一方面，人工智能将大幅缩减能源成本。在智能化生产管理下，能源消耗可以得到最大的节约，从而可以极大地节约制造业能源成本，这一点对于能源价格高且波动大的制造业，也具有十分重要的作用。

其次，在效率提升方面。在智能化生产管理下，原材料采购、生产制造、仓储物流、需求系统、售后服务等全方位环节将得到最优运筹，在物耗节约、进度优化、时间加快等的基础上，生产制造的效率将得到最大的提升。Erik Brynjolfsson 等（2017）指出，人工智能的进步可能提高全要素生产率。尤其是许多大型工厂的能源效率和材料使用可以得到改善。[①]

再次，在价值创造方面。人工智能广阔的前景可以为企业带来巨大的投资和价值创造。根据 CBInsights 的估计，全球对专注人工智能的私营公司的投资从 2012 年的 5.89 亿美元增加到 2016 年的 50 多亿美元。

最后，在发展扩散方面。制造业的智能化转变可以通过逆向工程等方式促进对现有产品与技术的模仿，以及企业、产业和职业之间的技术学习与模仿，从而扩大知识的外部性。[②] 在此基础上还可以通过产业链、供应链、价值链、创新链、消费链等途径，逐步扩散到农业、流通业、服务业、消费领域等相关产业与领域，逐步带动其他相关产业与领域的智能化转型。

商业落地已成为人工智能发展到当前阶段鲜明的主题词，过去人工智能技术驱动阶段重在 AI（人工智能）算法模型比拼，如今更要依赖商业场景洞察、专家团队实力，将 AI 技术与行业实际需求结合，可以产生应用与经济价值。

中科高服发布的《2019 中国人工智能产业研究报告》称，安防、金融、客服、医疗健康、零售、广告营销、教育、城市交通、制造、农业十大传统产业成为当

---

① 薛加玉. 人工智能赋能制造业转型升级[J]. 现代工业经济和信息化，2019，9（3）：9-10，16.

② 冯瑞琳. 基于人工智能与制造业的深度融合发展分析[J]. 现代商贸工业，2019，40（24）：193-194.

前人工智能商业落地的聚集点。医疗、零售、交通等场景随着 AI 技术与场景核心痛点匹配度上升、产品逐渐完善，未来将激发更大的价值；农业领域因为技术基础、商业模式、购买能力等问题，目前 AI 赋能作用尚不明显，未来有待探索；制造场景由于基础建设复杂、数据获取难度较大，AI 应用短期内渗透释放难度较大。

## 二、国内外人工智能发展现状及与制造业融合发展模式

如同蒸汽时代的蒸汽机、电气时代的发电机、信息时代的计算机，人工智能正成为推动人类进入智能时代的决定性力量。产业各界已经充分意识到人工智能技术在产业变革中的重要性，纷纷抢占人工智能制高点。发达国家也把发展人工智能纳入国家安全重大战略。

### (一)国外人工智能发展的现状

在国际上，人工智能领域竞争日趋激烈。2018 年 4 月，欧盟委员会计划于2018—2020 年在人工智能领域投资 240 亿美元；法国发布《法国人工智能战略》，正式迎接人工智能新时代；日本重点推动物联网和人工智能的发展；美国发布《国防战略》报告，旨在通过人工智能技术进一步增强军事实力；俄罗斯 2017 年提出推动军工"智能化"，升级"传统"兵器。

随着人工智能技术的发展成熟，人工智能应用的云端化加速发展，全球人工智能产业即将进入高速增长期。到 2035 年，美、日、英、德、法等 12 个发达国家的经济将实现大幅增长。2018 年麦肯锡公司的研究报告预测，到 2030 年，人工智能新增经济规模将达到 13 万亿美元，[①] 约 70% 的公司将采用至少一种形式的人工智能。

### (二)国内人工智能发展的现状

1. 我国人工智能的发展历程

2009 年至今，我国国家层面政策早期关注物联网、信息安全、数据库等基

---

① 谭铁牛. 人工智能的历史、现状和未来[J]. 奋斗，2019(5)：8.

础科研，中期关注大数据和基础设施，而 2017 年后，人工智能成为最核心的主题。2017 年国务院发布《新一代人工智能发展规划》，对人工智能产业进行战略部署；在 2018 年 3 月和 2019 年 3 月的政府工作报告中，均强调指出要加快新兴产业发展，推动人工智能等研发应用。综合来看，中国人工智能政策主要关注中国制造、创新驱动、物联网、互联网+、大数据、科技研发六个方面的发展。

2. 我国人工智能产业的优势领域

我国作为全球人工智能领域发展较好的国家，无论是人工智能领域的基础层、技术层、应用层，还是人工智能的硬件产品、软件产品及服务，我国企业都有涉及。特别是基础技术的进步，奠定了人工智能产业进一步发展的基础。技术层和应用层的持续推进为人工智能产业发展提供了源源不断的动力，推动行业向更远更深层次发展。①

据工信部的统计，目前我国人工智能技术已接近世界先进国家水平。2017—2018 年，我国新增人工智能企业数超过前 10 年的企业数总和，人工智能企业总量居全球第二，仅次于美国；全球人工智能领域论文中，我国占近 20%，仅次于美国；语音识别、视觉识别、机器翻译、中文信息处理等方面领先世界；人工智能产品在医疗、商业、通信、城市管理等方面快速应用，整体产业规模近 3000 亿元。可以说，加速积累的技术能力与海量的数据资源、开放的市场及巨大的需求为我国人工智能发展提供了良好条件。

3. 我国人工智能产业区域布局

(1)人工智能企业数。我国人工智能企业主要集中于北京、广东及长三角地区，占我国人工智能企业总数的 84.95%。四川省虽然企业数量不及上述地区，但明显高于其他省市(见图 1.14)。

(2)按省级行政区影响力分析。全国 34 个省级行政区中，均进入人工智能企业数、专利申请数、融资数三项排名前十的，包括北京、广东、上海、江苏、浙江(见表 1.9)。其中，北京、广东在三项排名中位列前二，地位稳固；而上海、江苏均进入前五名，名次略有不同；浙江获得一次前五，两次前十；四川、重庆

---

① 高煜. 我国经济高质量发展中人工智能与制造业深度融合的智能化模式选择[J]. 西北大学学报(哲学社会科学版)，2019，49(5)：28-35.

各入围两个榜单，可谓是人工智能领域的西部重镇。

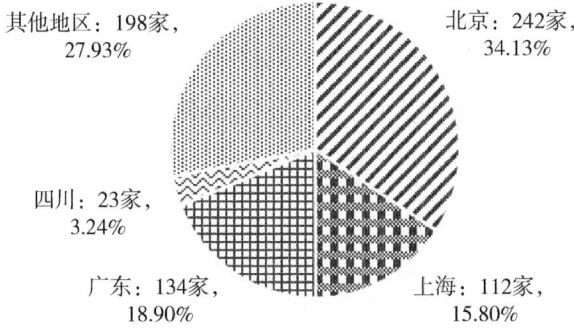

图 1.14 中国人工智能企业分布

（数据来源：前瞻产业研究院整理）

表 1.9　　　　　　　　各省（市）人工智能影响力对比

| 专利影响力 | | 企业影响力 | | 融资影响力 | |
|---|---|---|---|---|---|
| 省（市） | 指数 | 省（市） | 指数 | 省（市） | 指数 |
| 北京 | 100 | 北京 | 100 | 北京 | 100 |
| 广东 | 92.39 | 广东 | 93.58 | 广东 | 94.67 |
| 江苏 | 91.27 | 上海 | 91.64 | 福建 | 88.03 |
| 上海 | 91.06 | 浙江 | 80.18 | 上海 | 75.8 |
| 安徽 | 76.41 | 江苏 | 77.69 | 江苏 | 71.84 |
| 台湾 | 74.78 | 四川 | 74.45 | 四川 | 62.02 |
| 重庆 | 74.68 | 福建 | 69.81 | 浙江 | 56.81 |
| 湖南 | 72.4 | 台湾 | 62.98 | 山东 | 37.93 |
| 河南 | 67.73 | 湖北 | 61.53 | 香港 | 36.01 |
| 浙江 | 67.36 | 山东 | 57.88 | 重庆 | 3.43 |

数据来源：前瞻产业研究院整理。

## 4. 我国人工智能产业的短板

我国人工智能发展水平同发达国家相比仍存在差距，缺少重大原创成果，在逻辑运算以及高端芯片、基础材料、元器件、软件与接口等方面差距较大；尖端人才难以满足发展需求；缺乏系统研发布局；相应的基础设施、行业标准、政策法规都亟待完善。

从我国人工智能长远发展来看，应加紧建构包括指令、芯片、编译、语言、工具、网络等在内的计算体系，形成自身特色优势。

### (三)人工智能与制造业融合发展的模式

如今，人工智能应用不仅涵盖了纺织、冶金、汽车等多个传统制造业产业，还涉及高端装备制造、机器人、新能源等战略新兴产业。人工智能型制造业的发展模式主要有两种：一是互联网信息技术企业向人工智能型制造业企业发展，二是制造业企业向人工智能型制造业企业发展。

目前的实践表明，第一种模式的效果相对显著，这实际上体现了人工智能与制造业融合仍然遵循以人工智能技术及其应用(以信息技术为支撑)为主导的技术应用式发展路径。要想突破这种单一的技术应用式发展模式，推动制造业智能化的多路径发展，必须从人工智能型制造业企业的培育与发展，转向制造业智能化产业生态系统的培育与构建。即建立在信息互联的基础上，实现技术互联、生产互联、管理互联、经营互联等的，包含人工智能企业、场景应用制造业企业、供应链配套企业、需求客户等主体在内的制造业智能化产业生态系统。

### 三、湖北人工智能与制造业融合发展的基础、优势与瓶颈

#### (一)湖北人工智能与制造业融合发展的基础

人工智能的发展，离不开大数据、算法、算例、人才和应用场景等要素，湖北省人工智能产业初步形成了以工业机器人为引领的人工智能产业集群。

(1)产业链上下游协同。在基础硬件、基础软件、整体解决方案、云服务、运维支撑和终端产品等产业链环节，湖北省聚集了烽火通信、天喻信息、达梦、深之度、火凤凰、立得空间、光谷北斗等一批国内领先企业，实现了从硬件到软件，从产品到服务的产业链覆盖，产业上下游协同效应初步显现。

(2)积极布局大数据。武汉动建超算中心,东湖大数据交易中心、长江大数据交易中心等交易平台落户光谷。"襄阳云谷"成为湖北省信息化支撑性平台,区域性海量数据存储和管理功能基本形成,带动上下游18000多家中小配套企业登云。

(3)增强先进算法的支撑。在机器视觉、语义识别等领域,湖北正在发力。在机器视觉方面,天远视科技、海达数云、极意网络、华正空间等让机器的"眼睛"看得更远;武汉天远视科技在机器视觉、基于机器学习的图形处理的算法领域跻身国际第一梯队,在国内处于领先。在语义识别方面,飓拓科技的智能客服问答技术可以替代数万名人工客服;传神语联的人工智能翻译引擎准确率达到90%以上。

(4)应用方面多点开花。无人驾驶、智能机器人等多项成果领先全国。在无人驾驶方面,湖北省拥有依迅电子、光庭信息、卡比特、极目智能、众向科技等一批重点企业,依迅电子公司的测试车已累计测试里程11000千米。在智能机器人方面,奋进电力、华中数控、需要智能、汉迪科技、智味来创新、库柏特等形成重点企业群,中新红外(武汉)公司研制的三维红外智能检测航空机器人技术全球领先。

(5)智能控制产品与制造业智能化提升领域龙头引领。2018年9月12日,工信部评选出2018年人工智能与实体经济深度融合创新项目,湖北共有5家企业的5个项目在列,涉及智联网汽车自动驾驶技术、大型无人船智控系统、无人机智能作业系统等领域。湖北省入选的5个项目中,属于"智能控制产品"类别的有4个,属于"制造业智能化提升"类别的有1个。

(6)智能制造产业创新资源富集。目前,智能制造作为湖北省培育的"十大重点产业"之一,拥有光电子、遥感等14个省级以上新型产业技术研究院,信息光电子、高端数控装备、海洋工程装备等省级制造创新中心,集聚了一批智能制造创新资源,为抢占未来发展高地创造了条件。

(二)湖北人工智能与制造业融合发展的优势

(1)人才优势突出。湖北是科教大省,人工智能领域人才队伍实力强劲。根据最新的《中国大陆高校 AI 实力 TOP60 排行榜》数据,华中科技大学在 AI 实力排名中名列第 9 位,武汉大学名列第 17 位,武汉理工大学名列第 41 位。2017 年度普通高等学校本科专业备案和审批结果显示,湖北省 11 所高校新增了"数据科学与大数据技术"专业,4 所高校新增了"机器人工程"专业。近日,集合了来自中国科学院、武汉大学、华中科技大学、哈尔滨工业大学等高校院所的 60 名专家的武汉(汉阳造)人工智能研究院揭牌运行。武汉市 2016—2018 年智能制造产业产值(收入)增速连续三年超过 18%。

(2)大数据产业规模中部第一。目前湖北省大数据采集、存储、处理和应用等产业链各环节快速发展,产业生态初步形成,取得了阶段性成效。赛迪《2019中国大数据产业发展白皮书》显示,2018 年全国大数据产业规模达 4384.5 亿元,其中湖北大数据产业规模达到 389 亿元,同比增长 29%,位居中部第一。

(3)5G 产业加快布局。2019 年 8 月,湖北省政府印发《湖北 5G 产业发展行动计划(2019—2021 年)》,提出用 3 年时间,建设全国 5G 产业发展先行区,到2021 年,湖北 5G 核心产业(通信服务和设备制造)产值过 2000 亿元。该行动计划明确了三项重点任务。一是加快 5G 网络基础建设,力争建设 5G 基站 5 万个以上,实现武汉市 5G 网络全覆盖,宜昌、襄阳等有条件的地方主城区全覆盖,逐步向县级以上重要区域延伸。二是发展 5G 设备生产制造业,建设 5G 创新驱动核心区,打造"东湖网谷"。三是推动 5G 规模化示范应用,开展 100 个业务示范应用,孵化培育 1000 家应用示范企业,力争工业互联网、智能网联汽车、超高清视频和 VR/AR/MR、智慧教育、远程健康医疗 5 大领域应用走在全国前列。

(三)湖北人工智能与制造业融合发展面临的瓶颈

人工智能与制造业融合发展是新一轮产业变革的核心内容。虽然人工智能加快向各领域渗透,但在制造业这一最具潜力的场景下应用落地困难重重,面临以下三大挑战:

(1)制造业与人工智能融合应用成本高昂。在人力成本方面,人工智能领域基础人才短缺,直接导致用人成本升高,进而大幅提高了制造业与人工智能的对接成本。在资源成本方面，人工智能所需设备的购置、运营维护升级均会提高制造业与人工智能的对接成本。在技术成本方面，人工智能技术尚处于"弱人工智能"阶段，技术落地应用大多需要人力辅助，形成双倍成本。目前人工智能技术很难实现理想的"无人化"，其定位更像一种工具，在计算和操作等方面进行辅助，帮助人类简化操作，制造企业即便在已经购置人工智能设备之后，仍需聘用技术工人予以辅助。

（2）产融学对接尚不充分。在产融协同方面，制造业资本投入不足。制造业自有资金不足。在产学协同方面，人工智能前沿技术在制造业难以落地。高校以一流期刊论文发表引用为衡量标准的评价导向，导致学界专注于学术研究，对产品商业化理解不足，缺乏发现市场变化的敏锐嗅觉，以至于研发重点滞后，致使技术与市场脱节，人工智能研发成果转化困难。

（3）制造业数据孤岛问题严重阻碍其与人工智能融合应用。尽管湖北省大数据产业近些年发展势头良好，但仍处于起步阶段，存在数据资源规划、管理协调机构分散，大数据行业组织发展不充分，数据开放、共享、流通管理不明确等问题。大部分制造企业尚停留在"工业 2.0"阶段，大量数据下沉在各条生产线之间，信息化建设不足导致各类生产制造数据极度缺乏。同时制造业数据标准不统一，不具备应用落地普适性。

## 四、湖北加快推进人工智能与制造业深度融合发展的思路与路径

### （一）湖北推进人工智能与制造业深度融合的思路

（1）以更加开放的胸襟拥抱人工智能。用好建设湖北自贸试验区、长江经济带发展等重大机遇，打造面向全球的前沿创新平台、应用场景标杆，推进人工智能领域标准沟通、设施联通、贸易畅通、资金融通，促进人工智能跨地域跨领域跨行业发展，努力成为全国智联网络的高地，让更多人工智能成果造福人类。

（2）以更富创新的探索激活人工智能。推动科技创新和制度创新同向发力，让一切人工智能知识、技术、管理、资本的活力竞相迸发，鼓励人工智能最新成果在湖北率先"试水"，力争在一些关键核心领域取得原创性突破，推动人工智

能产业创新发展。

(3)以更具包容的生态滋养人工智能。积极打造国际一流营商环境,在释放湖北科教资源优势、应用场景优势、海量数据优势、基础设施优势上持续发力,在推动人工智能数据开放、技术推广、市场准入上率先突破,在建立人工智能法律法规、伦理规范、政策体系上加紧探索,全力打造湖北人工智能"一流创新生态"。

(二)湖北推进人工智能与制造业深度融合的路径

围绕制造强国重大需求,推进智能制造相关设备及核心技术集成应用,推广智能制造新型制造模式,打造智能制造云服务平台,促进制造业生命周期活动智能化。

1. 大力发展智能企业

(1)大规模推动企业智能化升级。把人工智能技术应用到企业生产各个核心业务环节,通过革新运营方式和企业组织结构,促进制造与服务、金融的智能化融合,定制个性化产品,打造智能化供给。互联网企业运用自身优势,建设云制造和服务平台,提供工业软件和模型库,外包制造服务,提高中小企业智能化发展水平。

(2)推广应用智能工厂。推广智能制造关键技术和体系方法,重构生产线,建立动态智能调度体系,发展智能物联和云化数据采集技术,支持和引导工厂大数据系统的建立,实现生产设备机械化、生产过程自动化、生产数据透明化、生产现场智能化。

(3)加快培育人工智能产业领军企业。在无人机、图像识别和语音识别等优势领域打造领军企业,培育具有国际影响力的品牌。在智能机器人、虚拟现实技术等新兴领域加快培育一批龙头企业。强化人工智能企业的专利意识,参与国际标准制定。推动省内优势企业、行业组织、科研机构、高校等联合组建湖北人工智能产业创新联盟。发挥龙头企业引领作用,促进小微企业智能化发展进程。

2. 打造人工智能创新高地

结合各地区资源禀赋和特色优势，合理布局人工智能产业。通过高端要素、企业和人才集聚，打造人工智能创新高地。

(1)开展人工智能创新应用试点示范。在人工智能基础较好、发展潜力较大的地区，组织开展人工智能创新试验，改革体制机制、政策法规，注重培养专业人才，促进人工智能成果转化，通过对示范区的研究学习，形成可推广经验，加快智能经济发展。以武汉、襄阳、宜昌为核心区，重点发展激光、人工智能、机器人等产业；以黄石、黄冈、荆州、孝感、随州为发展区，重点发展高端数控机床等智能装备。

(2)建设人工智能产业园。依托国家级自主创新示范区、国家级高新区、国家级开发区等创新载体，通过对技术、人才、政策等要素的整合，推进人工智能产业创新集群进程。

(3)建设国家人工智能众创基地。充分利用高校、科研院所的智力资源，搭建专业化人工智能新型创业服务平台，建设便利化、全要素和开放式的众创空间，完善孵化服务体系，支持人工智能创新创业，为人工智能成果转化提供便利渠道。

## 五、加快人工智能与湖北制造深度融合的对策建议

人工智能技术与制造业融合不断深化，对制造业产生显著影响。加速制造业的智能化转变是极具发展前景的前沿领域，需要政府和各界共同发力。

首先，加大对人工智能的支持力度。结合湖北实际，把发展新一代人工智能作为加快新旧动能转换和产业转型升级的重要抓手，摆在更加突出的位置，加强统筹协调，加大政策支持力度，形成工作合力。

在政策方式上，从人工智能产业的界定与重点产业的政策支持，转向在此基础上人工智能与制造业深度融合的产业发展环境的建设与优化。在产业政策的实施方面，应当由当前"政府选择+政策支持"的产业政策，与"产业规划—项目选择—政策支持—效果评估"的政策实施方式，转变为"环境建设+市场选择"的产业政策，与"产业规划—环境建设—体制机制保障—企业行为—市场选择"的政

策实施方式。

其次，培育产业发展环境。政府和行业协会需要通过培育解决方案服务机构、开展试点示范等方式，引导人工智能技术在 ICT、互联网等领域的应用成果向制造业输出，尤其是在轻量化设计、节能降耗、工艺优化、质量提升、运行维护等当前人工智能已经涉足的领域培养一批成熟的解决方案。与此同时也要针对系统开发、现场操作、管理规划等不同层面的需求，分类型、分等级推进人工智能阶梯形人才队伍的培育工作，加强企业员工的再培训，做好工业智能化变革下新旧动能的承接工作。加强创新体系建设，鼓励高校加强人工智能学科建设，打造一流学科，培养一流人工智能人才。

再次，加快合作推进行业标准。产业界需要通过组织联盟等形式开展多方合作，面向各工业分类的人工智能应用对数据采集、应用部署等方面的需求，确保支撑人工智能应用的工业数据能得以快速有效地应用。

最后，统筹协调构建保障体系。面向人工智能技术在未来可能大范围覆盖的工业应用场景，由立法部门及行业协会共同研究制定应用规范、开发守则等涉及应用安全、伦理道德的行业标准。同时政府需要加快建立工业智能公共评测服务平台，加强对工业智能系统的安全测试服务，制定完善人工智能装备、系统在工业生产应用场景中的安全操作规范守则。

## 第三节　湖北战略性新兴产业"壮链扩群"政策研究

2020 年 9 月，国家发改委等四部门在《关于扩大战略性新兴产业投资培育壮大新增长点增长极的指导意见》中明确，推动资金、人才等各种资源向新一代信息技术、生物医药、高端装备制造、新材料、新能源等行业聚集。《湖北省战略性新兴产业发展"十四五"规划》（以下简称《规划》）提出：到 2025 年，湖北战略性新兴产业产值实现倍增，达到 5 万亿元，增加值占 GDP 比重达到 20%，高于国家规划 3 个百分点。《规划》重点从增强产业创新能力、提升平台支撑力、推动产业集群化发展等方面进行了部署安排。

## 一、湖北省战略性新兴产业"壮链扩群"的现状分析

### (一)湖北省战略性新兴产业产业链和产业集群发展的现状

"十三五"时期,湖北大力培育发展战略性新兴产业,核心技术、关键产品不断突破,自主创新能力显著增强,发展质量持续提升,湖北战略性新兴产业经济发展引擎作用愈发突出。数据显示,2015—2020年,湖北战略性新兴产业产值由1.5万亿元增加至2.5万亿元,年均增长11%,高于GDP增速5.9个百分点。湖北省高新技术产业增加值由5028.94亿元增至8684.1亿元,增长72.68%。2020年,湖北省高技术制造业增加值增长4.1%,增速快于规模以上工业10.2个百分点,占规模以上工业增加值的比重达10.2%。

东湖高新区形成了以"光芯屏端网"、生物医药为主导的战略性新兴产业集群。2019年,以东湖高新区为核心承载区的武汉市集成电路、新型显示器件、下一代信息网络、生物医药4个产业集群入选国家首批战略性新兴产业集群,数量与北京、上海并列第一。

湖北战略性新兴产业虽然发展迅速,但所面临的瓶颈问题也逐渐凸显。在市场主体方面,缺乏有竞争力的领军企业,新兴领域的龙头企业还不够多,独角兽企业仍需加大培育力度,部分领域的重点企业品牌优势和影响力下降。在市场要素方面,人才竞争加剧,高层次产业人才供给能力不足对新兴产业发展的制约愈发明显,支撑关键技术研发的产业创新基础设施仍需进一步加强。在市场机制方面,部分国有企业向新兴产业转型的动力不足,全社会鼓励创新、宽容失败的环境氛围仍需优化。

作为国家重要的产业基地,湖北必须破解产业链供应链不稳定、产业生态不完善、高端人才不足、资源市场竞争加剧、产业发展不平衡等难题,让战略性新兴产业更好地发挥新引擎的作用。

### (二)"壮链扩群"的内涵

集群是产业地理集聚的外在表象,集群化与产业链的集成耦合才是内在机

理。产业集群本质上就是高度相关的生产链、供应链、创新链、要素链在一定空间的有机组合，形成相互共生的产业生态系统。但有些产业集聚只是地理扎堆、空间堆砌、同质竞争，生产链、供应链缺乏有机链接，企业之间缺乏密切协作，产业链存在"缺口"和"断裂"，快速响应市场的协同集成能力不强。

推动战略性新兴产业"壮链扩群"，产业集聚不能沿袭以往的数量堆积、产量堆积、规模堆积路径，必须是主导产业与配套产业、上游企业与下游企业全方位的高度集成耦合，构建起高效、稳固、富有弹性的网链结构，以高级化的产业集聚提升产业链韧性，通过大规模定制和专业化协同形成超强的产业竞争力。

战略性新兴产业的集群发展一般要经历"种子期—培育期—成长期—成熟期"这样一个演进路径。在没有形成战略性新兴产业集群的种子期，其发展模式为"政府主导"；在初步出现战略性新兴产业集群雏形的培育期，其发展模式为"政府引导"；在战略性新兴产业集群数量不断增加的成长期，其发展模式为"政府引导+市场推动"；在存在大量战略性新兴产业集群，但数量不再增加的成熟期，其发展模式为"市场主导"。

(三)案例分析：湖北省"光芯屏端网"产业链现状

基于湖北省产业地图，《规划》对湖北省战略性新兴产业细分领域的产业链图谱、产业集群图谱进行了初步绘制，列出了56个典型图谱，直观展示了细分产业领域的287家重点企业、198个重大项目、146个重大创新平台等信息。产业图谱上的重点企业、重大项目、重大平台分布等信息一目了然。通过产业链实现战略性新兴产业运行、创新孵化、项目建设等重点工作串联、统筹推动。

湖北省的"光芯屏端网"主导产业目标清晰、产业链条基本完善、协同创新能力增强、区域合作纵深发展、产业生态加快形成，产业集群已粗具雏形，聚集企业近400家，产业规模突破3000亿元。但同时也面临着关键材料和设备本地化率较低、上中下游企业供需匹配度不高、龙头企业规模和带动效应不足、跨区域分工协作机制还不健全等问题。

以"光芯屏端网"中的"屏"为例，新型显示产业链图谱上明确标注：主要分布于武汉市、鄂州市、仙桃市、潜江市以及荆门市。重点企业包括京东方、天马微电子、华星光电、精测电子、鼎龙化学；重点项目包括武汉华星光电高世代液晶显示面板生产线扩产项目、三安光电鄂州市 Mini/Micro 显示产业化项目、湖北鼎龙潜江光电显示及半导体材料项目等(见表1.10)。

表1.10　　　　　湖北省"光芯屏端网"产业链基本情况

| 产业 | 细分领域 | 重大平台 | 重点企业 | 重点区域 |
|---|---|---|---|---|
| 集成电路 | 芯片设计 | 国家存储器基地、国家信息光电子创新中心、国家先进存储产业创新中心、国家三维集成电路制造业创新中心 | 武汉新芯、长江存储、光迅科技、云岭光电、高德红外、新思科技、海思光电子、九同方、飞思灵微电子、梦芯科技、武汉导航院、709所 | 武汉(武汉东湖新技术开发区) |
| | 芯片制造 | | 武汉新芯、长江存储、高德红外、光迅科技、长芯盛科技、云岭光电、鼎龙控股 | |
| | 封装测试与材料业 | | 高德红外、709所、光迅科技、华工正源、泰晶科技 | 武汉市为主，襄阳、宜昌、十堰、黄石、荆州、孝感、黄冈、随州等布局磁电子、功率电子、光通信芯片、物联网芯片、车用元器件及配套产业等 |
| 新型显示 | | 湖北新型显示产业研究院(筹) | 华星光电、武汉天马、尚赛光电、精测电子、京东方、鼎龙控股 | 武汉(东湖新技术开发区、东西湖区) |
| 智能终端 | | | 华为、联想、小米、天玑智谷、华烁科技、泰凯科技 | 武汉(东湖新技术开发区)、襄阳、黄石、孝感 |

续表

| 产业 | 细分领域 | 重大平台 | 重点企业 | 重点区域 |
|---|---|---|---|---|
| 下一代信息网络 | 光通信 | 武汉光电国家研究中心 | 长飞光纤、烽火通信、光迅科技、烽火藤仓、华工正源 | 武汉（东湖新技术开发区）、潜江市国家高新区 |
| | 5G通信 | | 烽火通信、虹信通信、飞思灵微电子、华工科技、长芯盛科技、武汉凡谷、海思光电子 | 武汉（东湖新技术开发区） |
| | 网络安全 | 国家网络安全人才与创新基地、武汉超算中心、网络安全学院 | 中金数据、众维亿方、启迪控股、中科曙光、国嘉网信、天喻信息 | 武汉（东湖新技术开发区、武汉临空港经济技术开发区） |
| | 量子通信 | 国家量子保密通信骨干网络华中总控中心 | 光谷量子、国科量子、国盾量子 | 武汉（东湖新技术开发区） |

## 二、湖北省战略性新兴产业集群定量分析

### （一）湖北省与其他省市国家战略性产业集群数量比较

国家战略性产业集群名单见表1.11。

表1.11　　　　　　　　　国家战略性产业集群名单①

| 省（市） | 数量（家） | 市名 | 数量（家） | 项目名称 |
|---|---|---|---|---|
| 山东 | 7 | 青岛 | 2 | 青岛市轨道交通装备产业集群 |
| | | | | 青岛市节能环保产业集群 |
| | | 济南 | 1 | 济南市信息技术服务产业集群 |
| | | 淄博 | 1 | 淄博市新型功能材料产业集群 |
| | | 烟台 | 2 | 烟台市先进功能材料产业集群 |
| | | | | 烟台市生物医药产业集群 |
| | | 临沂 | 1 | 临沂市生物医药产业集群 |

---

① 国家发改委发布《关于加快推进战略性新兴产业产业集群建设有关工作的通知》，公布第一批66个国家级战略性新兴产业集群名单。

续表

| 省(市) | 数量(家) | 市名 | 数量(家) | 项目名称 |
|---|---|---|---|---|
| 广东 | 6 | 深圳 | 3 | 新型显示器产业 |
| | | | | 人工智能 |
| | | | | 智能制造 |
| | | 广州 | 2 | 智能制造 |
| | | | | 生物医药 |
| | | 珠海 | 1 | 生物医药 |
| 上海 | 4 | 上海 | 4 | 上海浦东集成电路 |
| | | | | 杨浦区信息服务产业集群 |
| | | | | 徐汇区人工智能 |
| | | | | 浦东新区生物医药 |
| 湖北 | 4 | 武汉 | 4 | 武汉市集成电路 |
| | | | | 新型显示器件 |
| | | | | 下一代信息网络 |
| | | | | 生物医药 |
| 北京 | 4 | 北京 | 4 | 北京经开区集成电路 |
| | | | | 北京海淀区人工智能 |
| | | | | 北京昌平区生物医药 |
| | | | | 北京大兴区生物医药 |
| 福建 | 4 | 福州 | 1 | 新型功能材料 |
| | | 厦门 | 2 | 新型功能材料 |
| | | | | 生物医药产业 |
| | | 莆田 | 1 | 新型功能材料 |
| 浙江 | 3 | 杭州 | 2 | 杭州市信息技术服务 |
| | | | | 生物医药 |
| | | 宁波 | 1 | 宁波市新型功能材料 |
| 江苏 | 3 | 徐州 | 1 | 智能制造 |
| | | 常州 | 1 | 智能制造 |
| | | 苏州 | 1 | 生物医药 |

湖北拥有 4 家国家战略性产业集群，全部集中于武汉市，与上海、北京和福建的国家战略性产业集群数量相同，位居全国前列。

2021 年上半年，集成电路产业营收达 210.23 亿元，同比增长 49.5%，目前已集聚企业 200 多家(其中规上企业 21 家)；新型显示器件产业营收达 562.83 亿元，同比增长 72.6%，已集聚企业 400 多家(其中规上企业 40 家)；下一代信息网络产业营收达 620.28 亿元，同比增长 44%，已集聚企业 3600 多家(其中规上企业 44 家)；生物医药产业营收达 184.13 亿元，同比增长 14.3%，已集聚企业 2800 多家(其中规上企业 144 家)。湖北四大国家战略性新兴产业集群已集聚7000 多家企业(见表 1.12)。

表 1.12　　　2021 年上半年湖北四大国家战略性新兴产业集群发展概况

| 产业集群名称 | 营业收入<br>(亿元) | 同比增长(%) | 企业数量 |
|---|---|---|---|
| 集成电路 | 210.23 | 49.5 | 200 多家(规上企业 21 家) |
| 新型显示器件 | 562.83 | 72.6 | 400 多家(规上企业 40 家) |
| 下一代信息网络 | 620.28 | 44.0 | 3600 多家(规上企业 44 家) |
| 生物医药 | 184.13 | 14.3 | 2800 多家(规上企业 144 家) |

经过十余年发展，我国诸多地区已经打造形成标志性的战略性新兴产业集群，但是各地在打造产业集群方面还存在一系列突出问题，实现高质量集群式发展的基础仍显薄弱。一是部分地区集群发展空间受限。突出表现在可供开发的土地空间受限，不仅制约了战略性新兴企业生产规模扩张，也对全球重大战略性新兴产业项目的引进落地造成了一定影响。二是引领型标志性重大项目储备不足，尚未形成集群式、互补式发展态势。一方面，龙头企业缺乏对上下游企业的整合能力和引领带动作用，没有形成完整产业链条，导致各企业之间缺乏有效的分工协调，产业组织不够强。另一方面，中小企业产业往往规模较小，其产品集中在中低端，高技术含量、高附加值、竞争力强的产品相对较少。

## （二）湖北省国家级实验室与 R&D 经费情况

湖北省国家级实验室与 R&D 经费情况见表1.13、表1.14。

表 1.13　　　　　　　　　　　湖北省国家级实验室名单

| 类别 | 实验室名称 | 所属单位 |
| --- | --- | --- |
| 中国国家实验室 | 武汉光电国家研究中心 | 华中科技大学、中国科学院武汉物理与数学研究所、中国船舶重工集团公司第七一七研究所 |
| 国家重点实验室 | 波谱与原子分子物理国家重点实验室 | 中国科学院武汉物理与数学研究所 |
| | 测绘遥感信息工程国家重点实验室 | 武汉大学 |
| | 地质过程与矿产资源国家重点实验室 | 中国地质大学(武汉) |
| | 生物地质与环境地质国家重点实验室 | 中国地质大学(武汉) |
| | 大地测量与地球动力学国家重点实验室 | 中国科学院测量与地球物理研究所 |
| | 淡水生态与生物技术国家重点实验室 | 中国科学院水生生物研究所 |
| | 作物遗传改良国家重点实验室 | 华中农业大学 |
| | 农业微生物学国家重点实验室 | 华中农业大学 |
| | 病毒学国家重点实验室 | 武汉大学，中国科学院武汉病毒研究所 |
| | 材料复合新技术国家重点实验室 | 武汉理工大学 |
| | 硅酸盐建筑材料国家重点实验室 | 武汉理工大学 |
| | 煤燃烧国家重点实验室 | 华中科技大学 |

| 类别 | 实验室名称 | 所属单位 |
|---|---|---|
| 国家重点实验室 | 材料成形与模具技术国家重点实验室 | 华中科技大学 |
| | 激光技术国家重点实验室 | 华中科技大学 |
| | 水资源与水电工程科学国家重点实验室 | 武汉大学 |
| | 数字制造装备与技术国家重点实验室 | 华中科技大学 |
| | 岩土力学与工程国家重点实验室 | 中国科学院武汉岩土力学研究所 |
| | 强电磁工程与新技术国家重点实验室 | 华中科技大学 |
| | 光纤通信技术和网络国家重点实验室 | 武汉邮电科学研究院 |
| 省部共建国家重点实验室(含培育基地) | 耐火材料与冶金国家重点实验室 | 武汉科技大学 |
| | 生物催化与酶工程国家重点实验室 | 湖北大学 |
| | 湖北省口腔基础医学重点实验室 | 武汉大学 |
| | 湖北省纺织新材料与先进加工技术重点实验室(培育基地) | 武汉纺织大学 |
| | 湖北省环境卫生学重点实验室 | 华中科技大学 |

湖北省产业创新平台除了3家国家级创新中心(国家先进存储产业创新中心、国家信息光电子创新中心、国家数字化设计与制造创新中心),还有9家国家工程研究中心(实验室)、37家国家地方联合工程研究中心(工程实验室)、58家国家企业技术中心、528家省级企业技术中心。不难看出,湖北的基础创新类平台和创新创业类平台的支撑力较强。

表 1.14　　　　　**2020 年各省(市)研究与试验发展(R&D)经费情况①**

| 地　区 | R&D 经费<br>(亿元) | R&D 经费排名 | R&D 经费<br>投入强度(%) | R&D 经费<br>投入强度排名 |
|---|---|---|---|---|
| 全　国 | 24393.1 | — | 2.40 | — |
| 北　京 | 2326.6 | 3 | 6.44 | 1 |
| 天　津 | 485.0 | 17 | 3.44 | 3 |
| 河　北 | 634.4 | 13 | 1.75 | 16 |
| 山　西 | 211.1 | 20 | 1.20 | 23 |
| 内蒙古 | 161.1 | 24 | 0.93 | 25 |
| 辽　宁 | 549.0 | 15 | 2.19 | 11 |
| 吉　林 | 159.5 | 25 | 1.30 | 20 |
| 黑龙江 | 173.2 | 21 | 1.26 | 21 |
| 上　海 | 1615.7 | 6 | 4.17 | 2 |
| 江　苏 | 3005.9 | 2 | 2.93 | 5 |
| 浙　江 | 1859.9 | 4 | 2.88 | 6 |
| 安　徽 | 883.2 | 11 | 2.28 | 10 |
| 福　建 | 842.4 | 12 | 1.92 | 15 |
| 江　西 | 430.7 | 18 | 1.68 | 17 |
| 山　东 | 1681.9 | 5 | 2.30 | 9 |
| 河　南 | 901.3 | 9 | 1.64 | 18 |
| 湖　北 | 1005.3 | 8 | 2.31 | 8 |
| 湖　南 | 898.7 | 10 | 2.15 | 13 |
| 广　东 | 3479.9 | 1 | 3.14 | 4 |
| 广　西 | 173.2 | 21 | 0.78 | 27 |
| 海　南 | 36.6 | 29 | 0.66 | 29 |
| 重　庆 | 526.8 | 16 | 2.11 | 14 |
| 四　川 | 1055.3 | 7 | 2.17 | 12 |
| 贵　州 | 161.7 | 23 | 0.91 | 26 |

---

①　数量来源:《2020 年全国科技经费投入统计公报》。

续表

| 地　区 | R&D 经费<br>（亿元） | R&D 经费排名 | R&D 经费<br>投入强度(%) | R&D 经费<br>投入强度排名 |
|---|---|---|---|---|
| 云　南 | 246.0 | 19 | 1.00 | 24 |
| 西　藏 | 4.4 | 31 | 0.23 | 31 |
| 陕　西 | 632.3 | 14 | 2.42 | 7 |
| 甘　肃 | 109.6 | 26 | 1.22 | 22 |
| 青　海 | 21.3 | 30 | 0.71 | 28 |
| 宁　夏 | 59.6 | 28 | 1.52 | 19 |
| 新　疆 | 61.6 | 27 | 0.45 | 30 |

　　湖北省 R&D 经费支出在全国各省市中排第 8 位，支出额为 1005.3 亿元，不到排名第一的广东省 R&D 经费支出的 1/3。湖北省 R&D 经费投入强度为 2.31，比全国 R&D 经费投入强度低 0.09，全国各省市 R&D 经费投入强度前三强分别为北京市(6.44)、上海市(4.17)和天津市(3.44)，湖北省 R&D 经费支出和 R&D 经费投入强度处于中等水平，存在较大的上升空间。

　　值得注意的是，我国在基础科学投入、科学基础设施建设、研究成果高效转化等方面均存在不足。基础研究是科技创新的源头，基础研究的累积进步往往会催生出重大科学发现和重大技术创新。2019 年，我国基础研究经费为 1335.6 亿元，占 R&D 经费比重为 6.03%，经费投入规模及占比呈现持续上升态势，但是基础研究占比与发达国家普遍 15%以上的水平相比差距仍然较大。

　　(三)"壮链扩群"目标分析

　　"十四五"时期，湖北战略性新兴产业更加聚焦集群化特色化发展。《湖北省战略性新兴产业发展"十四五"规划》明确提出，对标世界先进水平，培育集成电路、信息网络、新型显示、生物医药等 10 个国家级战略性新兴产业集群，打造产业高质量发展典范。到 2025 年，10 个产业集群全部超过千亿产值。同时，还提出打造"两都七基地"的发展目标，即世界存储之都、世界设计之都，全球光电子产业基地、全国"新汽车"产业基地、大健康产业基地、生物育种基地、航空航天与北斗产业基地、网络安全产业基地、未来产业策源地。

根据《湖北省制造业产业链链长制实施方案(2021—2023 年)》,湖北省将重点打造 16 条制造业产业链(汽车、智能制造装备、集成电路、光通信、现代化工、节能环保、纺织、食品、新材料、生物医药、大数据、人工智能、软件和信息服务、工业互联网、船舶和海洋工程装备、航空航天),培育产业链链主企业 50~80 家,力争突破"卡脖子"技术 20 项,力争打造 5 个国家级先进制造业集群,推动形成万亿级产业为引领、五千亿级产业为骨干、新兴未来产业为先导的现代化制造体系。16 条产业链中,生物医药产业分布面最广,涉及了湖北省 17 个市(州);经济体量最大的是汽车产业(2020 年主营业务收入为 6531.2 亿元),产业分布在武汉等 14 个市(州)。

不难看出,湖北省 16 条制造业产业链涉及的重点产业,与 10 个国家级战略性新兴产业集群涉及的产业高度重合,均以夯实产业基础能力为根本,以提升战略性和全局性产业链为重点,提升重点产业链现代化水平,增强重点产业链供应链自主可控能力,促进全产业链素质整体跃升。

## 三、长三角战略性新兴产业集群发展模式借鉴与启示

长三角战略性新兴产业保持快速增长态势,即使在 2020 年全球经济受新型冠状病毒肺炎疫情重创的大背景下,上海和浙江战略性新兴产业增加值依然增长了 9% 和 10%,江苏和安徽战略性新兴产业产值增长了 11% 和 18%,远超同期 GDP 和工业总产值的增速,成为推动经济复苏和增长的重要引擎。同时,战略性新兴产业对产业转型升级的推动作用日益增强,上海市"十三五"期间战略性新兴产业产值占上海市规上工业总产值比重从 26% 提高到 40%,江苏省和浙江省这一占比在"十三五"时期末也达到 37.8% 和 40.3%,有力支撑了长三角经济的高质量发展。

### (一)安徽边际效益递增的创新发展之路

十大新兴产业,十个推进方案,十次专题研究,透射出安徽省委省政府打造新兴产业聚集地志在必得的信心和决心。近年来,安徽不断激发科技创新这个"关键变量",举全省之力加快建设科技创新攻坚力量体系。目前安徽战略性新

兴产业产值占规上工业产值的比重提高到 40.3%，区域创新能力稳居全国第一方阵。安徽省政府在专题研究时，突出市场的逻辑谋事、资本的力量干事，突出目标导向、问题导向，由相关产业推进组牵头部门系统梳理每个产业链上下游情况、安徽省现有产业基础，邀请相关领域的专家学者、企业家和行业商协会负责人到场，详细解读产业走向、技术路径、市场潜力。

(二)江苏设立省级战略性新兴产业专项资金

近年来，江苏加快培育发展节能环保、新一代信息技术和软件、物联网和云计算、医药及生物技术、高端装备制造、海洋工程装备、新能源、智能电网、新材料和新能源汽车十大战略性新兴产业，设立省级战略性新兴产业发展专项资金，专项资金采取投资补助、贷款贴息、以奖代补、股权投资等形式，支持战略性新兴产业。

(三)浙江推行"链长制"的"九个一"机制

作为率先提出"链长制"的经济大省，浙江"链长制"的"九个一"机制，在于经济新常态背景下地方政府肩负新的治理责任，是政府经济治理权力的一种延伸，具体包括：一个产业链发展规划、一套产业链发展支持政策、一个产业链发展空间平台、一批产业链龙头企业培育、一个产业链共性技术支撑平台、一支产业链专业招商队伍、一名产业链发展指导专员、一个产业链发展分工责任机制和一个产业链年度工作计划，以实现巩固、增强、创新、提升产业链。

(四)上海不断完善创新生态

上海全力推进集成电路、生物医药、人工智能三大产业高地建设，加快落地实施各项重点任务。围绕科技成果转化、科技金融等领域，国家授权上海先行先试的 10 项重大改革举措已全面落地，并出台《上海市推进科技创新中心建设条例》和《关于进一步深化科技体制机制改革增强科技创新中心策源能力的意见》等70 余个地方配套法规政策，全面创新改革试验成效显著。上海集成电路产业基金一期募资近 500 亿元，生物医药产业股权投资基金、人工智能产业投资基金正式启动。上海市高新技术企业数量超过 1.7 万家，拥有国家大学科技园 14 家，众创空间 500 余家，服务中小科技企业和团队近 3 万家。

## 四、湖北省战略性新兴产业"壮链扩群"发展的路径选择

湖北各地市的战略性新兴产业发展不均衡，整体处于培育期向成长期的过渡阶段，需采取"政府引导+市场推动"的发展模式。"十四五"期间，湖北将针对战略性新兴产业，重点推行"两计划、三行动、四工程"。

### (一)"两计划"——倍增计划和先进制造业集群培育计划

立足四大国家级产业基地建设，加快发展高端装备制造、生物医药、航空航天及北斗等新兴产业，实现规模倍增和能级提升。以创新引领为核心，建立完善国家级、省级先进制造业集群扶持政策和培育方案，打造"光芯屏端网"、汽车、大健康、现代化工等具有国际竞争力的优势集群。

### (二)"三行动"——"技改提能、制造焕新"行动、制造业创新能力提升行动和领军企业培育行动

湖北将全面推进新一轮技术改造升级，以智能化升级、集群化发展、服务化延伸、绿色化转型、安全化管控为重点，打造"万企万亿技改工程"升级版。强化企业创新主体地位，加快布局产业创新平台建设，深入开展产学研用合作，积极支持骨干企业承担国家重大科技计划和项目攻关，促进重大创新成果省内转化。围绕重点领域培育一批本土高质量领军企业和大型龙头企业，培育一批专精特新"小巨人"、隐形冠军、制造业单项冠军。

### (三)"四工程"——产业基础再造工程、产业链提升工程、数字经济跃升工程和中小企业成长工程

加强对重点产业链"五基"领域(核心基础零部件/元器件、关键基础材料、先进基础工艺、产业技术基础和工业基础软件)的攻关梳理，练就"独门绝技"。以自主可控、安全高效为目标，推行链长制和链主制，打通产业链的断点、堵点和难点，不断提高产业链控制力和竞争力。开展制造业数字化转型行动，加快5G、数据中心等新一代信息基础设施建设，大力发展云计算、大数据、人工智

能、区块链等新一代信息技术，促进数字经济和制造业深度融合，发展智能制造和服务型制造。搭建公共服务和银企合作平台，加大创新支持力度，提升中小企业专业化发展能力和大中小企业融通发展水平。

### 五、湖北省战略性新兴产业"壮链扩群"发展的政策建议

战略性新兴产业是决定区域未来竞争力的"战略力量"。针对战略性新兴产业发展中存在的体制机制、创新动力、金融支撑、政务环境等问题，强化政策保障。牢固树立"项目为王"的理念，招商引资储备一批，开工建设落地一批，竣工达产见效一批，推动产业链重点项目尽快竣工投产形成增量，构建形成梯次接续、动态推进的项目储备格局，确保后劲源源不断。

#### (一)夯实产业基础能力，补齐产业链的短板环节

实施产业基础再造工程，在湖北省严重受制于人的"卡脖子"技术领域，发挥关键核心技术攻关新型举国体制优势，调动整合国内有关科研力量，组织实施产业基础能力攻关工程，推动重大示范工程实施，加强影响核心基础零部件(元器件)产品性能和稳定性的关键共性技术研究，开展先进成型、加工等关键制造工艺联合攻关，加大基础专用材料研发力度，提高产业技术基础能力，加快补齐产业基础短板，着力构建一批自主可控的产业链。湖北省要大力支持武汉建设综合性国家科学中心和产业创新中心，充分发挥光电国家研究中心、国家信息光电子创新中心、国家先进存储产业创新中心等创新平台资源优势，争取国家存储器基地二期及三维相变存储器研发项目获得国家政策和资金支持，谋划布局国家重大科技基础设施和重大生产力项目，持续增强前瞻性科研实力，聚焦核心技术和关键环节，加强研发投入力度，争取更多引领性原创成果的重大突破，形成一批拥有自主知识产权的核心技术，提升原始创新能力和本地化配套能力，探索芯片产业的"标准"，激励硅知识产权的开发和转移转化，增强在芯片产业中的话语权。

#### (二)提升产业链控制力，培育"链主"和单项冠军

提升产业链控制力的核心是以企业和企业家为主体，发挥企业家精神和工匠

精神，既要培育对全球治理体系和结构具有把控能力的跨国公司，掌握市场或技术等资源的主导权，成为具有"链主"地位的产业生态主导企业；又要激发众多经营灵活、创新动力强的"专精特新"的中小企业的首创精神，注重培育在关键环节、标准和核心技术上具有控制力的"隐形冠军"企业。鼓励上下游企业加强产业协同和技术合作攻关，通过资源整合、运营协同和利益共享，建立空间跨区域、横向跨产业、纵向跨链端的利益共同体组织，形成互容共生、分工合作、利益共享的新型产业生态。湖北省要大力支持长江存储、中国信科、武汉新芯等龙头企业通过结构升级、创新驱动、外部兼并等方式做大做强，培育成千亿企业，努力开拓国际市场，不断提升企业的国际化经营能力，在全球配置资源进行全产业链布局；建立百亿企业培育库，对标国际国内先进企业，加快在集成电路、新型显示、光通信等优势领域培养更多的百亿企业；引导百亿企业开展大企业双创，通过资本和技术外溢，辐射带动产业配套企业及小微企业发展，带动和培育一批中小企业成长为单项冠军企业。

### (三)提高弹性供应能力，增强产业链抗冲击韧性

与大规模制造的传统供应链刚性强、成本高、效率低，难以适应大幅增加的个性化需求变化，难以应对贸易摩擦、瘟疫、天灾等"黑天鹅""灰犀牛"不可预测事件相比，弹性供应链不仅可降低生产制造成本，有效提升市场响应速度和运转效率，还具备在巨大破坏性冲击后迅速恢复到原始状态或变化到更理想状态的能力。要加快完善新型基础设施，不断增强企业主体的抗风险意识和能力，多途径拓展供应链通道，构建开放包容的弹性供应链体系。一是缩短供应链，从"长链"到"短链"，减少中间环节，降低信息传递失真度和减少货物流通瓶颈，使供应链上下游之间信息和货物更畅通便捷；优化产品设计和生产工艺流程，提高集成度，减少零部件使用；在本地培育供应商，各企业联合组建采购组，在遭遇风险冲击时共同支持当地供应商恢复生产。二是增加链路冗余，采用互联网、人工智能、物联网、区块链等新技术构建网状供应链，每一个网络节点都可以单独或联合供给，使供应链由单一的"串联"转向"并联"，分散供应链上脆弱环节带来的风险。三是提高供应链柔性，鼓励上下游企业建设"共享仓库"或与第三方平台共享供应链，完善企业"私链"、平台"共享链"和政府"公链"相互支撑的供应

链体系，缓解突发事件和市场大幅波动给整体产业链带来的冲击。

**（四）加大产业开放力度，强化协同融合发展能力**

省内各地市要顺应新时代空间跨越和时间紧缩的社会发展趋势，全面厘清本地的区域内外产业关系，重新定位本区域的产业地位，把握好重构区域内外产业链的时机，有步骤、有针对性地加大对外开放的步伐，积极引进重大产业资源和产业项目，强化跨区域产业协同和产业融合，形成相互连接、相互联动、相互促进的跨区域产业发展格局，进而推动区域产业基础再造，加快产业链现代化步伐。以"芯"产业为例，一是要优化省内"一核多点"的空间格局，以武汉为核心，做强东湖高新区的集成电路全产业链、武汉经济技术开发区产业链下游的应用示范、武汉临空港经济技术开发区的"屏"产业，并推进宜昌电子材料、襄阳机电控制、黄石印制电路板、潜江光信息电子、荆州通信终端等成为产业链重要环节。二是要在国家统筹指引下，明确重点领域和关键环节，加强长三角、珠三角、西部地区的重要芯片研发生产基地的合作交流和差异化布局，减少低端环节的重复和高端基础研究的缺位，深化强化区域间的产业协同和产业融合。三是要深度融入全球产业链分工合作，主动吸引国际资金联合开发芯片技术，共享知识产权；鼓励在非洲等新兴市场，推广应用自主知识产权的芯片系统，构建以我国为中心的供应链生产组织网络。

**（五）深化要素配置改革，有效激发市场竞争活力**

全方位推进要素市场化改革，破除阻碍要素自由流动的体制机制障碍，让人口、技术、土地、资本、数据等生产要素充分公平自由地流动，创造公平竞争的制度环境，提倡竞争和保护竞争，提升要素资源配置效率，引导各类要素协同向先进生产力集聚，才能筛选出产业内真正高效率的企业，才能促进产业技术进步和产业结构升级。因此，要形成跨区域的完整产业链，通过扩大市场容量和规模去促进产业分工、增强产业联系和加快技术进步，就需要清理和限制地方政府以各类名义出台的产业政策，大幅度减少产业政策的种类和数量，给竞争政策的实施留下较大的空间，让其有更宽的适用面和覆盖面。要素协同发展是产业结构高度化和合理化的基础条件，要围绕产业链部署创新链、人才链、资金链、政策链、服务链，构建"六链统筹"的创新生态，协调企业家和科学家的行为目标和行为方式，推动科研的原创性和科技成果的市场应用性"双向融合"，增强金融引导和支持产业创新升级的作用，聚焦产业需求引进和培育领军人才和工匠人才，提高产业政策的针对性、一致性和长期性，加快政府职能向提供更好更优服务、营造公平制度环境转变，促使生产要素活力竞相迸发、创新创业源泉充分涌流。

**（六）促进集聚集约发展，优化产业空间布局**

项目和园区的布局是产业链形成的基石。落实"一主引领、两翼驱动、全域协同"区域发展布局，发挥空间规划引领作用，按照设施共享、集聚发展的要求，引导产业进区入园。全地域、全产业链、全要素优化武汉城市圈、宜荆荆恩、襄十随神等区域重大产业布局，聚焦四大国家级产业基地，吸引和集聚一批国内外领军创新主体，以"光芯屏端网"、新能源汽车及智能网联汽车、生物医药及大健康等领域为突破口，建设一批基础好、知名度高、引领性强的战略性新兴产业集群。聚焦发展首位产业、主攻产业，探索建立上中下游互融共生、分工合作、利益共享的一体化组织新模式，促进产业链上下游良性互动。实施支柱产业外向度提升行动，发挥湖北自贸试验区先行先试功能，围绕"光芯屏端网"、高端装备制造、生物医药等战略性新兴产业，大力引进外向型重点项目，提升对外开放合作水平，培育一批有较强国际竞争力的链主企业，建设一批具有领先优势、特色鲜明的战略性新兴产业集群和产业示范基地，切实推进产业链集群化、产业集群链条化，增强产业和区域核心竞争力。

# 第二章　协调发展

## 第一节　加快武汉城市圈两型社会建设综改区协同发展研究

### 一、研究背景与意义

城市群已成为当前我国区域发展的主体形态，以城市群为主体推动区域协调发展是新时期我国实施的重大战略举措。2018 年 11 月 29 日，中共中央、国务院发布《关于建立更加有效的区域协调发展新机制的意见》，提出未来中国将建立以中心城市引领城市群发展、城市群带动区域发展的新模式，推动区域板块之间融合互动发展。2019 年 2 月 21 日，国家发改委发布的《国家发展改革委关于培育发展现代化都市圈的指导意见》进一步指出：城市群是新型城镇化主体形态，是支撑全国经济增长、促进区域协调发展、参与国际竞争合作的重要平台。都市圈属小型意义上的城市群范畴，它是城市群内部以超大特大城市或辐射带动功能强的大城市为中心、以 1 小时通勤圈为基本范围的城镇化空间形态，是"城市—都市圈—城市群"空间尺度中的重要一环。武汉城市圈属于典型的都市圈形态，它位于长江中游城市群和长江经济带的重要核心地带，同时也是国家较早批复的全国综合配套改革试验区，从协同发展视角研究武汉城市圈的发展，对于贯彻我国当前深入推进的长江经济带战略与区域协调战略具有十分重要的现实意义。

### (一)武汉城市圈"两型"协同发展模式引领长江经济带高质量发展

2007 年国家批复武汉城市圈综合配套改革试验区，并明确其主题为"两型"社会建设，即：资源节约型与环境友好型，旨在围绕"两型"社会推进经济又好又快发展，促进经济社会发展与人口资源、环境相协调，希望在解决资源、环境与经济发展的矛盾问题上有所探索，避免走"先发展、后治理"的老路，切实走出一条有别于传统模式的工业化、城市化发展新路。这一宗旨与当前长江经济带"生态优先、绿色发展"和"高质量发展"等理念高度吻合，因此，武汉城市圈走出的"两型"协同发展模式将成为引领长江经济带高质量发展的生力军。

## (二)武汉城市圈综合配套改革创建区域协调发展新机制"示范样本"

从综合配套改革层面推进武汉城市圈协同发展，主要包括两个方面：一方面，综合配套改革指改革不再是若干分散的单项改革，而是一项系统性工程，需要处理好方方面面的交互关系，其宗旨是要改变多年来形成的单纯强调经济增长的发展观，要从经济发展、社会发展、城乡关系、土地开发和环境保护等多个领域推进改革，形成相互配套的管理体制和运行机制，以期实现多层面、立体式协调发展；另一方面，武汉城市圈协同发展是9个城市协调推进综合配套改革，因此，必然涉及打破行政区划壁垒、建立有利于要素资源有序畅通流动的城市间协同发展新机制。因此，总体来说，武汉城市圈综合配套改革试验区的协同发展是多领域、多层面的城市间合作机制的制度创新，并发挥了重要的示范、带动作用，是贯彻新时期区域协调发展战略的重要示范实践。

## (三)武汉城市圈协同共赢发展是带动湖北经济转型升级的重要引擎

十年来，武汉城市圈生产总值从5557亿元提高到20147.78亿元，城镇化率从46.8%提高到56.24%，经济总量在长江经济带占比从5%提升到6%，进入了工业化、城镇化加快发展的新时期；城市圈协同推进基础设施建设，快速路网日益完善，城际铁路相继开通，航空枢纽能力不断提升，武汉新港向"亿吨大港千万标箱"迈进，进入了铁水公空一体化发展的新时期；城市圈"两型社会"综合配套改革不断推进，产业合作不断深化，文化教育、民生保障、生态环保不断加强，进入了改革攻坚突破、合作持续加强的新时期。

因此，武汉城市圈协同共赢发展不仅促进了湖北鄂东9个城市综合实力的提升，同时也是带动湖北转型升级的重要引擎，更是湖北"加快建成促进中部地区崛起重要战略支点，转变发展方式上走在全国前列"的重要支撑。

## 二、武汉城市圈协同发展的进展

协同发展的核心是和谐与包容发展，最终目标是实现互利共赢、共同发展。区域协同发展与区域一体化是彼此具有紧密联系的两个不同发展阶段，由于区域一体化是一个较长的历史过程，需要通过推进各个领域的一体化才能最终实现。因此可以认为，武汉城市圈协同发展是武汉城市圈一体化的前期阶段。

近年来，武汉城市圈坚持先行先试，加强体制机制创新，大力推进产业布局、基础设施建设、城乡发展、区域市场和生态建设与环境保护"五个一体化"，武汉城市圈"两型"社会建设综改区协同发展取得了积极进展和良好成效。

### (一)城市圈产业布局一体化

#### 1. 开展联合招商

抢抓武汉建设国家中心城市机遇，积极开展跨区域合作，促进产业融合互补。与湖北省高新投联合招商，洽谈引进恒硕芯片封装测试、瞻望世纪航空集团通用航空机场及通用航空制造、匈牙利 YT 国际贸易有限公司棉纺织、化纤纺织等项目落户孝感高新区。

#### 2. 承接产业转移

积极做好武汉创新及研发转化、推广应用的衔接，促进科技创新资源和成果开放共享。引进中船重工 712 所投资 16.5 亿元的氢氧燃料电池项目落户黄冈；引进武汉锐翰光通信、武汉鼎泰新型建材、武汉四新铜业 3 个项目落户孝感高新区。

#### 3. 加强区域合作

加强城市圈重点产业的配套对接，与武汉东湖高新区签订共建合作协议，促成智能制造、光电子、新材料、新技术、新能源和现代服务业等项目落户黄冈光谷科技产业园；签约湖北凯瑞知行科技有限公司、武汉东菱富士电梯制造有限公司以及长江传媒文化产业园、武汉利亚达智能配电柜生产制造等项目落户孝感临空区；京山成功申报城市圈"两型"社会建设农机产业园项目。创新投融资机制，争取省级投融资平台重视支持，促成湖北机场集团就保税物流项目、省交投投资700 亿元的临空生态智慧新城项目落户孝感临空区。

## （二）城市圈基础设施建设一体化

### 1. 主动沟通协调对接

2018年10月，武汉市发布《武汉市综合交通体系三年攻坚实施方案（2018—2020年）》，提出建成全国铁路路网中心，打造以武汉为中心的"两纵两横两连"12个方向的高速铁路网络和"一环八向"的货运铁路网络，构建武汉与武汉城市圈其他城市"1小时"的高铁辐射圈；加快推进阳逻水港、机场空港、铁路陆港多式联运体系建设，以武汉为锚固点，形成辐射国际、国内的轴辐式多式联运网络；支持快递物流企业在城市圈城市布局、设点，推动城市圈交通运输企业实现规模化、网络化运营，为形成城市圈交通运输市场一体化奠定基础。围绕武鄂黄黄城市交通对接、武汉地铁延伸至孝感临空区、沿江高铁延伸至京山等项目，从政策、技术、资金和社会效益等有关方面进行沟通对接，争取省级支持。重点推进长江黄金水道建设，"645"工程加快推进。

### 2. 重点项目稳步推进

加快推进沿江高铁工程、武西客专武汉至云梦（孝感西站）直通线工程，加快武汉至阳新鄂州段、武汉至南昌黄石段、武汉至深圳嘉鱼段、武汉至大悟、鄂州至咸宁高速公路建设进程，推进连接圈内相邻城市之间的107国道、316国道、347国道改扩建工程相继建成并投入使用，促成圈内311省道升级为G37国道。2019年3月，湖北省政府批复同意《鄂州市临空经济区总体方案》，以湖北国际物流核心枢纽为依托，强化资源整合，创新空港型物流枢纽城市建设和产业发展模式，全面提升鄂州市临空经济区的高端资源配置力和全球影响力，打造立足中部、服务全国、面向全球的大枢纽、大通道、大平台，建成创新驱动发展引领区、绿色生态宜居新城区，为实施"一芯两带三区"区域和产业发展战略布局、转变经济发展方式、提升对外开放水平、促进军民融合发展发挥示范带动作用。

### 3. 瓶颈问题逐一破解

连接畅通武汉市至其他城市之间的断头路、瓶颈路，建设连接外围中心城市和枢纽的城市圈环线，打造城市圈"无障碍通行"。协调各地发改、规划、交通运输等部门开展对接，推动连接黄陂孝昌的115省道、连接汉川蔡店的109省道、连接广水大悟的广悟大道等道路规划建设达成对接意见。目前，这些项目有的已经完成方案对接，有的已经开工建设，有的即将建成通车。

## (三)城市圈城乡发展一体化

武汉加快国家中心城市建设，发展质量和发展速度明显提升，综合经济实力实现新跨越。2018年地区生产总值接近1.5万亿元，在全国副省级城市中排名第四。科技成果"三权"改革走在全国前列，成功入选世界设计之都，城市的认同感、美誉度、影响力显著提升。

黄石、孝感、黄冈经济总量保持平稳增长。咸宁、鄂州特色产业亮点纷呈。仙桃、天门、潜江城乡一体化建设步伐加快。大冶、仙桃、潜江先后进入"全国百强县"。

探索地方特色的新型城镇化路径。大力推进武汉市、孝感市、仙桃市、大冶市国家新型城镇化综合试点工作，积极探索建立农业转移人口市民化成本分担机制、多元化可持续的新型城镇化建设投融资机制，并以产城融合、城乡融合为核心，大力推进行政管理等体制机制创新。认真组织实施鄂州市国家"多规合一"试点工作，深入推进天门、武穴等市省"多规合一"试点工作，初步形成了多规基准的统一，划定了生产生活生态等"三生"空间，形成了"多规合一"的规划体系及制度框架。积极探索农村土地规模化经营新模式，培育形成了孝感"春晖"、潜江"华山"模式、天门"华丰"模式等一批农村土地规模经营、产业化发展的典型示范。

## (四)城市圈区域市场一体化

### 1. 推进公共服务共享

建立武汉对圈内城市的对口帮扶与拉动带动机制，实现城市圈公共服务均衡化，推动武汉孝感两地就医结算一体化，实现武汉、孝感两地就医前台即时结算无障碍，推进孝感新一代社保卡加载武汉通的技术规范和商业模式，实现新一代社保卡通用共享。目前，城市圈已经形成了统一的市场主体准入政策体系，建立了工商登记注册机关的协调联动机制，市场主体冠名基本实现同城化。

### 2. 推进科研成果共享

将武汉科技创新优势转化为城市圈经济发展优势，扎实推进科技成果转化工程，武汉汇集了多家交通企业和科研院所，建成了交通运输行业智库，为城市圈交通运输项目规划、设计、施工、运营、管理等方面提供了技术服务和智力支持；黄冈引进了武汉理工大学、华中农业大学、武汉工程大学等 8 家科研平台、科技成果 69 个；孝感建立了省级研发平台 65 家，省级众创空间、孵化器 21 家。

3. 推进圈内融通共享

对接武汉标准，加快交通、能源、金融、教育等互联共享建设，推动就业信息、流动人才服务、养老救助、住房公积金、网上便民警务等大数据信息在圈内融通共享。目前，正在加快推广城市圈公共交通"一卡通"、客运服务"一票式"、货运服务"一单制"和"一卡通"支付结算系统，有序推进武汉至黄石、孝感、咸宁等城际道路客运公交化改造工作。

(五)城市圈生态建设与环境保护一体化

逐步形成武汉城市圈大气及水污染防治区域协作机制，促进空气、河流、土壤等环境监测、环境整治、环保数据等方面资源共享，在生态修复和环境综合治理上实现统一规划、统一标准、统一监测、统一执法，大力推动建立健全区域生态保护联动机制，共抓长江、汉江、府河、梁子湖等生态治理和保护，实现环境污染预警、会商及应急联动，协同维护好治理城市圈生态环境。梁子湖成为国内保护最好的淡水湖之一，得到了国家认可。

要素平台建设进展顺利。围绕"两型"社会建设重点领域和关键环节，强化市场化改革，优化资源配置，发挥市场配置资源的决定性作用，推进"两型"改革试验深入发展。实现碳排放权交易市场全国领先，环境资源交易全方位拓展，城市矿产交易活跃，武汉农村产权交易服务不断延伸。

三、推进武汉城市圈协同发展面临的瓶颈制约与机遇

(一)协同发展的瓶颈制约

1. 城市圈基本公共服务均等化程度不高

统计公报显示，2018 年，武汉市常住人口为 1108.1 万人，比 2017 年增加18.81 万人。与 2015 年全国 1% 人口抽样调查相比，武汉常住人口增加 47.33 万

人，年均增加 15.78 万人。

据武汉市统计局数据，武汉不仅人口规模持续扩大，常住人口在湖北省占比也在逐年提高。统计显示，2018 年武汉市常住人口占湖北省的 18.73%，比 2017 年提高了 0.27 个百分点，比 2015 年提高了 0.6 个百分点。这表明武汉的城市吸引力在稳步提升。

按照市场经济的一般规律，大城市由于具有更多的就业机会和更高的工资收益、更好的公共服务、更多样化的商品和服务、更大的消费市场等，从而能够吸引大量劳动力、资本进入，导致城市规模进一步扩大。而随着大城市规模的不断扩大，城市环境污染加剧、公共服务吃紧、资源承载力严重不足等"城市病"问题凸显，对城市治理形成了较高要求，从而会引发资源向外分散。

如今，智能技术进一步促进了城市网络效应，城市规模扩张不仅以单一行政单元空间的人口增加为标志，还表现为相邻城市间日常的人口流动，反映出都市圈的连接性和活跃度。[1]

2015—2017 年，武汉到湖北省内的日均人口流动一直在不断增加，然而 2018 年却出现极为显著的下降。

武汉等大城市生活成本高，落户、购房、教育、高考以及医保等政策不完善，都降低了流动人口的稳定性。随着年龄增长，如果无法在大城市安定下来，外迁劳动力会选择定居二三线城市或返回家乡附近就业，不进行跨省跨市迁移。安定下来的流动人口逐渐在中小城市生根，由短住变成常住，不再流动。根据对返迁人口的调研发现，返迁人口以 40~50 岁、20~30 岁为主。超 7 成返迁人口不愿再外出。

因此，核心城市武汉对人口等重要生产要素不仅有吸纳效应，同时也有辐射效应，但吸纳能力仍大于辐射能力，圈内资源继续向武汉这个区域中心集聚。武汉城市圈协同发展的一项重要内容就是要使圈内的市民共享改革发展成果，享受同等的市民待遇，但是目前在医疗卫生、科技教育、社会保障(养老医保)、住房公积金、金融服务、旅游、公交、通信等方面还未能实现深度融合。

2. 城市圈尚未形成良好的产业协作关系网络

---

[1] 卓贤，张颖. 中国城市人口新变局[J]. 财经，2019，2.

　　从城市圈发展的一般规律来看，城市圈的形成除了要求地域相连和具有一定规模外，更重要的是具备整体优势，相互之间要有较明确的分工和密切的社会经济联系，核心是形成良好的产业协作关系网络。

　　概括来讲，城市圈产业协作有赖于基础设施网络的完善，经济中心功能的有效发挥，产业协作平台的搭建，降低交易成本的区域合作和利益协调机制的构建，以及市场机制对区域内部不同城市之间协调作用的发挥（见图 2.1）。

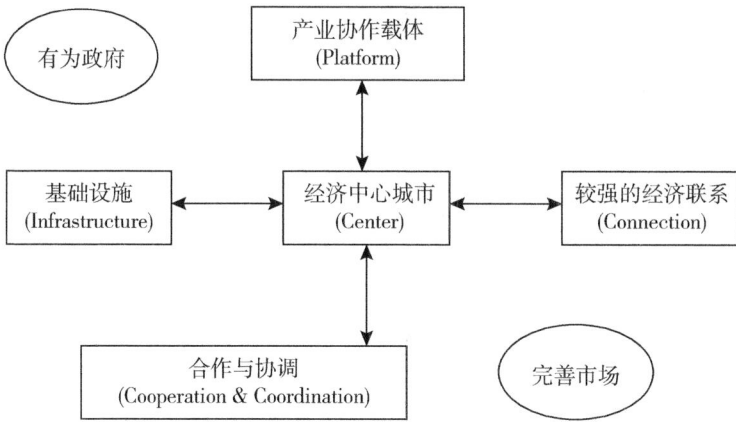

图 2.1　城市圈产业协作的条件

　　在城市圈内部，不同城市之间的分工存在显著的差异。如在上海和周边的昆山、太仓之间，上海更多地集聚了现代服务业和高科技产业，而昆山和太仓等邻近中小城市则成为制造业基地，甚至发展出了一些都市型的农业和旅游。同时，未来将有越来越多的居民选择居住在周边的中小城市、工作在核心大城市。

　　由于武汉市仍处于中心城市聚集阶段，在武汉城市圈建设的推进过程中，其扩散功能发挥有限，反而从周边兄弟城市中聚集了许多优势资源，从而大大降低了周边兄弟城市对一体化发展的热情。目前，9 个城市间协同合作意愿不强，导致产业构成类型雷同，没有形成一个优势整体来共同提升整个城市圈的经济实力，反而是在彼此竞争的过程中消耗了更多资源；区域开发缺乏统筹与协调，各城市之间仍然存在各自为政、恶性竞争、相互污染等现象。

3. 城市圈协同发展的体制机制有待创新

从空间形态上看,武汉城市圈的城市布局类似"太阳系",即中心城市的周边围绕着若干县级市和小城镇,彼此之间虽然有公路等基础设施连接,有些甚至有轨道交通连接,但是彼此的联系紧密度并不高,彼此之间仍然有大量的农田或者绿化带。

在"太阳系"式的城市空间形态之下(见图2.2),城市圈都遇到了跨越行政管辖边界的问题。这种行政边界对于建设城市圈的目标来说,形成了资源配置的制度屏障。

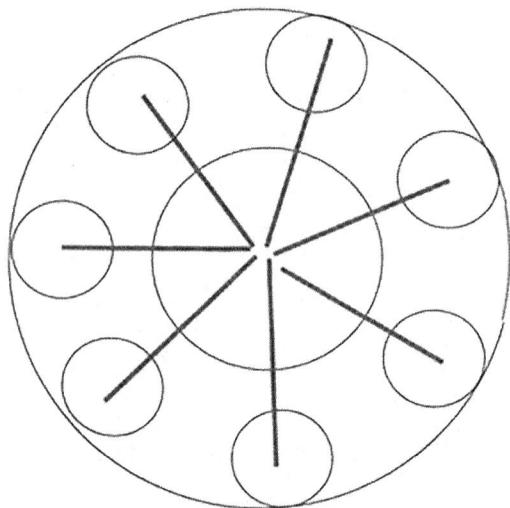

图2.2 "太阳系"式的城市空间形态

在当前的行政管理体制下,城市的土地和人口规划,以及公共服务和基础设施的建设等,都以城市行政管辖边界为范围,影响了跨界的基础设施建设、产品和服务的提供以及生产要素的流通。

目前,武汉城市圈大多通过高层互访、定期联席会议、设立合作办事机构、签订合作协议或彼此间口头承诺等形式合作,缺乏硬性的监督和约束,使得政府间合作多流于形式。跨区域协商合作机制和利益共享机制有待完善。

4. 城市圈生态保护合作需要进一步加强

《武汉城市圈两型社会建设试验区生态环境规划》出台多年来，部分城市生态环境建设项目如武汉大东湖生态水网构建工程等推进顺利，但是涉及城市圈多个城市的项目和举措推进效果并不明显。这主要是由于湖北省近年来专题研究部署城市圈建设工作力度不够，城市圈建设相关工作推进较慢。

城市圈生态保护合作主要在少数相邻城市之间开展，而城市圈内大部分城市之间还没有建立协调机制。而建立了合作机制的相关市，大部分只是在会晤机制、联合监测机制、信息互通机制、应急联动机制上有原则性规定，操作性不强，至于深层次的联合执法机制、事件处置机制、风险防范机制、环境事件损害评估及赔偿机制、跨行政区监督机制尚未涉及。

## (二)协同发展的机遇

在新发展理念引领下，我国深入推进供给侧结构性改革，推动经济发展质量变革、效率变革、动力变革，为武汉城市圈协同发展注入了新活力。全面深化改革取得了重大突破，国家治理体系和治理能力现代化水平明显提高，为创新武汉城市圈协同发展体制机制、破解协同发展中的突出问题提供了新契机。

1. 深入推动长江经济带高质量发展的机遇

习近平总书记在2018年4月视察湖北期间，考察了长江经济带发展和经济运行情况，发表了重要讲话，提出要以"共抓大保护，不搞大开发"为规矩和导向，推动长江经济带科学发展、有序发展、高质量发展。习近平同志强调，推动长江经济带发展，要做好区域协调发展"一盘棋"这篇大文章。要坚持"一盘棋"布局、一张蓝图施工，形成推动长江经济带高质量发展的整体合力。武汉城市圈是长江经济带的重要组成部分，是国家资源节约型和环境友好型综合配套改革试验区，落实长江大保护战略要求，率先探索一条生态优先、绿色发展新路子，是新时代赋予城市圈各城市的共同责任和使命。

2. 加大户籍制度改革推进城乡融合发展的机遇

国家发改委2019年4月8日发布《关于印发〈2019年新型城镇化建设重点任务〉的通知》。其中提出，要继续加大户籍制度改革力度，推动大中小城市协调发展等。城区常住人口100万~300万的Ⅱ型大城市要全面取消落户限制；城区常住人口300万~500万的Ⅰ型大城市要全面放开放宽落户条件，并全面取消重点群体落户限制。依据不同的阶段来引导、规范人口的有序流动，生产力就能够更好地释放出来，户籍制度改革实际上也是牵动城乡融合发展的牛鼻子。通过这些重点任务的落实，中国的城镇化建设将进入"2.0 时代"。

3. "飞地经济"创新区域合作机制的机遇

国家"十三五"规划纲要明确提出，要创新区域合作机制，通过发展"飞地经济"、共建园区等合作平台，建立互利共赢、共同发展的互助机制。为贯彻落实中央有关文件要求，2017 年，国家发展改革委、原国土资源部等八部门联合印发《关于支持"飞地经济"发展的指导意见》，积极支持"飞地经济"发展，进一步提升区域协同发展水平。按照该指导意见的原则和精神，对共建园区地区生产总值、工业总产值、固定资产投资额、进出口额、外商投资额等经济指标，可以综合考虑权责关系和出资比例，在经济指标统计入库等方面给予务实、变通支持。

省发改委明确支持武汉国家级开发区与 8 个城市共建产业园，将共建产业园区明确为湖北省区域经济合作示范区，允许合作共建园区在体制机制、项目引进、土地收储、投融资、税收等领域先行先试。

## 四、城市群协同发展的经验、比较与启示

### (一)国外都市圈协同发展经验

#### 1. 规划引领与法律保障是都市圈协同发展的统领

从国外都市圈协同发展经验来看，开展规划编制是实现协同发展的前提，并应通过法律来保障规划的落实与实施。

日本政府针对东京都市圈建设，从 1958 年开始先后制定了五次基本规划，每次规划都考虑了政治背景、经济水平、文化习惯、地域范围以及人口规模等诸多因素。为保障都市圈规划的顺利实施，日本政府先后制定并颁布了《首都圈整备法》(1956 年)、《首都圈市街地开发区域整备法》(1958 年)、《多极分散型国土形成促进法》(1986 年)等多部法律法规，为东京都市圈的规划与建设提供了法律依据。

巴黎都市圈的规划编制十分注重区域平衡发展，在 1956 年颁布的《巴黎地区国土开发计划》中明确提出了降低巴黎中心地区密度、提高郊区密度、促进地区

均衡发展的观点。之后还制定了《巴黎地区整治规划管理纲要》《巴黎地区区域开发与空间组织计划》《城市规划和地区整治战略规划》《巴黎大区总体规划》，这些规划的宗旨是强化均衡发展，促进城市之间合理竞争，保持协调发展。同时，以法律形式规范城市规划，比如《巴黎大区总体规划》《巴黎大区整治计划》等，一系列具有法律效力的规划促进了巴黎大都市圈的建设。

2. 交通网络与通勤是都市圈协同发展的基础

完善的交通网络是都市圈协同发展的必备基础。比如，纽约都市圈形成了由轨道交通、公共汽车、小汽车、轮渡和航空等多种运输方式构成的公共交通运输体系；伦敦都市圈形成了轨道交通与道路交通相衔接，地上地下相结合，集地铁、火车、轻轨、公交、出租汽车于一体的立体化公共交通网络；巴黎中心城区的通勤主要依靠地铁系统，大巴黎地区的交通主要通过城际轨道，而巴黎都市圈内的联系则更多地由高速铁路完成，且都市圈还有密集的高速公路网、铁路网和海港；日本都市圈形成了世界水平先进的轨道交通路网，以东京站、秋叶原和新桥为辐射中心，呈环形的放射线型布局。

同时，通勤时间也决定了都市圈的辐射范围。根据通勤时间的"45分钟定律"，意味着45分钟到1小时内所能够到达的最大距离，往往就决定了一个都市圈由中心到边缘的最大半径。实际来看，伦敦都市圈内绝大多数新城分布在50千米圈层之内；巴黎都市圈内城镇也主要位于50千米圈层以内；东京都市圈半径从1960年的40千米发展到2015年的100千米，但其DID（城市人口密集区）地区仍稳定在50千米范围。参照国外四大都市圈空间发展的经验值可知，空间连绵、联系紧密的成熟都市圈伸展半径稳定在50~80千米，面积在1万~2万平方千米，平均人口密度大于1000人每平方千米。

3. 城市和产业分工协作提高都市圈协同发展水平

科学合理的城市间分工协作格局是纽约都市圈成功发展的最主要经验。"在世界各大都市圈中，纽约都市圈堪称城市间分工协作的典范。"都市圈内的各大城市通过区位比较优势和市场机制等因素的综合作用，逐渐形成了城市间分工协作的产业格局（见表2.1）。五大核心城市各具特色优势，差异化发展，相互支撑，形成了合理的区域分工格局和产业链，成为纽约都市圈发展壮大的基础和保障。

表 2.1                                   纽约都市圈五大城市职能及主要产业

| 城市 | 主要产业 | 核心职能 |
| --- | --- | --- |
| 华盛顿 | 信息、金融、商业服务、健康和教育服务、休闲旅游业、生物科技、国际商务 | 美国的政治中心 |
| 纽约 | 金融、商贸、生产服务业 | 美国的金融中心、商贸中心 |
| 波士顿 | 高科技产业、金融、商业、教育、医疗服务、建筑、运输服务 | 都市圈科技中心 |
| 费城 | 清洁能源、制药业、制造业、教育服务、交通运输 | 都市圈交通枢纽和美国重要的制造业中心 |
| 巴尔的摩 | 工业制造业、商贸、服务业 | 制造业和进出口贸易中心 |

伦敦都市圈则是通过卫星城建设推动城市分工协作，并疏解核心城市压力。自 1944 年大伦敦规划提出在伦敦周围地区建设 8 个卫星城以后，到 1974 年，英国先后建立了 32 个新城。第一代新城主要于 1946—1955 年建设，共有 14 个，其中 8 个位于大伦敦地区，此时新城的定位实质上是"睡城"，主要目的是疏散伦敦核心区的人口。第二代新城开发建设并不多，但定位逐渐趋于半独立职住结合的新城，开始注重功能的自我均衡。第三代新城一般指从 1967 年起建立的新城，共确立了 10 个新城，其中弥尔顿凯恩斯、彼得伯勒和北安普敦均位于大伦敦地区，此时的新城建设已充分认识到了产业导入的重要性，继续强调经济对人口的承载作用，通过新城自身创造就业岗位，实现职住平衡。

4. 体制机制为都市圈协同发展提供保障

一方面，自上而下、中央政府主导的跨区域协调机制是主体。伦敦各地政府依据法律法规和相关政策指引，在中央政府的调控下，通过举办地方政府峰会、建立政治领导小组等机制，加强跨域协同事务的沟通和组织，各地政府权力清晰，职责明确。日本是一个中央集权化特征显著的国家，在区域协作方面，仍然以中央政府主导为主，以地方政府为主体的区域联合组织和活动受到诸多行政法令的严格限制。

另一方面，自下而上、非正式的协调机制成为有益补充。尽管中央政府主导地位突出，但东京都市圈内各地方自治体之间也探索出与中央集权主导相配套的一些区域性协作机制，其中跨区域协议会是最具有代表性的形式，如"东京都市圈交通规划协议会""七都县首脑会议""首都圈港湾合作推进协议会"等，这些由地方自发组成的协议会保证了处理具体性区域问题的针对性和灵活性。为了控制郊区无序蔓延，促进城乡协调发展，纽约都市圈涌现出了大量非营利性区域协调组织，如区域规划协会、纽约大都市区委员会等，这些组织的成立并未对地方政府权力造成冲击，反而成为传统体制的重要补充，在跨区域问题解决方面发挥了重要作用。

5. 生态环境推动都市圈可持续发展

绿带理念在国际都市圈发展过程发挥了重要作用，不但推动了区域空间结构的优化，同时也增强了区域自然生态功能。比如，巴黎都市圈对资源环境的可持续发展高度重视，早在1934年的巴黎第一次大都市圈规划中就限定了可建设用地的范围，在随后的《巴黎地区国土开发计划》《巴黎地区国土开发与空间组织总体计划》《巴黎大区国土开发与城市规划指导纲要》中，通过建设卫星城、新城等措施来整治和改善环境，在1994年出台的《法兰西岛地区发展指导纲要》中，将保护自然环境作为首要目标。

(二)国内城市群协同发展经验

1. 中心城市发挥龙头带动作用

长江三角洲城市群的合作经验表明，上海市的积极参与和组织协调对于长三角城市群的合作至关重要。在发展理念上，上海以加强合作、服务全国为己任，把长三角城市群的发展和区域经济总体竞争力的提高作为上海发展的重大机遇和重要依托。在具体行动上，通过常设于上海的长三角协调会办公室，在城市合作中发挥着主要协调作用，并通过专项财政资金，为城市合作提供资金和人力支持。

但是，近年来城市群的中心城市正逐步从"单核"向"多核"转变。比如，长三角城市群的上海、南京、杭州、苏州、合肥等城市；京津冀城市群通过非首都功能疏解和城市副中心建设，打造支持城市群协同发展的多中心格局。从次级城市群来看，南京都市圈打造南京、镇江、扬州三市辐射引领的格局，杭州都市圈则重点建设杭州、嘉兴、湖州、绍兴四个中心城市。

总体而言，不论是"单中心"还是"多中心"，中心城市的辐射带动对于城市群的协同发展起着重要的作用。

2. 交通助推城市圈一体化

南京推动"四铁融合"。目前，南京市域快轨里程达到 170.8 千米，排名全国第一。根据南京新一轮城市总体规划，南京市未来轨道交通线网将由市域快线、城区干线和中运量轨道三个层次组成，市域快线总长将达到 380 千米，其服务于都市圈通勤，可以和高铁站、地铁站进行换乘，速度介于高铁和地铁之间。同时，根据《南京都市圈一体化高质量发展行动计划》，都市圈内城市将联合编制都市圈市域（郊）铁路建设规划，促进干线铁路、城际铁路、市域（郊）铁路、城市轨道交通"四铁融合"，支撑和引导长三角世界级城市群建设。

广州、深圳与周边城市地铁互联互通。在珠三角，广州、深圳与周边城市地铁互联互通正在推进。今后，广州地铁线网将强化"内通外联"，"内通"就是通过加密线路打通城市各个功能区域，主要是加快在建 12 条线路的进度，使运营里程到 2023 年超过 800 千米。"外联"就是实现与周边城市地铁的无缝连接，在已运营的广佛线的基础上，通过 7 号线、13 号线等，与佛山连接；通过 22 号线等，与东莞连接。除了跨城地铁，连接中心大城市与周边地区的市域快轨建设也在如火如荼进行。近期公布的《广州综合交通枢纽总体规划（2018—2035 年）》，提到在城市规划建设三个层级的城市轨道交通系统，其中市域高速轨道主要承担主城区与南沙副中心、外围城区及邻穗城市中心间的高速联系，设计速度在160~250 千米每小时。

3. 合作层次呈现多领域全方位

长三角地区每年均确定多个专题合作领域，早在 2010—2011 年就设立了 11个合作专题，主要有"长三角园区共建合作""长三角农业合作""长三角高端商务旅游产品开发""以长三角互联网终端应用推动前沿技术开发""上海'两个中心'建设背景下长三角港口发展""构建长三角城市生活幸福圈""长三角中心城市治理交通拥堵""长三角进沪客运大巴快捷通行""长三角城市知识产权协作""探索建立长三角地区产业转移与承接利益分享机制""高速交通发展中长三角经济区域空间结构塑构"。合作领域不仅涉及多个方面，而且合作内容具体。在 2018 年召开的长三角地区主要领导座谈会中，提到未来将进一步推动交通、能源、科技、人社、信用、金融、商务、产业、食品安全、城市经济 10 个专题领域的合作。

粤港澳大湾区深入推进 7 个领域的合作与协同发展。一是基础设施领域，发挥中国香港作为国际航运中心的优势，带动大湾区其他城市共建世界级港口群和空港群，优化高速公路、铁路、城市轨道交通网络布局，推动各种运输方式综合衔接、一体高效。二是市场领域，落实《内地与香港关于建立更紧密经贸关系的安排》《内地与澳门关于建立更紧密经贸关系的安排》(CEPA)及其系列协议，促进要素便捷流动，提高通关便利化水平，促进人员、货物往来便利化，打造具有全球竞争力的营商环境。三是科技领域，优化跨区域合作创新发展模式，构建国际化、开放型区域创新体系。四是产业领域，推进产业协同发展，完善产业发展格局，加快向全球价值链高端迈进。五是民生领域，加强人文交流，促进文化繁荣发展，推进区域旅游发展，支持澳门打造旅游教育培训基地，共建健康湾区，完善生态建设和环境保护合作机制。六是开放领域，深化与"一带一路"沿线国家的合作，推动大湾区在国家高水平参与国际合作中发挥示范带头作用。七是平台领域，推进深圳前海、广州南沙、珠海横琴等重大粤港澳合作平台开发建设，支持港深创新及科技园、江门大广海湾经济区、中山粤澳全面合作示范区等合作平台建设。

京津冀城市群在 2014—2018 年，以交通、产业、生态三个方面为突破，推动城市群一体化发展，并取得了积极成效。关于京津冀未来合作领域的拓展，习近平总书记提出了 6 个方面的要求：紧紧抓住"牛鼻子"不放松，积极稳妥有序疏解北京非首都功能；保持历史耐心和战略定力，高质量高标准推动雄安新区规划建设；以北京市级机关搬迁为契机，高质量推动北京城市副中心规划建设；向改革创新要动力，发挥引领高质量发展的重要动力源作用；坚持绿水青山就是金山银山的理念，强化生态环境联建联防联治；坚持以人民为中心，促进基本公共服务共建共享。

4. 合作模式与体制机制不断创新

长江三角洲城市群目前已经形成了"决策层、协调层和执行层"三级运作合作机制，主要表现为决策机制、协调机制、规划统筹机制、合作机制。决策机制主要以长三角地区主要领导座谈会为主，每年一次，由三省一市书记参加，是长三角地区合作层次最高的决策会议。协调机制主要是长三角地区合作与发展联席会议，会议每年一次，由三省一市常务副省（市）长、分管秘书长、发展改革委及各专题组轮值牵头单位负责人出席会议。在规划统筹机制方面，重点建立了长三角区域合作办公室，办公室的主要职责是负责研究拟订长三角协同发展的战略规划，以及体制机制和重大政策建议，协调推进区域合作中的重要事项和重大项目，统筹管理合作基金、长三角网站和有关宣传工作。合作机制主要包括了合作联盟、合作协议、合作基金、专业论坛、专题合作等几个方面内容。

粤港澳大湾区则重点建立多层面推动协调的机制，每年由国家发改委、广东省人民政府、香港特别行政区政府、澳门特别行政区政府四方提出年度重点工作，由国家发改委征求广东省人民政府和香港、澳门特别行政区政府以及国家有关部门意见达成一致后，共同推动落实。广东省人民政府和香港、澳门特别行政区政府共同建立推进粤港澳大湾区发展日常工作机制，更好发挥广东省发改委、香港特别行政区政府政制及内地事务局、澳门特别行政区政府行政长官办公室在合作中的联络协调作用，深入推动合作。

在推动京津冀一体化实践中，探索出园区共建、筑巢引凤、政企牵手、企业联姻、托管合作、创新联盟六种区域合作模式，打造了一批精品项目，取得了丰硕成果。如：园区共建模式的代表性项目——与丰台区共建中关村丰台科技园保定满城分园，与石景山区共建中关村石景山园定兴分园等；筑巢引凤模式的代表性项目——保定中关村创新中心成为中关村在京外设立的首个创新中心；政企牵手模式的代表性项目——北京新发地集团与保定高碑店市合作共建农副产品物流园，打造京保一小时鲜活农产品物流圈；托管合作模式的代表性项目——北京儿童医院成功托管保定儿童医院，成为两地托管合作典型范例。

## （三）与长株潭城市群的比较分析

2007年12月，武汉城市圈与长株潭城市群同时获批全国"两型社会"建设综合配套改革试验区。如今，长株潭城市群热度不减，经验迭出，既有较亮的成效显示度，又有较高的群众美誉度。反观武汉城市圈，仅在试验区获批的头几年热情相对高涨，但近年来工作力度大大减弱，一体化进程缓慢。

1. 机构设置比较：高配与低配

为推进长株潭两型社会试验区加快发展，湖南省设有长株潭"两型社会"试验区工委和管委会，曾长期由一名省委常委专任长株潭"两型社会"试验区工委书记、管委会主任，不分管其他工作。还设置了高规格的正厅级统筹协调机构——湖南省长株潭两型社会建设改革实验区领导协调委员会办公室（简称"两型办"）。2018年10月，湖南与全国省级机构同步进行了改革，撤并了不少机构，但仍然保留了长株潭两型试验区工委、管委会，有编制35人。近十年来长株潭一体化之所以取得较大进展，关键在于顶层推动有力。近年来湖南又出台了新举措，长株潭城市群一体化发展首届联席会议在长沙召开，会议建立了长株潭城市群一体化发展合作新机制，包括三市合作高层决策机制、三市合作专项推进机制、三市合作工作落实机制三个层面，标志着长株潭城市圈两型社会试验区发展步入了新阶段。

武汉城市圈两型社会建设试验区协调机构最初也是挂靠在省发改委，设有一个厅级单位（武汉城市圈两型社会试验区办公室），后由于机构改革等各种原因，只在省发改委内设一个武汉城市圈处。由于武汉城市圈两型社会试验区协调机构级别降低，因而许多工作执行不到位，出台的许多规划亦不能落到实处。湖北省出台的《武汉城市圈（2016—2018）三年行动方案》中提出的很多举措没有实施，不少目标也都没有实现。如2015年提出黄石、鄂州、黄冈、咸宁鄂东四市先行推行电话区号统一，已获国家批准，但仍迟迟没有启动，而湖南早在2009年6月28日已实现长沙、株洲、湘潭三个城市区号统一为"0731"。

2. 一体化成效比较：渐入佳境与停滞不前

长株潭城市群一体化发展近年来渐入佳境，融城和协同效应明显，无论是经济总量还是增长速度和发展质量，都位居湖南省前列。中国城市规划设计院的评估报告认为，长株潭极化效应明显，工业主导强化，核心区外围县区域经济活力增强；对下层次规划的指导作用较强，试验区成为地方推进发展与两型品牌结合的新抓手，长株潭成为湖南经济社会发展的龙头。首先，长株潭综合交通一体化体系基本形成，推动了长株潭重点产业的聚集发展。2017年年底长株潭城际铁路全线贯通，以长沙站为中心，由长沙—株洲、长沙—湘潭线路组成"人"字形骨架，将三市之间交通时间缩短为30分钟以内。其次，以"绿心"建设为重点探索环境同治新路子，这是长株潭"两型社会"建设的最大亮点。长株潭城市群针对三市交界地区 522 平方千米的生态绿心加强保护与利用，使之成为三市之间的"绿楔"，从而有效地阻止了三市"摊大饼"式的蔓延扩张；在全国率先立法保护"绿心"，三市先后制定实施了《长株潭绿心地区总体规划》《长株潭生态绿心地区保护条例》；建立绿心地区监控系统，定期监测每亩土地变化情况。另外，长株潭还开展了城乡环境同治的探索，以畜禽污染、集镇污水、农村垃圾三大污染治理为重点，着力改善农村环境。值得一提的是，作为湖南的母亲河——湘江保护与治理被列为省政府"一号重点工程"，2013—2021 年连续实施了三个"三年行动计划"。目前，长株潭城市群一体化发展的大格局已经形成，正在发挥湖南核心增长极作用，成为带动区域发展的重要引擎。

武汉城市圈一体化水平较低，城市间未形成协同发展合力。相较于长株潭城市群的"品"字结构，武汉城市圈单中心结构的一体化难度较大，推进缓慢。从空间结构上看，武汉城市圈城市体系不完善，Ⅰ型大城市(人口规模为 300 万~500 万人)和Ⅱ型大城市(人口规模为 100 万~300 万人)层级严重缺失，尚未形成紧凑有序的空间分布格局。在经济格局方面，武汉聚集功能仍然大于辐射功能，与周边城市低水平同质化竞争明显，武汉各类产业的企业数量占比均超过武汉城市圈的 80%(2016 年)。以劳动密集型产业聚集为特征的武汉非核心功能聚集态势还在继续，2003—2016 年武汉纺织服装制鞋业企业数量占武汉城市圈的比例由 35%上升到 43%；同时武汉与城市圈内部周边城市的产业关联度较弱，2016年武汉对周边八市的投资仅为 30 亿元，远低于同期南京对南京都市圈(246 亿元)的投资。总之，武汉"一城独大"的发展态势与武汉城市圈"强中心、弱区域"的空间格局没有得到缓解。

3. 宣传影响比较：频频发声与默默无闻

湖南省对两型社会建设的宣传一直走在前列。自 2007 年年底批复为两型社会建设试验区以来，长株潭城市群一直坚持每年发布年度发展报告，即《长株潭城市群蓝皮书》，并将两型社会建设作为湖南省的一张重要名片；自 2013 年起同时发布两型社会与生态文明建设年度报告，即《湖南蓝皮书》。除此之外，湖南还积极总结长株潭城市群两型社会发展经验，并在重要媒体报刊上发表。早在2011 年 9 月 1 日，湖南省长株潭两型办副主任、中南大学教授陈晓红(后被增选为工程院院士）就在《人民日报》上发表了《科学构建"两型社会"标准体系》。此后，持续发声，牢牢把握话语权。2018 年 2 月 25 日，新华社发表《"1+1+1 > 3"——湖南长株潭城市群一体化发展启示录》，认为长株潭城市群已成为长江中游城市群中最具发展活力的"超级板块"。2018 年 11 月份，在国家发改委的官方微博上，连续报道了 11 篇关于长株潭城市群绿色发展的经验案例。

与湖南省相比，湖北省的宣传要低调很多，尤其近年来关于武汉城市圈的专题报道很少，刚开始《武汉城市圈蓝皮书》每年发布年度报告，并举办发布会与相关论坛，但 2016 年以后就无声无息了，整个湖北省也没有编写过关于生态文明与两型社会建设的年度报告。

### （四）对武汉城市圈协同发展的启示

1. 从思想上重新重视武汉城市圈战略

"两型社会"写进了党的十九大新党章，表明了中央的高度重视。习近平总书记两次来湖北视察，都十分关注两型社会和生态文明建设，湖北应当牢记习总书记嘱托，充分发挥武汉城市圈两型社会建设在绿色、创新、改革方面的引领性作用。湖北省从上至下应当从思想上重新重视武汉城市圈两型社会建设，加强宣传，努力扩大影响力，提升知名度。比如，发挥当年组建的"理论组""宣传组"的作用，恢复编写年度《武汉城市圈蓝皮书》，加大经验总结与推广力度。

2. 纵深推进多领域、多方位的协同发展

在 2007 年编制的《武汉城市圈总体规划》中明确提出了产业布局、基础设施建设、城乡发展、市场建设和生态环境保护"五个一体化"的主要内容，并通过多年的发展取得了积极成效。通过梳理国内外都市圈的发展经验形成了两点启示：一是规划的编制和实施是一个动态的过程，无论是东京都市圈、伦敦都市圈还是国内的长三角城市群，这些地区的规划编制均呈现了一个动态的过程，而且在 2016 年《长江三角洲城市群发展规划》获批之后，上海又连同江苏、浙江两省酝酿出台《上海大都市圈空间协同规划》。二是合作领域的纵深拓展，纵向拓展是在"五个一体化"的基础上进一步拓展合作领域，比如自主创新、人才等领域；深度拓展则是将"五个一体化"进一步细分、细化，探索合作的新思路、新模式和新机制。

### 3. 进一步优化城市圈的空间布局

武汉城市圈城市规模各不相同，城市等级体系不协调，进而导致城市圈一体化发展较为缓慢。建议可以从武鄂黄城市密集区开始破题，可考虑从空间距离较近的武鄂黄地区实行"合体"发展策略，在武汉城市圈范围内先行先试，推行统一区号、统一的移动电子支付、人社"一卡通"、城际公交建设等，发挥示范带动作用。

同时，加快西部"多廊道、多片区、多板块"多元化发展。首先，叠加高铁、城际等主要交通要素，结合各城市间企业投资关联的主要方向，发展汉宜、武咸和汉孝三条走廊。其次，基于区县行政单元，加快孝川、武咸、天仙潜和大别山四大次区域发展。最后，围绕各行业空间布局、物流枢纽组织体系和区域资源布局等要素，建设五大特色功能区并强化其特色发展导向，如天仙潜工业片区强化轻纺、食品等轻工产业建设，咸宁—赤壁片区强化温泉休闲集聚区建设，大别山区强化红色旅游等休闲体验集聚区建设。

### 4. 完善协同发展的体制机制

从国内外都市圈和城市群协同发展的经验来看，体制机制是城市群能否实现长期、可持续协同发展的关键因素。一是建立常态化的武汉城市圈联席会议制度，在构建制度化的区域协调合作机制的思路下建立三个层次的联席会议制度，即市长联席会议、常务副市长联席会议和发改委主任联席会议制度，使之成为城市圈经济发展的议事决策、权威指导机构和协商机制。建议两到三年召开一次联席会，由九市市委书记轮流主持，并从市委书记、市长、专项小组、秘书处、成员五个层面细化联席会的主要任务。二是完善工作推进机制，在机构改革的大背景下，恢复省城市圈综改办已不太现实，但可以配强省发改委城市圈处，加强督办协调。建议在各领域改革推进项目过程中，仿照长株潭城市群一体化行动计划，将每个领域改革项目逐层分解、逐层落实到各相关责任主体，如交通一体化项目推进应由省交通厅牵头，责任单位为九个市的交通部门。

### 5. 加强法律保障和定期考核评估

国外都市圈在规划实施和协同发展的进程中，均将其上升到法律法规的层面进行约束，以保障其顺利推进。而国内城市圈在法律层面来予以保障的相对较少。建议武汉城市圈可以率先围绕"两型社会"建设和城市圈协同发展来探索法律法规层面的保障和约束作用。积极构建城市圈统一法制平台。凡涉及城市圈发展，必须实行地方立法的项目，经圈内各市充分协商，由省人大或者省政府行使立法程序。

同时，建议定期对武汉城市圈改革试验成效进行考核评估，并向广大公众公开发布结果，切实增强九市居民对武汉城市圈一体化的认同感和获得感。同时建议在政府绩效考评机制中加大对改革者的支持力度，在日常管理中，出台改革激励措施，让改革者有信心改革，让改革成为政府公务人员的主动行为。

### 五、武汉城市圈综改区协同发展的总体思路、路径与突破口

《国家发展改革委关于培育发展现代化都市圈的指导意见》提出，到 2022 年，都市圈同城化取得明显进展，基础设施一体化程度大幅提高，阻碍生产要素自由流动的行政壁垒和体制机制障碍基本消除，成本分担和利益共享机制更加完善，梯次形成若干空间结构清晰、城市功能互补、要素流动有序、产业分工协调、交通往来顺畅、公共服务均衡、环境和谐宜居的现代化都市圈。指导意见为武汉城市圈综改区协同发展指明了方向。

#### (一) 总体思路

以习近平新时代中国特色社会主义思想为指导，全面贯彻党的十九大和十九届二中、三中全会精神，坚持和加强党的全面领导，坚持以人民为中心的发展思想，坚持稳中求进工作总基调，坚持新发展理念，坚持推动高质量发展，坚持以供给侧结构性改革为主线，坚持市场化改革，扩大高水平开放，围绕"一条主线、五个导向、五大路径、六类体制机制"，加快武汉城市圈协同发展步伐，将其打造成为全国"两型"社会建设示范区、长江经济带高质量发展引领区和促进中部地区崛起的重要增长极。

"一条主线"即武汉城市圈协同发展，巩固城市圈前期在基础设施、产业发展与布局、区域市场、城乡建设、生态建设与环境保护等领域的一体化成果，在此基础上，纵深拓展、示范突破，实现更高质量的协同发展。

"五个导向、五大路径"。"五大导向"是目标和价值导向，主要包括空间整体统筹导向，生产要素自由流通导向，产业协同互补导向、两型社会导向、人民

主体导向,"五大路径"则是对应于价值导向提出的路径,主要包括:一是优化协同发展空间布局,二是深入推动基础设施、公共服务和市场一体化建设,三是推动城市圈产业的对接协作,四是优化城市圈生态体系,五是打造宜居宜业的优质生活圈。

"六大体制机制创新"是指基于前期武汉城市圈一体化规划和实践,结合国家培育发展现代化都市圈的思路和意见,提出的在基础设施、产业分工、市场建设、生态文明、公共服务、高端人才六个方面协同发展的体制机制创新。

(二)协同发展的路径

1. 以空间整体统筹为导向,优化协同发展空间布局

将武汉城市圈9个城市视为整体,从空间形态、空间格局、主体功能区建设等多层面进行统筹考虑,打造协同发展的空间布局。

(1)优化城市圈空间形态,打造"八爪鱼"状的空间格局。在发达国家,围绕大城市形成的都市圈是一种"八爪鱼"形态,即在核心大城市扩张的过程中,中心城市通过轨道交通和公路形成了与周边中小城市的紧密连接,然后,在放射状和蛛网状的轨道交通和公路的沿线开发建设城市,形成了从中心城市出发,沿着轨道交通的人口密度梯度下降的格局,即"八爪鱼"状的都市圈空间格局(见图2.3)。

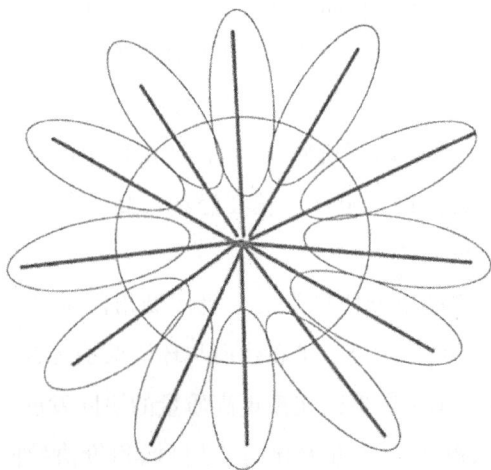

图2.3 "八爪鱼"状的都市圈空间格局

基于武汉城市圈的城市规模和发展基础，可按照"八爪鱼"状的空间形态推进都市圈建设。即以武汉为核心城市辐射带动周边8个城市发展，依托湖北省重点推动的沪汉渝通道、京广通道、福银通道、沪汉蓉通道等大通道建设，成为武汉城市圈拓展功能、发挥辐射带动作用和对接圈外空间的重要通道和载体，打造集高铁、城际铁路、高速公路等于一体的"一小时通勤圈"，有效形成联动发展的空间格局。

发挥经济中心辐射带动作用。支持武汉建设国家中心城市，打造全国经济中心、高水平科技创新中心、商贸物流中心和国际交往中心。湖北省正在谋划建设以武汉为核心，长江为主轴，沿江黄石、鄂州、孝感、咸宁、黄冈为支撑的武汉长江大湾区，与武汉城市圈的范围基本重合，要充分发挥引领带动省内其他区域高质量发展的作用。

(2)深入推进主体功能区建设，科学配置生产、生活、生态空间，探索城市圈空间规划体系。一是推进主体功能区建设，其是构建空间规划体系的基础。武汉城市圈涉及了国家重点开发区、国家农产品主产区、国家重点生态功能区、省级重点开发区、省级重点生态功能区和禁止开发区多种类型(见图2.4)。当前的重点任务是推进主体功能在武汉城市圈的市、县层面精准落地，扎实做好基础评价、科学划定"三区三线"、① 统筹绘制"一张蓝图"、搭建统一共享信息平台。同时，建立健全规划统筹衔接机制、空间结构动态调整机制、高效管控机制、精细化配套政策体系、差异化绩效考核评价机制等，为推动主体功能区战略精准落地提供保障。

二是科学配置生产、生活、生态空间。开展对武汉城市圈三生空间的识别、划分以及演变格局分析，核算三生空间承载能力，进而理顺国土空间开发秩序，在不同的空间区域开发其主体功能，兼顾发展辅助功能，形成各空间单元主体功能明确、互补发展的良性空间格局。按照三生空间优组理论，在国土空间格局优化过程中，突出"生态空间相对集合、生产空间相对集聚、生活空间相对集中、三生空间相对集成"的优化思路，注重生产、生活、生态空间相互融合，倡导土

---

① 三线即生态保护红线、永久基本农田保护红线、城镇开发边界，三区即生态控制区、限制建设区、城镇建设区。

国家重点开发区域
国家农产品主产区
国家重点生态功能区
省级重点开发区域
省级重点生态功能区
禁止开发区

图2.4 武汉城市圈主体功能区示意图

地混合使用模式，实现从空间分割到空间整合的转变。

三是着手探索开展武汉城市圈空间规划体系编制。《武汉城市圈总体规划纲要》于2007年编制，规划期限是到2020年。在规划已经完成使命，且当前面临新形势、新要求和新任务的背景下，开展武汉城市圈空间规划体系编制尤为重要。首先，需要有效整合武汉城市圈各个城市的总体规划、土地利用规划、生态环保规划、林业规划、交通规划、水利规划等各类规划空间信息，构建武汉城市圈"多规合一"空间规划基础信息平台及相关业务系统。其次，按照主体功能区规划要求，在开展武汉城市圈资源环境承载力评价的基础上，精准确定城镇、农业、生态三类空间范围以及城镇开发边界、永久基本农田、生态保护红线，统筹布局城镇发展、土地利用、基础建设、产业发展、生态环境保护等，编制形成融发展与布局、开发与保护为一体的规划蓝图。最后，探索完善武汉城市圈空间规划体系的配套措施与机制。

2. 以生产要素自由流通为导向，深入推动基础设施、公共服务和市场一体化建设

（1）基础设施一体化。实施基础设施适度超前发展战略，创新基础设施共建共享的体制机制，推动交通、能源、信息、水利设施一体化建设。

推进武汉国际性综合交通枢纽建设，加快形成"米"字形高铁网，建成天河—鄂州航空客货双枢纽，建设武汉长江中游航运中心，整合航空、铁路、公路、港口等资源，打造国家多式联运创新示范区。

武汉城市圈大力发展域（郊）铁路，通过既有铁路补强、局部线路改扩建、站房站台改造等方式，优先利用既有资源开行市域（郊）列车；有序新建市域（郊）铁路，将市域（郊）铁路运营纳入城市公共交通系统。探索城市圈轨道交通运营管理"一张网"，推动中心城市、周边城市（镇）、新城新区等轨道交通有效衔接，加快实现便捷换乘，更好地适应通勤需求。2019 年开工建设的 11 号线葛店段属于鄂州，这也是武汉首条跨市地铁，该条线路建成后将有力促进光谷与葛店一体化发展，促进城际轨道与城市轨道网融合，提升葛店构建区域综合交通枢纽的能力，推动武鄂协同发展。

适时启动武汉至天门（京山）等城际铁路建设，加快城市圈内国家高速公路网建设，形成以武汉为中心的高速公路环形和放射状路网布局。进一步提高普通国省干线的覆盖范围，加大国省干线改造力度。着力完善农村公路网结构，提升整体服务能力。强化铁路、公路、水路、民航等多种运输方式的衔接，形成网络完善、布局合理、运行高效的一体化综合交通运输体系。

（2）公共服务一体化。以城市圈公共服务均衡普惠、整体提升为导向，统筹推动基本公共服务、社会保障、社会治理一体化发展，持续提高共建共享水平。推动武汉优质教育医疗文化资源向鄂东地区延伸，探索实施武汉城市圈便民服务"一卡通"。

扩大异地就医直接结算联网定点医疗机构范围。鼓励武汉与毗邻城市开展基本医疗保险异地门诊即时结算合作。加快推动城市圈医保目录和报销政策统筹衔接。推动工伤认定政策统一、结果互认。推动公共租赁住房保障范围常住人口全覆盖，提高住房公积金统筹层次，建立住房公积金异地信息交换和核查机制，推行住房公积金转移接续和异地贷款。

推动政务服务联通互认。除法律法规另有规定或涉密的等外，政务服务事项全部纳入平台办理，全面实现同城化"一网通办"。进一步便利跨省市户口迁移网上审批，居民身份证、普通护照、机动车驾驶证异地申领，异地驾考和机动车异地年检、违章联网办理。建立健全民生档案异地查询联动机制。

率先实现城乡融合发展。以促进城乡要素自由流动、平等交换和公共资源合理配置为重点，建立健全城乡融合发展体制机制，构筑功能一体、空间融合的城乡体系，在城市圈率先实现城乡融合发展。推进农业转移人口在就业、教育、住房、医疗、社会保障、文化等领域享有基本公共服务。加快建立有利于资源要素向农村配置的激励机制，引导资金、技术、人才和管理等要素为"三农"服务。加大公共财政投入，合理配置城乡教育、医疗、交通、通信、养老、文化等公共服务资源，促进城乡公共服务均等化。

(3)市场一体化。要想打造都市圈，加快区域内的一体化，就必须要加快建设统一开放的市场。以打破地域分割和行业垄断、清除市场壁垒为重点，加快清理废除妨碍统一市场和公平竞争的各种规定和做法。

推动工商登记业务系统一体化建设，实行城市圈工商登记业务系统融合。在城市圈内统一使用湖北省工商登记业务系统办理登记注册业务，更好地服务市场主体发展。

3. 以非均衡的协同互补发展为导向，推动城市圈产业的对接协作

由于经济发展在空间上并不是同时产生和均匀扩散的，发展基础好、要素资源丰富的地区由于初始优势得到超前发展，而产业协作协同的根本动力在于经济发展的不平衡、不均衡。在武汉城市圈产业协同发展方面，要充分利用非均衡的差异所产生的发展动力，突出产业特色和区域比较优势，依靠政府引导产业协同互补减弱发展的不平衡性，弥补市场失灵问题。主要路径包括以下几条：

(1)明确城市产业分工。从国外都市圈协同发展的经验来看，明确都市圈各个城市的产业分工是开展产业协同发展的关键。武汉作为城市圈的核心城市，要增强中心城市核心竞争力和辐射带动能力，推动武汉市非核心功能向周边城市(镇)疏解，以科技研发、工业设计、金融服务、文化创意、商务会展等为重点发展生产性服务业，推动服务业与制造业深度融合，形成以现代服务经济为主的产业结构。加快推动武汉集聚创新要素、提升经济密度、增强高端服务功能。对城市圈的8个中小城市来说，要充分利用中小城市土地、人力等综合成本低的优势，优化营商环境，积极承接武汉的产业转移，推动制造业规模化、特色化、集

群化发展，形成以先进制造为主的产业结构(见表2.2)。

表2.2　　　　　　　　　　武汉城市圈城市产业布局引导

| 城市 | 产业发展重点 |
| --- | --- |
| 武汉 | 重点发展现代服务业，壮大汽车及高端装备制造、光电子和"芯"产业、新一代信息技术、生物医药及医疗器械、节能环保产业等战略性新兴产业 |
| 黄石 | 推动特种冶钢、铜铝冶炼及深加工、新型建材、机电等传统产业转型发展，积极发展电子信息、高端装备制造、智能模具等新兴产业 |
| 鄂州 | 重点发展冶金及其制品的深加工、医药、建材、精细化工、专用机械、食品、服装、包装等产业 |
| 黄冈 | 聚焦食品饮料、纺织服装、大健康、建筑建材、机械电子等传统支柱产业，引导发展智能制造、集成电路、新能源与新材料等战略性新兴产业 |
| 孝感 | 重点发展机电、汽车零部件、纺织、食品、金属制品、盐磷化工等产业 |
| 咸宁 | 重点发展生态旅游、食品饮料、汽车配件、电气电缆、纺织服装、新材料和生物医药等产业 |
| 仙桃 | 增强非织造布、食品、汽车零部件等产业实力，提升发展电子信息、新能源、新材料、生物医药等 |
| 潜江 | 重点发展石油机械、医药化工、农产品加工、纺织服装、环保设备等产业 |
| 天门 | 重点发展纺织服装、食品、化工、医药、机电等产业 |

(2)联手打造高端优势产业集群。结合湖北推进的"一芯两带三区"区域和产业发展战略布局，围绕重点产业集群的产业链条，推动城市间开展产业分工协作，优化产业布局。一是发挥武汉光电子和芯片制造"国"字牌的优势，联手鄂州、黄石建设鄂东"芯"产业集群；二是依托鄂州机场，支持鄂州、黄石、黄冈发展航空物流、电子商务及配套产业，打造临空产业集群；三是武汉、孝感、孝昌、安陆等地，以汽车产业合作为突破口打造汽车及高端装备制造产业集群。四是打造以武汉、浠水、蕲春、黄梅、武穴为重点的大健康产业集群。五是打造以武汉、鄂州、黄石、咸宁为重点的节能环保产业集群。

(3)共推"互联网+"行动。在"互联网+"大潮席卷而来的背景下，其将有力提升实体经济的创新力和生产力,对经济社会发展产生战略性和全局性的影响。在推进"互联网+"的行动中,要促进互联网与武汉城市圈各领域深度融合,促进形成基于互联网的新兴业态。要在武汉城市圈促进数据资源互联互通,打通地区间"信息孤岛",尽可能地公开共享各地数据资源,鼓励企业对政务数据资源进行增值业务开发。要重点推动"互联网+制造业"专项行动,提升制造业数字化、网络化、智能化水平。引领个性化、特色化和多样化市场发展潮流,探索发展大规模个性化定制,开展基于个性化产品的服务模式和商业模式创新,建成一批个性化定制示范基地。成立武汉城市圈"互联网+"行动专家顾问委员会,加强对城市圈该项行动的咨询服务指导。

(4)协同推进自主创新。首先,促进武汉城市圈科技创新资源有序开放流动。武汉城市圈科技资源主要富集武汉,呈现不平衡的分布状态,这也是圈域科技创新合作所具备的最大潜力所在。比如,建立武汉城市圈网上科技成果技术交易平台,探索利用互联网促进科技成果流向企业、融入产业;建立科学仪器设备共享协作网,将更多圈域内大型科学仪器设备整合入网,为圈域企业提供便捷检验检测服务;建立科技成果供需信息库,加强配套的技术转移经纪服务;开放一批面向武汉城市圈企业的实验室;推进创新体系一体化,打造"光谷科技创新大走廊",强化关键共性技术跨区域联合攻关和转化。

其次,推进武汉城市圈大众创新创业。一是加快众创空间建设,发展更多因地制宜、成本低廉、服务完善、要素完备的众创空间,使之具备承接创业、对接资源和综合服务的功能。二是加强对孵化器毕业企业接续扶持,引导孵化器培育功能向新企业成长多个阶段扩展。三是共同提升大众创新创业的扶持服务水平,实现服务的无差异化和无缝对接。

最后,健全武汉城市圈科技创新合作协调机构。要建立武汉城市圈常态化、制度化的科技创新合作促进机制,引导圈域科技创新合作由自发和分散向有序和互动方向发展。建议设立武汉城市圈科技创新合作办公室,形成定期例会制度,加强对圈域科技创新合作的指导协调,及时研究解决合作中出现的突出问题,促进对圈域科技创新的统筹、督促、检查和协调。

(5)拓展"飞地经济"合作。探索实行区域股份合作制,推动武汉产业链、公共服务资源向城市圈周边城市延伸;临空港经开区要依托天河机场,加强与孝感联动发展,打造临空经济走廊;东湖高新区要加强与鄂州、黄石、黄冈、咸宁联动发展,支持顺丰机场建设及临空产业发展,打造科技创新走廊;武汉经开区要依托汉南港、通航机场和新汉阳站建设,加强与洪湖、仙桃、天门等周边城市联动发展,打造先进制造走廊。

4. 以两型社会深入建设为导向,统筹建立城市圈生态体系

党的十九大提出,建设生态文明是中华民族永续发展的千年大计。必须树立和践行绿水青山就是金山银山的理念,坚持节约资源和保护环境的基本国策。两型社会建设是实现经济发展与生态保护的双赢道路,武汉城市圈应重点开展以下几个方面的工作:

(1)完善城市圈生态空间规划体系。根据长江大保护的战略要求,结合圈内各市空间发展规划,编制完善城市圈生态建设专项规划,突出区域生态一体化。以山脉、水系为骨干,以山、林、江、湖为基本要素,构建"两带、五核、一线"的区域生态框架,并通过网络状的生态廊道将主要生态要素进行串联,形成多层次、多功能、立体化、复合型、网络化的区域生态支撑体系。"两带"即规划大别山脉、幕阜山脉两条东西向平行的山系作为两条山地森林生态带;"五核"即结合圈内水资源特点以及空间分布的均衡性,规划五个重点保护和利用的生态核,分别是环梁子湖地区、环斧头湖-西凉湖地区、环汈汉湖地区、环野猪湖-王母湖地区和环涨渡湖地区;"一线"即重点保护长江生态走廊,搭建城市圈中部的生态脊梁。通过汉江、汉北河、滠水、倒水、举水、巴河、浠水、蕲河、富水、金水、隽水等干流以及诸多河流水体、岸线,串连山体、湖泊、湿地等众多生态要素,形成网络状的水系生态隔离廊道,以加强各自然"斑块"之间、"斑块"和"种源"之间的生态联系,维护区域生态系统的稳定和健康。

(2)建设武汉城市圈山水林田湖草生命共同体。贯彻落实中央、国务院关于山水林田湖草生态保护与修复的决策部署,结合武汉城市圈"两型"社会综合配套改革试验,建议在圈内率先实行绿色发展,打造武汉城市圈山水林田湖草生命共同体。首先,加强宣传引导,树牢山水林田湖草是生命共同体的整体系统观。打破生态保护与修复按行政区划各自为政、自扫门前雪的做法,树立全域一盘棋、上下齐心、整体联动的思维,统筹谋划与推进生态保护与修复工作。其次,建立工作机制,统筹推进山水林田湖草生态保护与修复工作:一是明确专门工作

机构。要明确专门机构与人员负责武汉城市圈山水林田湖草生态保护与修复的统筹规划与协调工作，监督规划实施落实。二是建立工作协调机制。建立跨区域的山水林田湖草生态保护修复协调机制，通过政府间联席会议、生态保护修复发展论坛等，开展城市圈成员单位和观察员单位间的交流与对话，立足生态系统完整性，进行方案融合、项目对接，增进理解与合作。三是完善生态补偿制度。除落实好以国家转移支付为主的退耕还林、退牧还草、退田还湖，生态公益林及自然保护区等纵向补偿制度外，在城市圈成员单位与观察员单位间尝试建立以碳排放为主要参考系数的横向补偿机制，增强城市圈生态功能区的"造血功能"。

5. 以城市的人民主体性为导向，把城市圈打造成宜居宜业的优质生活圈

（1）全面放开户籍限制。《国家发改委关于培育发展现代化都市圈的指导意见》提出，要放开放宽除个别超大城市外的城市落户限制，在具备条件的都市圈率先实现户籍准入年限同城化累积互认，加快消除城乡区域间户籍壁垒，统筹推进本地人口和外来人口市民化，促进人口有序流动、合理分布和社会融合。推动人力资源信息共享、公共就业服务平台共建。

超大城市，即城区人口超过 1000 万人的城市。目前，我国仅有北上广深 4个一线城市城区人口超过 1000 万人大关。也就是说除了这 4 个一线城市之外，其他大城市的落户限制都要放开放宽。

京沪等一线城市作为超大城市，人口规模太大需要控制；但对二线城市来说，仍然还有很大的发展空间，杭州、南京、武汉、成都、郑州、长沙等强二线城市，近几年无论是经济发展还是人口集聚都十分迅速，收入与一线城市的差距越来越小，居住条件好，生活压力没那么大。这些城市发展起来后，一方面可有效减轻一线城市的压力；另一方面又可以起到区域龙头带动作用，带动更多中小城市、区域经济的发展。

武汉作为湖北最大的城市、中部地区的特大城市，在资源、人才、创新等方面应该更多地发挥中心城市的引领带动作用，尤其是要发挥出武汉高校众多、科教实力雄厚的优势。武汉有 100 多万名在校大学生，不仅要留住大学毕业生，也要实施在职人才引进和落户武汉计划，主要包括高层次人才、学历类人才、技能类人才、留学回国人员和博士后五类。在武汉城市圈加快推进户籍准入年限同城化累积互认，加快消除城乡区域间户籍壁垒，统筹推进本地人口和外来人口市民

化，促进人口有序流动、合理分布和社会融合。推动人力资源信息共享、公共就业服务平台共建。

（2）强化文化软实力在推动武汉城市圈内部融合发展中的作用。通过加强城市间人文交流来促进多元文化的交流融合，深入挖掘城市圈内部城市共有的文化底蕴，打造地方特色明显的城市圈文化品牌，提升广大群众的文化认同感和归属感，实现城市圈经济建设与人文建设的共同发展，从而推动城市圈人文精神内涵的提升。

加强城市圈文化交流与合作，推动文化艺术资源共享和优势互补。组织城市圈艺术院团深入开展百团上山下乡暨新春金秋巡回演出活动，让人民群众在家门口欣赏高雅艺术。加大城市圈地方戏曲保护力度，围绕重大题材、重大节庆、重大活动组织艺术创作，创作更多更好的地方戏曲艺术精品。深化图书馆联盟，加强城市圈图书馆合作。加强文化设施建设，完善公共文化服务体系，城市圈9市公共图书馆（50个）、群众艺术（文化）馆（51个）、博物馆（75个）、乡镇综合文化站全部向社会免费开放。加强城市圈博物馆体系建设，推进以省博物馆为龙头，武汉、鄂州、黄石、黄冈、咸宁、孝感等地市级博物馆为骨干，潜江、天门、云梦、浠水、蕲春、大冶等文物资源丰富的县市特色博物馆为补充的博物馆体系建设。

（三）协同发展示范的突破口

1. 临空发展推进汉孝同城化

随着汉孝城际铁路的通车运行，以及孝汉大道建成，孝感临空区到武汉天河机场只需要8分钟，到武汉中心城区只需要半个小时车程，真正实现了两地同城化，从而带动了人流、物流、技术流、产业流到临空区聚集。按照"省级战略、两市实施"的原则，推进两市（武汉、孝感）三区（黄陂区、东西湖区、孝南区）切实承担临空经济区建设主体责任，建立区域联动机制，定期对重大规划、政策、项目等进行衔接，解决好合作共建中面临的过桥过路收费问题。深入挖掘高铁城铁优势，打响孝感健康休闲养生品牌。推进孝感融入武汉及大别山区域旅游大格局，打通与武汉黄陂景区的对接通道，提升大别山红色旅游发展水平。

2. 跨江合作推进武鄂黄黄同城化

武鄂黄城镇连绵带是武汉城市圈的核心城市集群化发展区域。按照"对接大武汉，建设新黄冈"的战略要求，要全面推进武冈同城化，推动黄冈与武汉经开区、东湖高新区的深度合作，打造武汉城市圈产业一体发展的示范区。武鄂同城化历来就是湖北省的重要战略，2017年1月18日，湖北省委书记在参加省十二届人大五次会议鄂州代表团讨论时明确指出要加快武鄂协调发展。加快推进鄂州市葛店开发区、梧桐湖新区等与武汉东湖高新区协调发展，努力实现东湖高新区创新发展、自贸区建设的新理念新政策在鄂州全覆盖；与武汉、黄石、黄冈联动，加快湖北国际物流核心枢纽机场以及快速集疏运通道的建设，搭建多式联运、联通国内外市场的开放新平台；设立梁子湖综合管理局，推进环梁子湖区域打造成为湖泊治理国家示范区。进一步巩固提升黄石的武汉城市圈副中心城市地位，发挥黄石棋盘洲保税物流中心及国家一类开放口岸的比较优势，融入国家"一带一路"倡议，打造中欧班列(武汉)的物流配套服务基地。

3. 绿色崛起推进武咸同城化

湖北省领导在十二届人大五次会议期间参加了咸宁代表团讨论，要求咸宁绿色崛起，在"共抓大保护，不搞大开发"背景下，用好绿色资源"富矿"，努力在绿色发展上走在湖北省前列。推进咸宁精准对接大武汉，深化咸宁高新区与武汉东湖高新区、武汉经济技术开发区"园外园"合作，加快中国光谷咸宁产业园建设。充分利用长江黄金水道，推进南三县向沿江经济带发展，使绿色资源优势转化为经济优势。加快推进《咸宁共识》实施，深化与岳阳、九江合作，联合开发生态文化旅游，打造"中三角"绿色发展示范区。

4. 城乡统筹推进仙潜天一体化

畅通武汉西向综合运输通道功能，发挥仙桃作为国家新型城镇化试点城市、潜江作为全国中小城市综合改革试点、天门作为国家结合新型城镇化开展支持进城务工人员返乡创业试点的示范作用，以江汉平原乡村振兴示范区建设为抓手，深入推动城乡基本公共服务均等化、一二三产业融合发展、城乡环境协同治理，打造成为以城带乡、共富共美、和谐宜居、特色鲜明的县域经济转型升级发展排头兵。

5. 推进观察员全面融入武汉城市圈

3个观察员洪湖、京山、广水，比照城市圈成员单位享受相关政策待遇，参加省推进武汉城市圈综合配套改革试验领导小组会议，以及武汉城市圈有关协作互动等活动。下一步，变"观察员"为"运动员"，努力把京山和洪湖建成武汉城市圈与宜荆荆城市群的物流中转中心，把广水建成武汉城市圈与中原城市群协同发展的"桥头堡"。

## 六、加快推进武汉城市圈协同发展的体制机制创新

通过基础设施对接、产业分工合作、市场一体化、生态文明共建、公共服务资源共享、高端人才战略联盟六大区域合作体制机制创新，推动圈内城市能够实现优势互补、共同发展，加快推进武汉城市圈综改区协同发展。

### （一）基础设施对接的体制机制创新

1. 共同构建便捷、安全、经济、高效的综合运输体系

以武汉为核心，以综合运输大通道和交通圈层建设为重点，统筹公路、铁路、航空、水路、管道等多种运输方式，优化综合运输规划布局，加快构造综合交通枢纽和物流中心，实现"无缝对接"。推进城市轨道无缝衔接，逐步形成以国家铁路和城际轨道为主骨架，以城市（域）轨道为补充，与区域经济发展相适应，规模合理，布局完善的轨道交通体系，合理布局轨道交通枢纽点。

依托长江中游航运中心和武汉新港建设，联合推进长江黄金水道中游段开发利用，联合整治长江航道，提高通航能力，加强沿江港口合作，积极发展江海联运和铁水联运，扩大主要港口腹地范围，与周边区域合作建设"无水港"。进一步完善民航运输体系，加强民航与其他运输方式的衔接，构筑干支结合、优势互补、共同发展的民用机场体系。

2. 共建"数字城市圈"

建设和运用武汉城市圈综合交通服务体系，打造信息互访、高效运作的智能交通体系，探索电子口岸跨区域合作的经验和模式，实现物流信息的跨区域交换和共享。推进城市圈政府信息资源的深度开发和广泛利用，建立信息资源目录体系和交换体系，组织开展政府部门间、政府与企业和公众间基础信息共享试点。促进电子商务、电子政务应用与信息资源整合，加强信息安全保障体系和网络信息体系的一体化建设。加快农业、科技、教育、文化、卫生、社保、就业等领域

的公益性信息资源开发利用。完善城市圈信息网络一体化布局，推进第五代移动通信和新一代信息基础设施布局。探索取消城市圈内固定电话长途费，推动城市圈内通信业务异地办理和资费统一，持续推进网络提速降费。

## (二)产业分工合作的体制机制创新

产业合作是武汉城市圈协同发展的重点，积极探索和建立特色突出、优势互补、分工合理、互利共赢的产业发展新格局。

### 1. 建立产业分工协作对接机制

按照"市场主导、政府推进、优势互补、互利共赢"的原则，建立武汉城市圈产业分工协作对接机制，推进武汉市和周边八市产业一体化布局，形成五种模式：一是总部在武汉、基地在周边的"总部模式"；二是研发在武汉、产业基地在周边的"孵化模式"；三是营销在武汉、产品在周边的"店厂模式"；四是注册在武汉、生产在周边的"分家模式"；五是生产主体在武汉、辅助产品在周边的"产业链模式"。

### 2. 共同建立产业转移承接机制

依托武汉城市圈优越的区位条件，在内部合作的基础上，共同加大承接长三角、珠三角沿海产业转移的力度，提升武汉城市圈产业综合竞争力，实现区域经济共同发展。积极融入长江经济带和"一带一路"倡议，打造湖北对外开放开发桥头堡。

### 3. 推进园区共建合作

推进武汉城市圈园区共建合作开展，促进武汉城市圈产业梯度转移和产业布局优化，加快武汉城市圈经济发展方式的转变，推动武汉城市圈综改区一体化发展。

一是股份合作模式，采取股份合作的方式设立共建园，交由合作双方成立的合资股份公司管理，收益按照双方股本比例分成。

二是建设生产基地模式，园区合作采取"总部经济、异地生产、统一经营"的方式，生产基地转移至异地工业园区。

三是管理与品牌输出模式，通过管理或品牌的输出合作，以一个较为成熟的园区带动另一个新园区发展。

## （三）市场一体化的体制机制创新

创新促进市场一体化的体制机制，完善重要商品、服务、要素价格形成机制，加快武汉城市圈市场一体化进程，促进金融市场、就业服务、商品流通。

1. 建立健全统一、高效的金融市场

加强金融基础设施、信息网络、服务平台一体化建设，鼓励金融机构在城市圈协同布局，探索银行分支机构在城市圈内跨行政区开展业务，加快实现存取款等金融服务同城化。重点发展湖北银行、汉口银行、长江证券等武汉城市圈本土金融机构。加快国际国内金融机构总部、地区总部、分支机构向城市圈迁入的步伐。加强武汉光谷联合产权交易所建设，形成辐射中部、最具活力的产权交易市场。强化金融监管合作和风险联防联控，建立金融风险联合处置机制，合力打击非法集资等金融违法活动。

2. 建立统一、开放的劳动就业市场

在劳动就业层面，重点构建武汉城市圈统一、规范、灵活的人力资源市场，提供优质高效的就业服务。加快构建武汉城市圈公共就业服务信息网络，实现省市和城乡连通；完善市场信息公开发布系统，建立公共就业服务信息门户网站，开展网上职业介绍服务。建立统一开放、功能完善、服务快捷的人力资源服务中心，通过完善服务功能、拓展服务项目，为就业者提供职业能力测评、创业指导、就业援助以及劳动保障事务代理等市场化延伸服务。实行统一的就业和失业登记制度，劳动者凭就业、失业登记证明在武汉城市圈内享受同等的公共就业服务和就业扶持政策。加强武汉城市圈劳动联合执法，保障劳动者权益。

3. 建立健全互通、互融的商品市场

在商品市场层面，依托武商、中百、中商等重点商贸流通企业，以连锁经营等流通业态为纽带，进一步完善武汉城市圈商贸流通服务网络。以市场信息一体化为先导，加强武汉城市圈内各市场间和客户间的互通、互动和互融。加强武汉城市圈内物流企业的合作与联合，整合现有物流资源，优化物流资源配置，加快建设物流公共信息平台，大力推进物流基础设施建设和物流企业信息化建设，重点将武汉建设成为辐射华中、连接全国、面向国际的中部地区物流中心。

（四）共建生态文明的体制机制创新

着力抓好节能减排，加强区域环境保护、生态建设，特别是重要生态功能区保护和管理，开展区域生态环境补偿机制试点，深化梁子湖流域水环境保护与综合治理合作，共同构建区域生态安全屏障，共建美丽城市圈。

1. 探索节能减排合作机制

以加快发展循环经济为重点，探索节能减排的激励约束机制，完善促进资源节约的市场机制。大力发展低碳经济，推进城市圈在新能源汽车、太阳能、生物质能开发、煤的清洁高效利用等领域进行低碳技术合作研究与应用，突破一批关键核心技术，形成一批具有自主知识产权的重大科技成果和重大技术产品，提升城市圈整体低碳技术水平。推进城市圈城市在绿色发展上相互借鉴、通力合作与推广新技术、新装备。成立城市圈节能减排合作组织，为区域节能减排服务。

2. 推动环境联防联治

以城市圈为单元制定城市空气质量达标时间表，强化工业源、移动源和生活源排放污染治理，实现核发机动车注册登记环保标准互认与车用燃料标准统一。加快消除城市圈内劣Ⅴ类水质断面。全面开展生活垃圾分类，基本完成存量生活垃圾场治理任务。鼓励既有建筑节能化改造，城镇新建建筑100%落实强制性节能标准。将建设用地土壤环境管理要求纳入城市规划和供地管理。

（五）公共服务资源共享的体制机制创新

统筹武汉城市圈城乡社会事业发展，创新公共服务和社会管理体制机制，发挥武汉的社会资源优势，推动区域内科技教育互动促进、医疗卫生联动共享、社会保障全域统筹，构建符合区情、覆盖城乡、可持续的基本公共服务体系，推进社会事业一体化发展。

1. 积极推进武汉城市圈产学研合作

探索武汉城市圈产学研深合作的有效模式和长效机制。依托武汉大学、华中科技大学、701、709等高校院所的科技资源，围绕产业技术创新链，全面支持企业与科研机构合作建立产学研创新平台，建立武汉城市圈工程技术中心和校企研发中心。成立武汉城市圈技术转移服务联盟，共建科技成果转化基地，探索推广技术参股、技术奖股政策，推进科技信息的互通与共享。

2. 促进武汉城市圈高等教育资源的共建共享

全面实施武汉城市圈高等教育对口支持与联动共享，促进高等教育资源的共建共享，以武汉大学、华中科技大学等重点院校为基础，签订"武汉城市圈高等学校对口支持合作计划"，完善激励政策和措施，鼓励、支持重点院校与区域内的省属普通院校在教学改革、人才培养、学科建设、科学研究、教师队伍建设等方面开展全面对口支持合作。加强"高等学校数字图书馆""高等学校教育教学公共平台""高校产学研合作网上公共服务平台"等教育资源公共平台与共享体系建设，提升武汉城市圈内高等教育的整体水平。

3. 促进优质公共服务资源共享

鼓励城市圈内开展多层次多模式合作办学办医，支持有条件的中小学和三级医院推进集团化办学办医，开展远程教学医疗和教师、医护人员异地交流，支持中心城市三级医院异地设置分支机构。在城市圈内率先实现与产业链相配套的中高职学校紧缺专业贯通招生。推动病历跨地区、跨机构互通共享，推动医学检验检查结果跨地区、跨机构互认。推动公共服务从按行政等级配置向按常住人口规模配置转变。允许镇区人口在 10 万人以上的特大镇按同等城市标准配置教育医疗资源，鼓励有条件的小城镇布局三级医院，降低与大中城市公共服务的落差。增加健康、养老、家政等服务多元化供给，鼓励城市圈城市联建共建养老机构，加快城市设施适老化和无障碍改造。推动博物馆、剧院、体育场馆等共建共享。

(六)高端人才战略联盟的体制机制创新

构建武汉城市圈人才战略联盟，建立人才合理流动的体制机制，促进人才的自由流动和人才资源的共享。

1. 建立高层次人才智力共享机制

鼓励本地高层次人才采用柔性流动方式，到他方从事咨询、讲学、兼职、科研和技术合作、技术入股、投资兴办高新技术企业或其他技术服务。以项目合作为主要载体推进高层次人才智力的交流合作。合作项目包括城市圈范围内经济社会发展重大项目的论证、咨询和组织实施，高等院校、科研院所和其他企事业单位的重要科研项目、技术攻关，推广和应用项目。

2. 密切人才服务合作

整合城市圈人才服务机构的优势，共建统一的人才服务平台和服务窗口，成立武汉城市圈人才市场。通过在城市圈城市之间轮流举办经常性的交流洽谈会或专场招聘会，为用人单位提供及时、高效、便捷的人才服务。

## 第二节 武汉开发区汽零产业园加快建设现代产业园

"十四五"时期是汽车及零部件产业园开启全面建设社会主义现代化园区新征程的第一个五年，也是谱写园区高质量发展新篇章的关键五年，必须深刻认识并准确把握新阶段、新形势、新机遇，坚持新发展理念，融入新发展格局，科学谋划"十四五"园区经济社会发展。根据《武汉经济技术开发区（汉南区）国民经济和社会发展第十四个五年规划和2035年远景目标纲要》，编制《武汉经济技术开发区（汉南区）汽车及零部件产业园国民经济和社会发展第十四个五年规划纲要和2035年远景目标纲要》。

### 一、决胜全面小康社会取得决定性成就

#### （一）发展基础

"十三五"时期，园区坚持以习近平新时代中国特色社会主义思想为指导，统筹推进"五位一体"总体布局，协调推进"四个全面"战略布局，牢固树立创新、协调、绿色、开放、共享的发展理念，以供给侧结构性改革为主线，以高质量发展为根本要求，推进转型发展、绿色发展，全面提升城市化水平，打造经济、城市、民生"三个升级版"。五年来，吉利路特斯项目入驻，以宝湾物流、宇培物流、湖北建科院等企业为代表的现代服务业配套发展，纱帽大道等骨干道路建成投入使用，陡埠路等路网项目全面完工，完成了纱帽河黑臭水体治理，园区上下加快转型发展，推进了产业结构转型升级，全面改善了生态环境，经济社会保持了健康、持续、稳定的发展态势。经济发展、创新驱动、民生福祉、生态文明等各项指标总体完成，各项事业取得良好成绩，全面建成小康社会取得决定性成就。

1. 园区规模在创新转型中迈上新台阶

"十三五"期间，园区以汉南经济开发区为依托，不断整合汉南工业倍增区以及各街办园区，构建了大园区发展框架，推动了金澜湾工业园、联动 U 谷等加快建设，构建了"一区多园"的发展格局。五年时间，已聚集企业 460 余家，其中规上企业 148 家，规模以上工业总产值达 200 亿元(见表 2.3)，外资企业 17 家，汽车零部件企业 100 余家。园区始终坚持创新发展，推动工业化和信息化深度融合，打造了江苏新程汽配、武汉富诚汽配等企业智能制造示范工厂，汽车及零部件制造领域智能化改造快速升级，产业竞争力进一步增强。

2. 产业体系在优化升级中取得新突破

"十三五"期间，汽零产业园围绕汽车及零部件、高端设备制造、新能源新材料、生物医药、现代服务业五大产业发力。

汽车及零部件：2018 年吉利控股集团高端整车项目——吉利路特斯项目入驻园区，总投资 200 亿元，形成年产 15 万辆乘用车多品种混流生产能力。江苏新程汽配、广州三叶、武汉富诚汽配、华达汽配等年产值近 15 亿元汽车零部件企业逐渐发展壮大，为知名汽车品牌配套生产车身配件、冲压件、注塑件等。目前园区零部件企业 100 余家，为园区贡献了 60% 的产值，产业集聚优势逐渐显现。

高端设备制造：围绕以开特电子为代表的高端设备产业发力，带动整个装备制造产业转型升级。

新能源新材料：以长利玻璃、江河幕墙、中原长江科技园等企业为主力，推动新能源新材料产业加速发展。

食品生物医药：大力发展以大汉口热干面、金汇泉、长兴食品、天天好为代表的食品生物医药产业，打造经济增长新引擎。

现代服务业：大力引进和培育第三产业入园，促进以宝湾物流、宇培物流、湖北建科院等企业为代表的现代服务业配套发展。中国上市公司 500 强、中国民营企业 500 强的江河集团拟在汉南地铁小镇打造江河设计产业城。

3. 基础设施在全面建设中取得新提升

园区坚持以高标准推进路网建设，交通路网建设取得跨越式发展，现已形成以兴城大道、陡埠大道、纱帽大道为主骨架，内外联通、五纵四横的交通路网。

幸福园路、通江一路、幸福园中路、幸福园东路、坛山路、幸福河东岸、滨河大道等道路正在积极投入建设。

表2.3 2020年主要指标情况一览表

| 序号 | 经济指标 | 2020年计划 | 2020年实际 | 完成全年目标 |
|---|---|---|---|---|
| 1 | 固定资产投资 | 88亿元 | 93.27亿元 | 106% |
| | 工业固定资产投资 | 81亿元 | 75.18亿元 | 93.54% |
| | 非工业固定资产投资 | 7亿元 | 18.95亿元 | 271% |
| 2 | 规模以上工业总产值 | 207.1亿元 | 204.94亿元 | 99% |
| 3 | 其他营利性服务业 | 4890万元 | 5651万元 | 116% |
| 4 | 新增工业企业"小进规" | 15家 | 15家 | 100% |
| 5 | 腾退、盘活土地 | 600亩 | 606亩 | 101% |
| 6 | 招商引资签约额 | 150亿元 | 144.3亿元 | 96.2% |
| 7 | 实际到位资金 | 103亿元 | 104.6亿元 | 101% |
| 8 | 社零额 | 限上批发业同比增速5.0%、限上零售业同比增速20.0%、限上餐饮业同比增速10.0% | 限上批发业完成1.39亿元，同比增速5.0%；限上零售业完成4.92亿元，同比增速69.6%；限上餐饮业完成3.8亿元，同比增速35% | — |
| 9 | 进出口额 | 10.4亿元 | 10.1亿元 | 97.1% |
| 10 | 水路运输营业收入 | 1.2亿元 | 2亿元 | 165% |
| 11 | 交运住建项目 | 完成水陆运输企业营业收入1.2亿元，增幅0.2%。商品房销售面积8.27万平方米，增幅2%；建筑业总产值85.80亿元，增幅4% | 完成水陆运输企业营业收入1.75亿元，增幅46%。商品房销售面积16.14万平方米，增幅95%；建筑业总产值92.3亿元，增幅7.6% | — |

（二）机遇与挑战

"十四五"时期，汽车及零部件产业园将面临更为复杂的国际国内环境和国家政策取向调整，应积极应对一系列机遇和挑战。

1. 发展机遇

主要面临"四大机遇"：

一是构建国内大循环为主体、国内国际双循环相互促进的新发展格局，以扩大内需为战略基点，促进形成强大国内市场，培育和激发国内市场潜力，将为园区经济发展开辟更加广阔的国内市场。

二是国家、省、市重大区域战略纵深推进，"一带一路"倡议和长江经济带、中部崛起等国家战略，以及省"一主引领、两翼驱动、全域协同"、市"一城、一圈、一群、一带"、武汉开发区"双核驱动"区域发展战略的深入实施，将为汽车及零部件产业园扩大对外开放，深化区域合作，实现在"车谷副城辐射带动蔡甸和仙桃、天门、潜江及洪湖等地区"提供强劲动能。

三是新一轮科技革命和产业变革兴起，云计算、大数据、物联网、工业互联网、人工智能、智能制造、节能环保、生物医药等新兴产业蓬勃发展，推动了不同产业跨界融合，催生了大批新业态、新模式，将加快推进园区经济转型升级和高质量发展。

四是交通运输大改善，一批重大交通基础设施加快建设，发挥长江黄金水道的作用，依托汉南港，推动航空、铁路、公路、水运"多式联运"体系建设，打通服务江汉平原腹地的国际货运通道，园区经济发展的瓶颈制约大大改善。

2. 面临挑战

主要面临"五大挑战"：

一是产业发展层次偏低。在汽车及零部件产业园以汽车零部件为代表的工业行业中，小企业数量多，中大型企业数量少。园区零部件企业生产主要集中于汽车车身及内外饰系统，产业重合度高，而技术含量高、附加值高的发动机系统、底盘系统、电子电器系统的关键核心环节，供应商数量较少、产值较低。

二是用地空间严重不足。园区可用土地不到 2000 亩，工业用地指标严重不足。目前园区面临土地闲置、厂房招租率较低、低效企业较多等现实问题。全区低效用地腾退机制、低效产能企业淘汰机制等并不完善，进一步盘活闲置存量资源、加快企业转型升级任务艰巨。

三是现代服务业紧缺。服务业发展质量和水平不高、比重偏低，商贸物流、金融服务发展滞后，服务业与制造业融合、协调发展不够。

四是历史问题解决难度大。原汉南经济开发区遗留的企业兑现、资金往来、房产纠纷、土地闲置等历史遗留问题较多，虽分块进行了领导包保、定期研究、强化推进，但解决难度依然较大。

五是园区性质和职能不协调。园区是无执法职能的行政机关，企业发展中的许多困难和问题，因园区自身缺乏权限和手段解决，导致项目签约不易，推进较难。

总体来看，机遇与挑战并存，机遇大于挑战。园区"十四五"时期将处于工业化、信息化加速推进的新阶段，全方位、高水平对外开放的新阶段，潜在增长率高、高质量发展和可以大有作为的重要战略机遇期。我们必须树立底线思维，准确识变、科学应变、主动求变，善于在危机中育先机、于变局中开新局，牢牢把握机遇，不断化解矛盾和挑战，乘势而上，推动园区高质量发展，为"中国车谷"建设贡献园区力量。

## 二、开启现代化建设新征程

### （一）指导思想

高举中国特色社会主义伟大旗帜，深入贯彻党的十九大和十九届二中、三中、四中、五中全会精神，坚持以马克思列宁主义、毛泽东思想、邓小平理论、"三个代表"重要思想、科学发展观、习近平新时代中国特色社会主义思想为指导，牢记习近平总书记视察湖北武汉时的殷殷嘱托，围绕省委、省政府和武汉市委、市政府及工委（区委）、管委会（区政府）战略部署，以推动高质量发展为主题，以深化供给侧结构性改革为主线，以改革开放创新为根本动力，以满足人民日益增长的美好生活需要为根本目的，统筹发展和安全，坚持"创新引领、数字转型、腾笼换鸟、服务升级"的发展路径，推动传统汽车及零部件产业转型升级，重点发展下一代汽车、智能制造、新能源和新材料产业，打造高端制造业集聚区和数字化转型示范区，加快推动汽零产业园向现代化产业园区转型，为武汉市打造"五个中心"、武汉经开区打造"四个车谷"贡献园区力量、作出园区贡献。

## (二)基本原则

坚持党的全面领导。更好地发挥党总揽全局协调各方的作用,不断提高贯彻新发展理念、构建新发展格局的能力和水平,为汽零产业园高质量发展提供根本保证。

坚持以人民为中心。把人民群众的根本利益作为一切工作的落脚点,把增进人民福利、提高人民生活水平、促进社会和谐稳定放在重要位置,为人民群众提供高品质公共服务,不断满足人民对美好生活的向往。

坚持新发展理念。把新发展理念贯穿发展全过程和各领域,抓住供给侧结构性改革,注重需求侧改革,助力武汉经开区打造"双循环"新发展格局的重要节点和重要连接点,切实转变发展方式,推动质量变革、效率变革、动力变革,努力实现更高质量、更有效率、更加公平、更可持续、更为安全的发展。

坚持深化改革开放创新。坚定不移吃"改革饭"、走"开放路"、打"创新牌",破除制约高质量发展、高品质生活、高效能治理的体制机制障碍,强化提高资源配置效率、激发市场主体活力、调动人民群众积极性、激励干部担当作为的改革开放举措,持续增强发展动力和活力。

坚持系统观念。加强前瞻性思考、全局性谋划、战略性布局、整体性推进,统筹经济和社会、发展和安全,着力固根基、扬优势、补短板、强弱项,注重防范化解重大风险挑战,实现发展质量、结构、规模、速度、效益、安全相统一。

## (三)发展目标

展望 2035 年,园区经济实力、科技实力、综合实力大幅提升,经济总量迈向全区园区前列;关键核心技术实现突破,实现新型工业化、信息化、智能化,建成现代化产业园区;广泛形成绿色生产生活方式,生态环境根本好转,美丽智慧的人居环境品质显著提升;人民生活更加美好、人的全面发展、全体人民共同富裕取得更为明显的实质性进步。

展望 2025 年,随着园区管理制度的不断完善,重点产业优化转型升级,园区创新、投资与经济运行将保持良好的发展态势。

打造实力园区。坚持"创新引领、数字转型、腾笼换鸟、服务升级"的发展路径，以吉利路特斯项目的投产达产为契机，推动传统汽车及零部件产业转型升级，增强产业链的配套，重点发展下一代汽车、智能制造、新能源和新材料产业，打造高端制造业集聚区和数字化转型示范区，推动规上工业总产值跨越式增长，到"十四五"期末，"四限上"各类企业总收入超 1000 亿元。

打造动力园区。创新对经济增长的贡献显著增加，建设智慧车间、智慧工厂、智慧制造重要基地，数字经济发展成效显著，成为新的增长动能。新产业新业态不断成长，创新转型取得明显进展。集聚一批科技人才、创业人才和创新团队，打造国内一流的创新创业平台。"十四五"期间，园区累计净增市级以上研发、技术、孵化中心、创业基地数达到 10 家，累计净增高新技术企业 50 家。

打造活力园区。园区体制机制改革取得重大突破，形成"体制优化、精简高效"的运行管理模式。吸引优秀人才争相投入园区发展，破解制约园区高度发展的体制机制，激发园区发展活力，营造干部职工拼搏进取、劳有所获、多劳多得、优胜劣汰的干事创业环境，实现园区成为武汉开发区深化改革的先行者、经济腾飞的引擎、转型升级的样板。

打造魅力园区。以人为核心的现代化园区建设加快，一批新型基础设施项目加快落地。突出完善生活配套功能，引进 1~2 个综合体，推动传统商贸服务业转型升级，打造 15 分钟休闲购物圈。园区服务功能不断优化，教育、医疗、养老等高品质公共服务供给稳步提高(见表 2.4)。

表 2.4 　　　　　　　　　汽零产业园"十四五"规划指标体系

| 类别 | 序号 | 指标名称 | 单位 | 2020 年（基期） | 2025 年（目标值） | 年均增速 |
|---|---|---|---|---|---|---|
| 创新发展 | 1 | 累计净增高新技术企业数 | 家 | — | 50 | — |
| | 2 | 数字经济核心产业增加值占 GDP 比重 | | — | 10% | — |
| | 3 | 研究与试验发展（R&D）经费投入强度 | | — | 3.5% | — |
| | 4 | 累计净增市级以上研发、技术、孵化中心、创业基地数 | 家 | — | 10 | — |
| | 5 | 每万人高价值发明专利拥有量 | 件 | — | 26 | — |

续表

| 类别 | 序号 | 指标名称 | 单位 | 2020年（基期） | 2025年（目标值） | 年均增速 |
|---|---|---|---|---|---|---|
| 投资驱动 | 6 | 固定资产投资 | 亿元 | 93.27 | 105 | 2.5% |
| | 7 | 招商引资签约额 | 亿元 | 144.3 | 245 | 8% |
| | 8 | 实际到位资金 | 亿元 | 104.6 | 300 | 8% |
| 工业发展 | 9 | 规模以上工业总产值 | 亿元 | 204.94 | 1000 | 37.4% |
| | 10 | 新增工业企业"小进规" | 家 | 15 | 22 | 8% |
| | 11 | 全员劳动生产率增长 | — | — | 完成开发区既定目标 | — |
| 服务业发展 | 12 | 其他营利性服务业营业收入 | 万元 | 5651 | 9100 | 武汉市服务业增速为8.8%，可参考暂定10% |
| | 13 | 社会消费品零售总额 | 亿元 | 10.11 | 14.85 | 武汉市增速为10%；建议采用全市的水平 |
| 其他 | 14 | 建筑业总产值 | 亿元 | 92.3 | 500 | 40.3% |
| | 15 | 腾退、盘活土地 | 亩 | 606 | 800 | 6% |

## 三、构建五大产业"新体系"

### (一)强力推进汽车及零部件产业转型升级

紧盯汽车轻量化、电动化、智能化、网联化、共享化"新五化"发展趋势，围绕打造世界知名"中国车谷"，聚力发展汽车及零部件支柱产业，以行业领军企业为龙头，关键领域协同创新平台为牵引，推动形成融合共享的新型产业生态圈，推动汽车产业价值链向高端延伸(见图2.5)。到2025年，汽车及零部件产业产值突破800亿元。

1. 加快整车制造发展

加快吉利汽车系列项目建设，推动燃油汽车和新能源汽车投产，尽快实现年产15万辆乘用车的目标。推动吉利控股集团在园区搭建汽车产业技术平台，实

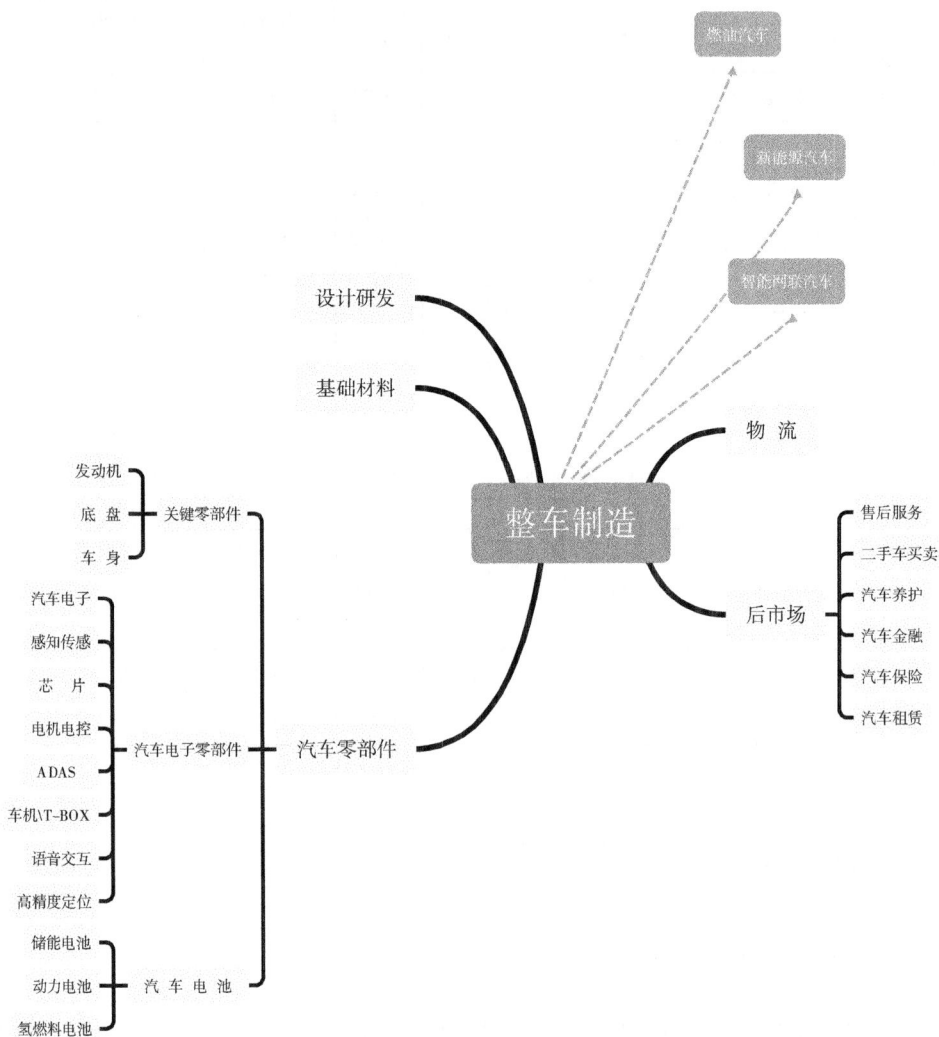

图 2.5 园区汽车及零部件产业链

现资源整合、优势互补，实现汽车技术的快速发展。加强与比亚迪等国内外新能源汽车龙头企业跟踪，积极引进国内外纯电动、插电式混合动力汽车整车企业，争取新能源整车项目落户。

2. 推动关键零部件配套高端化发展

发挥江苏新程、富诚汽配、华达汽配、广州三叶等龙头企业带动作用，巩固园区在车身配件、冲压件、注塑件等零部件产品上的优势和现有零部件配套水平，积极培育本地关键零部件小巨人企业和子产业集群，全面提升本地配套能力和产业的集约化程度。充分发挥"中国汽车零部件制造基地"金字招牌，突破发展核心部件及高端零部件，加快引进汽车发动机、底盘集成控制、变速箱、轮胎等零部件企业。

3. 大力发展汽车电子零部件

突破汽车电子、车用传感器、车载芯片、电控系统、ADAS、车机、语音交互、高精度定位等汽车电子零部件的瓶颈，鼓励发展模块化供货等先进模式以及高附加值、知识密集型等高端零部件。

4. 培育引进智能网联汽车

围绕环境感知、智能决策执行、协同控制、感知传感、车载终端、操作系统等核心关键技术产品，培育引进一批新型智能汽车零部件企业和解决方案供应商，深化智能技术在汽车上的应用，丰富终端产品(见表2.5)。

表2.5　　　　　　　　**汽车及零部件产业重点项目和引进项目**

| 项目类别 | | 名　　称 |
|---|---|---|
| 汽车整车重点项目 | | 吉利汽车系列项目 |
| 汽车零部件重点项目 | | 车规级 SOC 芯片及通信模组研发制造项目 |
| 汽车关键零部件引进项目建议 | 发动机 | 韩国摩比斯汽车；意大利玛涅蒂马瑞利集团；成都正恒动力配件 |
| | 底盘 | 美国德纳公司；德国采埃孚；德国本特勒汽车工业；德国舍弗勒；日本捷太格特；浙江万里扬变速器；浙江亚太机电；浙江万安科技；中航工业新航豫北转向系统 |
| | 车身 | 南京奥特佳冷机；中航工业新航豫新汽车空调；江苏超力电器；四川成飞集成科技 |

续表

| 项目类别 | | 名　称 |
|---|---|---|
| 汽车电子零部件引进项目建议 | 汽车电子 | 日本康奈可；瑞典奥托立夫；惠州华阳通电子；深圳路畅科技；深圳航盛科技；宁波均胜电子 |
| | 感知传感 | Velodyne LiDAR；Quanergy；Ibeo；英飞凌；Qorvo；博世、大陆 |
| | 芯片 | 飞思卡尔；英特尔；高通；恩智浦 |
| | 电机、电控 | 采埃孚；大陆；博格华纳；麦格纳；欧科佳；博世；威伯科；精进电动；山东德洋；安徽巨一；松下；帅福特(Saft)；Electrovaya；宁德时代(CATL) |
| | ADAS | 天合；奥托立夫；电装 |
| | 车机、T-BOX | 东软集团；得润电子 |
| | 语音交互 | 科大迅飞；均胜电子 |
| | 高精度定位 | 四维图新；DeepMap |

## (二)跨越式发展新能源新材料产业

按照战略目标和市场需求，聚焦具有一定发展基础、高成长性、创新能力强、市场空间大的新能源和新材料产业，注重产业链延伸和集聚发展，打造拥有自主创新能力、国内一流水平的产业集群(见图2.6)。

### 1. 壮大新能源产业

实施电池产业领跑工程、氢能产业链培育工程和能源循环利用工程，重点发展动力电池、光伏、氢燃料电池及储能电池、能源循环产业和能源服务业，打造开发区千亿级新能源产业集群的关键板块。对产业链供应链龙头企业和核心配套企业建立常态化服务机制，促进产业链大中小企业协同发展，积极发展供应链金融。

实施电池产业领跑工程。加快发展动力电池、储能电池和氢燃料电池，加快电池研发、应用场景打造、安全保障、检测为一体的关键技术领域创新。加快电池关键零部件、关键材料部件规模化生产,打造锂电池、硅光电池产业基地。

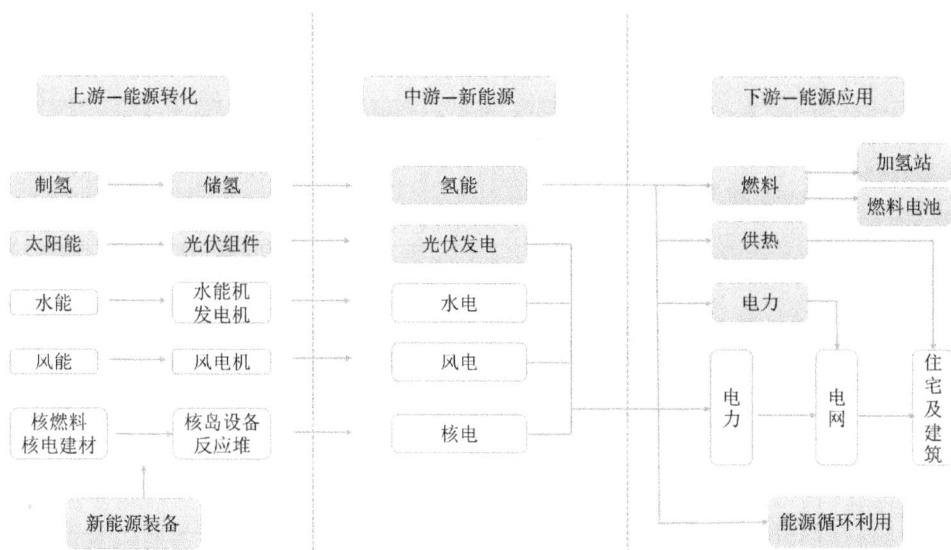

图 2.6 园区新能源产业链①

开展氢能产业链培育工程。围绕氢能产业链开展氢源制取、运输、储存等关键环节技术攻关、工程研究和产品开发,配套发展氢能源产业相关装备制造。推进可再生能源、氢能在 5G 基站、特高压、充电桩、大数据中心等领域的应用。重点实施雄众氢能等项目,到 2025 年,培育引进 2 家以上制氢(氢源)、储氢重点企业。

推动能源循环利用工程。培育能源循环利用产业,重点实施长利玻璃产业园等一批重点项目,积极发展新能源装备及服务,加快分布式风电、光伏设备引进及开发,推动互联网与新能源生产、传输、存储、消费及能源市场深度融合,培育能源产业发展新业态,重点引进一批绿色储能、节能环保、能源循环装备制造等产业项目(见表 2.6)。

---

① 深色部分为园区发展重点。

表2.6 新能源产业重点项目和引进项目

| 类型 | | | 名 称 |
|---|---|---|---|
| 电池产业 | 重点项目 | | 蜂巢能源系列项目；比亚迪电池 |
| | 引进项目 | 储能电池 | 比克电池；孚能科技；国能电池；卡耐新能源、纳镍电池 |
| | | 动力电池 | 宁德时代、赣锋锂业、鹏辉能源、比克电池、恒大动力电池、住友化学锂动力电池、塔菲尔电池、杉杉股份、星云股份 |
| | | 氢燃料电池 | 巴拉德动力系统；GenCell 能源公司；上燃动力；未势能源；重塑科技；上海捷氢；广东鸿力氢动；佛山清极能源；亿华通；雪人股份；国鸿氢能 |
| 氢能产业 | 重点项目 | | 雄众氢能 |
| | 引进项目 | 氢制备 | 明天氢能；德国林德公司（Linde）；汉马科技；嘉化能源；滨化股份；东华能源 |
| | | 氢储运 | 中集安瑞科；杭氧股份 |
| | | 加氢站 | 厚普股份；鸿达兴业、舜华新能源 |
| 能源装备、循环利用及服务 | 引进项目 | 光伏装备 | 晶盛机电、天通控股股份、宇晶股份、捷佳伟创、罗伯特科智能科技、康跃科技、金辰股份 |
| | | 分布式发电 | 西门子分布式发电；中集集团；麦克奥迪；金风科技；圣禹高端智能排水 |
| | | 循环利用 | 济南复强动力；青岛新天地环境 |
| | | 新能源装备 | 上海电气、东方电气、三安光电、思源电气 |

## 2. 突破新材料产业

以下一代汽车、战略性新兴产业和重大工程建设需求为导向，支持重点材料生产企业和龙头应用单位联合攻关，建立面向重大需求的新材料开发应用模式，促进新材料与先进制造业协同发展(见图2.7)。

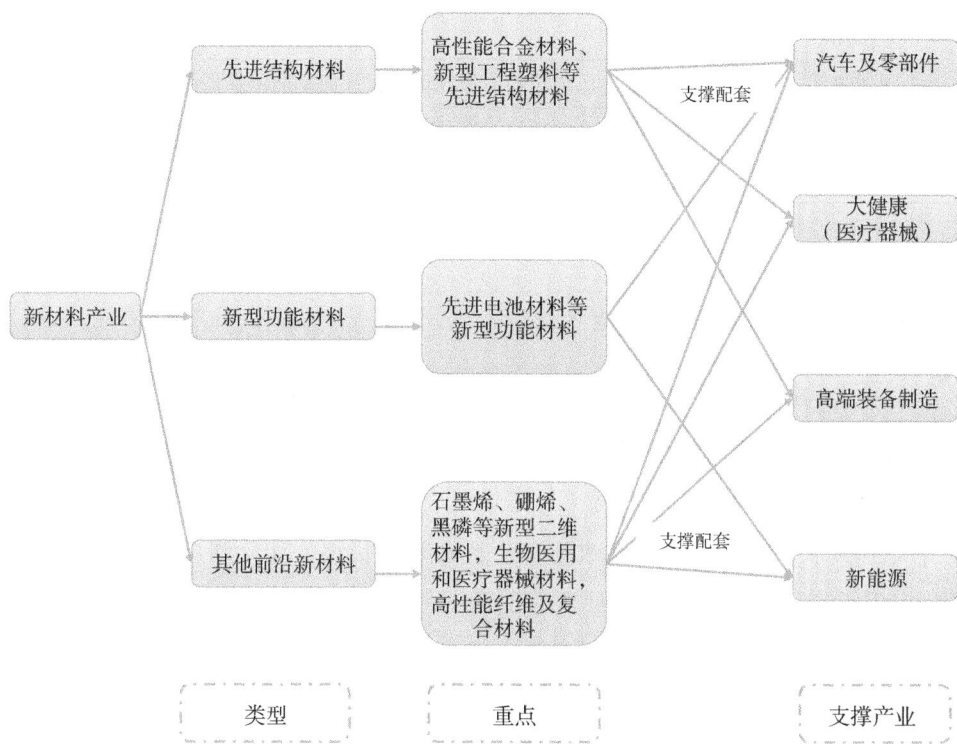

图 2.7　园区新材料产业重点及支撑产业

先进结构材料。重点发展高性能合金材料、新型工程塑料等先进结构材料，着力引进高强高韧、高强耐热等合金材料在汽车零部件等领域的应用项目，重点培育工程塑料、改性材料在汽车轻量化、医疗器械领域的应用项目。

新型功能材料。重点发展先进电池材料等新型功能材料，重点攻克锂电池、氢燃料电池高容量储氢材料、固体氧化物燃料电池材料、质子交换膜燃料电池及防护材料技术及产业化应用。

其他前沿新材料。重点发展石墨烯、硼烯、黑磷等新型二维材料，生物医用和医疗器械材料，高性能纤维及复合材料。重点引进具有广泛带动性的前沿新材料研发制造项目(见表 2.7)。

表2.7　　　　　　　　　新材料产业重点项目和引进项目

| 类型 | 名　称 |
|---|---|
| 重点项目 | 协鑫钛矿、恩碧涂料、长利玻璃；江河幕墙；永强化纤扩产项目 |
| 建议引进项目 | 安泰科技；硅宝科技；金晶集团；西部金属材料；中材科技；中科英华；华康源科技；泰山玻纤；博云新材 |

## (三)提升高端装备制造产业

以企业和园区智能化改为突破口，大力发展智能装备和环保装备两大产业，打造开发区高端装备制造产业重点集聚区(见图2.8、表2.8)。

### 1. 推动企业智能化改造

紧抓武汉工业企业智能化改造三年行动计划机遇，充分利用当前东风设计院、大唐广电、华为智能网联创新中心等一批从事产业信息化、工业软件开发的创新机构加速落户开发区，以形成相对完整的产业生态圈的契机，合理调配各类创新资源，积极配合智能化咨询诊断平台与企业对接，加大"两化"融合贯标企业和智能化改造项目培育建设力度，引导企业全面实施"生产换线""机器换人""设备换芯"，推动企业智能化改造不断加速，实现劳动生产率快速提高，单位产值能耗、运营成本大幅降低，产品研发从被动变为主动，为产业高质量发展提供支撑。

### 2. 加快发展智能装备

重点发展工业机器人、高档数控机床、智能装备及测控装置。加快高精度减速器、控制器、伺服电机等关键部件的开发和产业化。推动高端数控系统、高精度五轴联动数控机床等产品研发制造。引进智能化成套装备产研项目。

### 3. 培育发展环保装备

积极发展环保装备制造业，鼓励发展大气污染治理、污水处理、固废处理、噪音防治、环境监测、消毒防腐、节能降耗、环卫清洁、环保仪器仪表等环保装备制造产业。

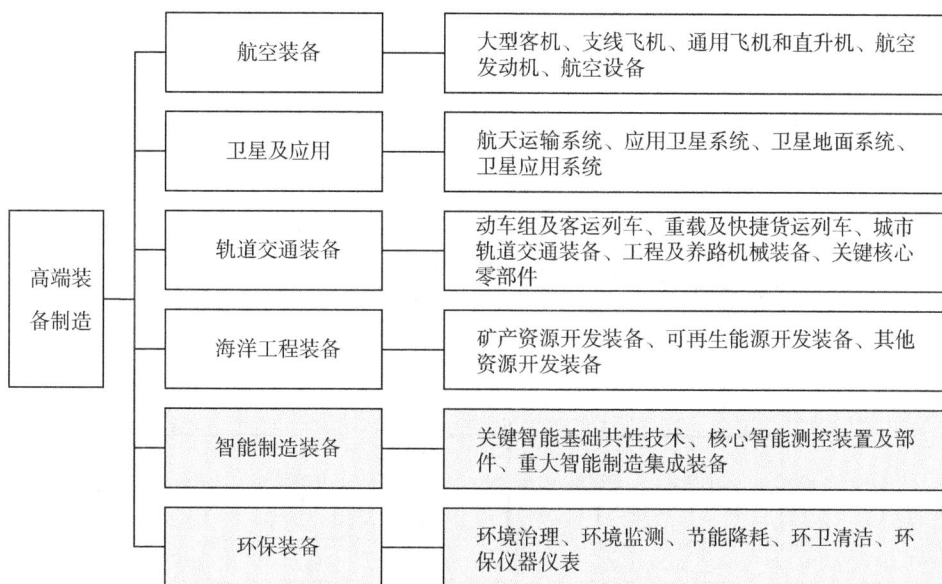

图 2.8　高端装备制造产业链及园区重点①

表 2.8　　　　　　　**高端装备制造业重点项目和引进项目**

| 类型 | 名　　　称 |
|------|-----------|
| 重点项目 | 湖北高曼"自行式高空作业平台";武汉福星精工项目;徐工威特新能源环卫车及道路特种车辆产研基地;顺发智能机械立体停车设备生产线建设项目 |
| 建议引进项目 | 智能装备:瑞士 ABB;德国库卡机器人;北京金自天正;上海新时达机器人;南通科技;秦川机床<br>节能环保装备:天津万峰环保科技;江苏天雨环保;江苏菲力环保工程;新大陆环保;同阳科技;苏州冷杉精密仪器;聚光科技;中兴仪器 |

## （四）创新发展大健康产业

围绕智慧医疗产业链,重点发展医疗器械与医用防护等产业,提升发展农副

---

①　深色部分为园区发展重点。

产品加工、饮料、乳制品等健康食品产业，着力突破智慧医疗与康养服务业(见图2.9)。

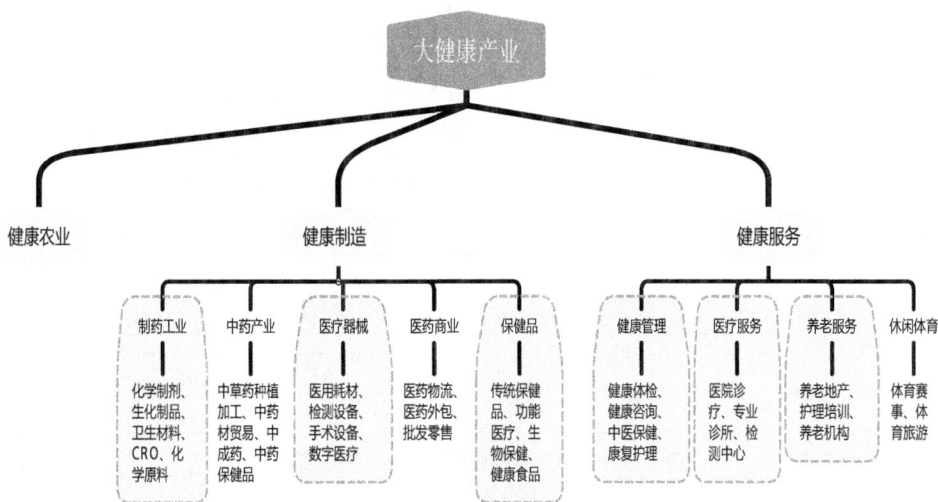

图2.9　大健康产业链及园区发展重点①

1. 医疗器械与医用防护

推进医疗器械耗材、康复器材、医用辅材、体育用品产业培育，加快发展以华仕达、永强化纤、康寿医药为代表的医用防护用品产业，打造经济增长新引擎。

2. 生物医药

依托武汉国创大健康产业研究院及成果转化基地、汉诚意正心生物科技有限公司格物大健康产业园(武汉)、同济现代大健康基地等重点项目，围绕生物制药、现代中药的研发和成果转化，引入一批重点企业和重点项目，打造大健康产业的研发和成果转化基地。

3. 健康保健食品

大力发展以大汉口热干面、金汇泉等为代表的食品产业，以健康食品为发展方向，重点发展功能食品、健康休闲食品、发酵饮料、特色果蔬酒饮料等高附加

————————————

①　深色框内为园区发展重点。

值产品。结合生态观光、农事体验、食品加工体验、餐饮制作体验等活动，推动健康保健食品产业链的综合发展。

4. 智慧医疗与康养

紧盯"精准诊疗""智慧医疗"发展趋势，推动可穿戴智能医疗设备、可携带多动能检测仪、掌上超声设备、康复矫正设备、远程监测和诊疗设备的企业引进与产品开发。加强研发生产与医疗机构应用需求对接，推动医学健康大数据、云计算、移动医学检诊系统的研究与应用。推动医疗机构参与养老服务，打通互联网医疗通道，对辖区医养结合工作进行指导；鼓励具备法人资格的医疗机构通过变更登记事项或经营范围开展养老服务。支持社会力量通过市场化运作方式开办老年病医院、康复医院、护理院、康复医疗中心、护理中心、安宁疗护中心等医养结合机构。

表2.9　　　　　　　　　　　大健康产业重点项目和引进项目

| 类型 | 名　　　称 |
|------|-----------|
| 重点项目 | 武汉国创大健康产业研究院及成果转化基地；武汉诚意正心生物科技有限公司格物大健康产业园（武汉）；华世达防护扩产项目 |
| 建议引进项目 | 生物医药与医用防护：诺华；阿斯利康；北京双鹭药业；重庆智飞生物制品；华兰生物；恒瑞医药；康缘药业；科华生物；亚宝药业；尚荣医疗<br>健康食品：健合集团；健康元；交大昂立<br>智慧医疗：九安医疗；乐心医疗；荣科科技；理邦仪器<br>健康养老：宜华健康；悦心健康；卫宁健康 |

（五）突破性发展现代服务业

优化现代服务业发展环境，推动生产性服务业向专业化和价值链高端延伸，推动生活性服务业向高品质和多样化转变，形成竞争发展新优势（见表2.10）。

1. 总部经济

围绕汽车及零部件、新能源新材料、高端装备制造、大健康和数字经济等重点领域，引进国内外知名企业在园区设立区域性总部和职能型总部。增强总部经济发展水平，加强服务总部经济的政策环境建设，对符合产业发展方向、市场潜力大、带动作用明显的总部企业，给予重点支持。

2. 科技服务业

围绕汽车及零部件、新能源新材料、装备制造等产业，着力发展以科技服务业为代表的智力密集型、高附加值服务业。围绕企业的创新需求，深化科技服务业招商引智，培育科技服务业领军企业，完善技术转移、科技咨询、创业孵化、知识产权、科技金融、标准化制定等科技服务功能，引导研发设计企业与制造企业嵌入式合作，开展制造业设计能力提升专项行动。

3. 现代商贸

依托纱帽等综合性商业中心和商圈建设，完善园区商业功能，引进 1～2 个商业综合体，打造 15 分钟休闲购物圈。积极引进五星级酒店、大型室内游乐设施等高端商业、商务、游乐业态，完善中高端住宿及餐饮业。鼓励中小型超市发展，建立起大中小超市互补的零售业体系。

4. 平台经济

聚焦制造业集成服务、专业服务提供商、电子商务、智慧公共服务、专业市场转型升级等领域，引进培育一批平台经济类重点企业和项目。着力在汽车及零部件等优势产业领域，引进平台经济实体企业，探索打造集网上信息发布、交易支付、商品体验展示、物流售后服务、价格发现、品牌推广及行情监测等功能为一体的跨区域商品现货交易平台。建立健全适应平台经济发展特点的新型监管机制。

5. 推进服务业数字化升级

支持物联网、大数据、云计算、人工智能等新一代信息技术与服务业融合发展，促进服务业由传统服务型向数字服务型转变。大力发展信创经济、平台经济、共享经济、网红经济，规范市场竞争秩序。

表 2.10　　　　　　　　　现代服务业重点项目和引进项目

| 类型 | 名　称 |
|---|---|
| 重点项目 | 红星美凯龙爱琴海购物中心项目；武汉圆规物流新建项目 |

续表

| 类型 | 名　　称 |
|---|---|
| 建议引进项目 | 现代商贸：山姆会员店、五星级酒店、中百生活剧场<br>平台经济：中国电子、神州数码、中国联合网络通信集团有限公司、杭州海康威视数字技术股份有限公司、新华三技术有限公司、浪潮集团有限公司、航天信息股份有限公司、万达信息股份有限公司 |

## 四、聚焦创新和数字转型"新动能"

### (一)推动创新驱动发展

坚持创新作为第一动力，增强企业创新主体，加快创新平台建设，加快创新要素集聚，全面提升园区创新能力。

1. 构建高水平创新平台

围绕汽车及零部件、新能源、新材料和高端装备制造等产业，鼓励各类创新主体在区内设立重点实验室、高水平工程技术中心、工程实验室、研发技术中心和产业技术研究院等各类创新平台，重点实施力合科创武汉创新中心项目建设。引进新建一批、改造提升一批、培育做强一批高水平新型研发机构，提高产业创新能力。支持高校、科研机构和科技企业在园区设立技术转移部门。以联东U谷产业园建设为重点，加快建设各类创新孵化载体，引进专业孵化管理团队，搭建开放式创新社交圈和多层次创新服务平台。打造职住平衡的办公型公共空间，建设共享办公空间、加速器和公共创新中心等，提供优质创业创新工作环境，提升创新街区对创新型人才和企业的吸引力(见表2.11)。

表2.11　　　　　　　创新平台重点项目

| 类型 | 项　　目 |
|---|---|
| 重点项目 | 力合科创武汉创新中心：紧密围绕新材料、汽车、航空航天、新能源等领域，通过导入力合科创的"产学研深度融合的科技创新孵化体系"，打造技术、人才、载体、资金四大要素有机融合的创新平台 |
| | 联东U谷产业园：打造科技产业链条高端的产业园区，园区建成后将引进10家规上企业和50余家优质小巨人企业 |

| 类型 | 项 目 |
|------|-------|
| 策划项目 | 汽车电池动力系统工程技术研发中心；新能源汽车与智能网联汽车及轻量材料共性技术研发基地 |

### 2. 发挥企业创新主体作用

实施"上市培育"工程、名企名品名家工程、一流标准引领工程，推动优质资源向总部型企业、高新技术企业、上市企业高效配置。按照"上市一批、辅导一批、改制一批、储备一批"的思路，支持符合条件的企业在主板、科创板、中小板、创业板上市融资。建立"措施量身定做、政策集中倾斜"的扶持机制，培育一批成长潜力大、创新能力强、科技含量高、商业模式新、产业特色鲜明的高成长型企业，在细分领域培育一批"独角兽""蹬羚"企业。实施"金种子"计划，建立科技型"种子"企业培育库，支持中小微企业与大企业开展多种形式的经济技术合作，推进其向"专精特新"方向发展。

### (二) 推进数字化转型

深入实施数字化战略，以产业数字化推动改造传统产能，加强数字政府、数字社会建设，全方位打造"数字园区"。

#### 1. 推动产业数字化转型

推动数字技术与第二、三产业深度融合，不断提升产业数字化、网络化、智能化水平。推进智能制造纵深发展，实施"机器换人、设备换芯、生产换线"行动，推动数字技术向全生产流程融合，实现规模以上工业企业数字化诊断全覆盖。依托区级工业互联网平台，推动重点产业集群产业链上下游、产供销、大中小微企业上云上平台，带动产业集群协同整体转型。推动服务业数字化，加速研发设计、现代物流、人力资源服务等服务业数字化转型。培育一批工业大数据解决方案供应商，围绕工业大数据组织实施一批应用工程，推广数据管理能力评估贯标。

#### 2. 推进政府数字化转型

深度对接全市"1153"和"数字车谷"总体架构，实施园区基础数据工程，摸清园区底数、基数，建成基础数据库、主题数据库。加快政务服务"一网通办"平台建设，推动跨部门数据共享互认，推行"一次采集、多方共享、同数同源、多方校核"的数据质量长效机制，实现"互联网+政务服务"的深度融合。

3. 推进社会治理数字化转型

推进公共数据在社会治理各领域的开放共享和创新应用，充分运用互联网、大数据、人工智能、区块链等技术手段提升数字化治理能力，加强数字化治理应用场景建设。加快推进民生服务"一码互联"、企业服务"一站直通"、社会治理"一网共治"等应用项目建设。着眼疫情常态化防控需要，打造公共卫生应急体系信息化建设示范区，构建反应灵敏、协同高效的智能化应急体系。

## 五、加快融入发展"新格局"

立足汽零产业园产业发展基础，注重需求侧改革，打通堵点，补齐短板，坚持扩大内需战略基点，全面促进消费，拓展投资空间。围绕武汉市"国际交往中心"建设，发展更高水平开放型经济。

### (一)促进消费提质扩容

实施消费扩容工程，加快发展文化旅游体育、健康养老家政、教育培训托幼等消费，促进吃穿用、住行、信息和绿色消费市场升级。实施夜市经济点亮工程，拓展夜间消费。推动汽车等消费品由购买管理向使用管理转变，促进住房消费健康发展。鼓励发展网络消费、智能消费、体验消费等各类新型业态。"十四五"期末，社会消费品零售总额达到20.3亿元以上，年均增长15%以上。

### (二)积极扩大有效投资

优化投资结构，保持投资合理增长，发挥投资对优化供给结构的关键作用。扩大在基础设施、市政工程、生态环保、公共卫生、公共安全、民生保障等领域的投入。推进新型基础设施等重大工程建设。扩大企业技术改造和战略性新兴产业等领域的投资。着力推进一批强基础、增功能、利长远的重大项目建设。创新投融资模式，加快公共服务、基础设施等领域开放力度，发挥政府投资撬动作用，激发民间投资活力，形成市场主导的投资内生增长机制。

## (三)提升开放型经济水平

实施"引进来"和"走出去"战略,集聚国际化主体,加大产业链高端环节和技术创新环节引资力度,引入符合产业发展导向的世界500强企业和行业领军企业。鼓励有条件的企业扩大对外投资,推动优势产业占据国际市场。引导企业与跨国公司开展多种形式合作,利用国际资源,拓展国际市场。积极参与"一带一路"共建,深化与沿线国家和地区经贸合作,提升产能和装备走出去水平。积极参与中新战略性互联互通示范项目、区域全面经济伙伴关系协定(RCEP)等国际合作。

## 六、优化产业布局"新空间"

### (一)完善"一园两片多点"总体布局

完善"一园两片多点"总体布局,坚持"创新引领、数字转型、腾笼换鸟、服务升级"的发展路径,为推动高质量发展发挥支撑作用。

"一园"即高质量发展汽车及零部件产业园。围绕开发区打造"中国车谷"的目标,坚持高端化、电动化、智能化转型,加快发展新能源汽车,积极布局智能网联汽车。实施零部件伙伴计划,促进汽车零部件向高质量、高稳定性、高附加值升级,提高本地配套比例。形成"以产促城,以城兴产,产城融合"的发展格局,将汽车及零部件产业园打造成为全国汽车及零部件制造强区、武汉市高端制造业集聚区和数字化转型示范区。

"两片"即加强园区北片区和南片区发展引导。北片区重点打造转型提升区,发挥长利玻璃、江苏新程、富诚汽车等龙头企业引领作用,巩固汽车零部件制造优势,围绕汽车零部件高端化转型和企业数字化转型,促进产业升级和城市更新,提升产业链价值。南片区重点打造创新拓展区,发挥吉利路特斯、江河幕墙、天源环保、圣禹排水、华世达等龙头项目和企业的作用,坚持创新引领,培育壮大新能源汽车、智能网联汽车、新能源、高端装备制造和大健康等新兴产业,着力引进新兴产业项目和企业,打造新的经济增长点。

"多点"即强化重点项目和园中园的支撑。加快吉利路特斯、蜂巢能源、同济现代大健康基地、比亚迪电池项目、江河集团、力合科创武汉创新中心等重点项目建设，强化项目的辐射和带动作用，瞄准新兴产业实施产业链招商，释放新兴产业空间潜力。加快光电子新材料产业园建设，着力引进培育一批先进结构材料、新型功能材料、前沿新材料等领域骨干企业，打造百亿规模新材料产业集群。推动幸福工业园、乌金工业园等园中园升级改造，按照"腾笼换鸟""退低进高"策略，完善配套设施，盘活产业用地存量空间，优化园区发展环境；推动园中园智慧化、数字化、绿色化改造，打造一批"小而美"智慧园区示范。规划新建园中园，制定相关优惠政策，严格入园审核关，统一管理，吸引优质企业入驻，让企业安心、稳定地生产经营，打造园区亮丽名片。

### (二)打造"小而美"的智慧园区

聚焦数字经济和战略性新兴产业，打造一批"小而美""特而优"的智慧园区，带动新兴产业发展。以打造智慧园区数字化平台为抓手，提升园区精准招商、环境优化、服务水平、安全监管等方面的能力。加快引进行业领军企业，吸引产业链相关企业集聚，提升园区集中度和显示度。实施"一业一策"，精准对接新兴产业发展需求，做大做响智慧园区品牌。鼓励社会资本参与园区二次开发，改造提升街道民营工业园，满足重点招商项目高管和核心技术人才合理住房需求。提升企业清洁生产水平，加大园区内重点企业清洁生产审核实施力度，强化园区生态环境的精细化管理，实现对园区内企业生产运营的全过程动态监控。制定和完善环境应急预案，建立企业间的环境应急联动机制。

### (三)推动产业用地空间挖潜

积极引导节约用地模式，开展闲置低效建设用地整治，加大闲置用地收回、收储力度，有效盘活再利用，进一步完善闲置土地处置机制，统一规范闲置土地处置流程。构建土地利用绩效综合评价机制，统筹开展工业用地"腾笼换鸟"行动，鼓励通过政府收储、土地置换、"零地技改"、标准厂房租赁、企业用地二次流转等方式，盘活产业用地存量空间。落实新型工业用地(M0)创新政策，增强新兴产业和新兴业态用地保障，促进产业转型升级。

专栏 1 产业用地空间盘活策略

1. 政府收储和土地置换

对于项目多年未竣工、项目已竣工但实际投入产出效益较差，企业无意继续投入经营或企业的产业导向和行业已被国家列入禁止或淘汰类用地的低效工业用地，如汉南纸箱厂项目等，可采取协商收储方式收回土地使用权，并纳入政府土地储备库。收储完成后由管委会、园区办根据产业发展规划，重新供地，实现土地资源盘活及产业转型升级。另外，对于经济效益较好但产业导向逐步不适应开发区发展的企业用地，可对原土地企业进行搬迁，涉及的搬迁费用依法给予补偿。

2. 推行"零地技改"政策

积极探索武汉市推行的"零地技改"政策。鼓励在存量工业用地上利用空地新建、拆除现有建筑重建或厂房加层扩建项目，在符合法律法规、城乡规划、安全生产、军事航空、消防和环保等要求的条件下，厂区范围内容积率、厂房高度不再设定上限指标限制，绿地率不再设定下限指标限制，其增加建筑面积部分不再增收土地出让金、市政设施配套费。

3. 制定结余土地分割转让实施办法

参考《国务院办公厅关于完善建设用地使用权转让、出租、抵押二级市场的指导意见》（国办发〔2019〕34号）以及深圳、东莞等地做法，探索制定园区工业项目分割销售实施办法。对于企业部分预留地自身无法使用的，允许按基本单元进行"分割转让"，分割后的地块应具备独立分宗条件。对符合规划分割条件的，经报园区办同意后，可考虑分割转让给企业相关产业链合作伙伴、符合产业发展战略规划的其他企业等，最大限度开发存量土地资源。

4. 探索建立标准厂房租赁模式

鼓励企业将低效工业用地调整为标准厂房类用地。企业建设完成后，将标准厂房出租给符合开发区产业战略发展规划或目前投入产出效益较好的企业。也可由开发区成立平台优先收购，纳入土地租赁市场，统一向社会发布租赁厂房资源信息，实施统一管理。

5. 鼓励企业用地进行二次流转

出台工业用地流转转让办法，盘活二级市场。对已投入一定资金进行土地开发，用地已满足转让条件，但短期内难以继续开发或达到预期目标的，鼓励企业依法流转，由土地管理部门依法办理土地流转手续，并由园区办与第三方企业签订相关的土地二次开发协议。

## 七、强化基础设施与公共服务"新支撑"

加快新型基础设施建设，全面补齐基础设施和生活服务短板，增强优质教育、医疗、养老资源供给，促进城市更新，推动低效存量用地优化配置。

### (一)加强新型基础设施建设

抢抓国家大力推进新型基础设施建设机遇，加快实施"攻关""织网""搭台"和"应用"行动，推动汽零产业园经济社会高质量发展。

1. 超前部署信息基础设施

全面落实5G网络建设任务，以覆盖园区的5G信号网络为基础，推动5G与制造业融合发展。加快千兆光网覆盖普及，力争实现家庭千兆接入能力和重大平台万兆接入能力。面向重点产业发展需求，建设产业云平台，增强面向企业数字化转型的基础支撑能力。加快量子通信、物联网、区块链等数字基础设施的布局建设。

2. 全面升级融合基础设施

全面推动交通、能源、水利、市政、文教卫体等传统基础设施智慧化升级，加强5G在各行业各领域的融合应用创新。统筹开展智慧交通、智慧水利、智慧医院、智慧教育、智慧环境等各类城市感知基础设施建设，构建城市基础设施运行监测网络。建设智能化应急管理和救援平台，逐步建立应急管理风险数字地图，拓展系统分析和预警预判功能。推动政务服务平台提档升级，向园区、街道、社区延伸，促进共建共享。

3. 统筹布局创新基础设施

面向智能网联汽车、新能源汽车、高端装备、前沿新材料、生命健康等领域，提升和优化研发平台及公共测试平台，推动重点实验室和工程研究中心建设，同步推进产业化项目落地。借鉴国家网络安全基地发展模式，支持与国内外重点科研院所高校加强合作，设立研究分院、培训基地和新型科研机构等，促进技术成果、人才等要素快速集聚。

## （二）构建便捷高效交通能源网络

### 1. 完善区内道路网络

加快区内"主干骨架路网+微循环道路"布局建设，完善区域一体化城市骨架路网，加快幸福园路（纱帽大道至江大路）等路网工程建设，构建内外畅达的骨干路网体系。加快推进片区微循环路网建设，落实"小街区、密路网"，深化推进微循环路畅通工程，形成连续便捷的市政道路网络。

### 2. 优化公共交通服务

加快"公交都市"建设，实施轨道交通 16 号线工程，对接武汉市轨道交通资源，加快布局建设中低运量轨道交通。提高公交可达性，加强与周边地区的快速通勤公交服务。加强各园区、街道间的公共交通联系，完善"最后一公里"公交线网。提高公交微循环线路覆盖率，提升社区到轨道交通站点接驳服务水平。完善慢行交通系统建设，优化停车设施布局。

### 3. 增强能源设施保障能力

防范能源安全风险。围绕重大项目用电需求，加快配套供电设施建设，推进配电网提档升级。提升油气服务水平，形成与市场需求相适应的现代化高效加油站服务体系。加强分布式能源站建设，建立供气、供热、供水的供应保障体系，确保企业水电气的供应保障。

## （三）完善公共服务配套

### 1. 提高教育服务水平

加强与开发区教育局对接，保障园区基础教育学位供给，改善办学条件。鼓励行业、企业通过多种形式参与职业教育，构建区域职业教育全面对接职业岗位需求机制，重点围绕汽车制造与维修、电子信息、机电一体化、生命健康等重点特色专业，建设产学研培一体化的教育实训基地。

### 2. 促进医疗机构提档升级

优化医疗资源配置，协调开发区卫生健康局实施新一轮基层医疗机构提档升级，新、改建一批社区卫生服务中心和区域性社区医疗中心；配建一批标准化社区卫生服务站，建成 15 分钟社区卫生服务圈，实现小病不出社区，深化"医联体"建设,进一步整合资源,推动优质医疗资源向街道社区下沉。

3. 完善社区文娱服务

落实开发区文化强区建设,构建邻里文体社区,打造"12分钟文体圈"。促进街区功能融合,完善街区功能业态,配套公寓、餐饮、商超、银行、邮政、绿地休闲空间、停车场等生活服务设施,建设"15分钟生活圈",营造绿色、便捷、舒适的生活环境。

## 八、强化规划实施保障

### (一)加强规划组织领导

坚持党的领导核心作用。以习近平新时代中国特色社会主义思想为指导,坚决贯彻落实中央、省委、市委和区工委的各项决策部署,园区及其组成部门全力抓好"十四五"规划的各项工作,定期研究经济形势、部署经济工作,提高决策科学化水平,为推动规划实施和经济社会高质量发展提供坚强保证。全面贯彻新时代党的组织路线,落实好干部标准,实施"干部能力提升计划",着力提升"七种能力",突出实在实干实绩用人导向,完善政绩考核评价体系和奖惩机制。强化权力运行制约和监督,一体推进不敢腐、不能腐、不想腐,营造正气充盈的良好政治生态。

加强园区体制机制改革。执行区工委(区委)进行园区体制机制改革,实现新的权限调整和职责分工。引入灵活的选人用人机制,打破身份壁垒,建立充满活力、能上能下的竞聘机制,不断提升服务企业的水平和行政审批效率,形成职责明确、精干高效、运行有序的园区管理体制和工作机制。探索引进园区建设及运营的专业化企业,运用专业化力量推动工程建设、园区管理、项目融资等环节,提升园区建设与管理效率。

### (二)强化要素支撑

落实配套政策。围绕规划提出各项目标和任务,深入研究当前面临的瓶颈和问题,加强投资、人口、财政、土地、环保等政策的统筹,注重短期政策与长期政策的衔接配合。及时根据宏观环境变化和发展实际加强优化调整,加强政策预判研判，促进规划落地。每年选择 3～5 家科技含量高、市场前景好、配套能力强的企业给予重点帮扶，通过龙头企业引导形成强大的创新驱动能力和辐射带动能力。

统筹资金投入。保障规划明确的重大项目、重点任务和重大改革措施落地实施，争取国家、省、市、区各类资金支持，鼓励社会投资，全面保障重点项目资金需求。

强化人才支撑。加强培养、引进管理、研发和制造人才，为有意向进行"校合作"的企业选择对口的技工院校学生，利用企业的设备、材料等资源，进行顶岗实训、培养人才，用活用足《武汉经济技术开发区(汉南区)促进创新创业创造办法》等扶持政策。通过主动服务、拓宽渠道和补贴激励等方式，破解企业用工难题。

谋划重大项目。发挥好政府引导作用，加快项目落地。利用国家关注、世界瞩目的窗口期，争取重大功能性、产业性项目布局，形成重大项目储备库，强化项目实施管理，完善重大项目推进机制。制订年度园区投资计划并分批实施，优化发展环境，改善社会民生。

### (三)努力营造一流营商环境

全面对标武汉市优化营商环境重点指标任务清单，① 深入推进"放管服"改革，在优流程、破壁垒、强服务、立诚信、严监督上加强建设，构建覆盖市场主体全生命周期的服务体系。全面实施市场准入负面清单制度、公平竞争审查制度。加快高质量数字政府建设，推进协同管理和综合服务，加强电子证照归集应用，支持政务数据和社会数据融合共享。健全"有求必应，无事不扰"的"店小二"式服务机制。落实联系服务中小企业制度，妥善解决企业历史遗留问题。全面推广新型政银担合作模式，探索深入推进政府服务券。健全营商评价与考核机制，完善政务服务"好差评"制度。加强诚信政府建设，健全企业征信系统。创

---

① 内容包括：开办企业、办理建筑许可、不动产登记、获得信贷、获得电力、获得用水、获得用气、纳税、跨境贸易、办理破产、保护中小投资者、执行合同、劳动力市场监管、政府采购、招标投标、政务服务、知识产权创造、保护和运用、市场监管、创新创业活力、市场开放度、基本公共服务、生态环境保护、交通高效便捷等。

新信用监管，推进"互联网+监管"。

## (四)强化实施监督评估

完善监督评估机制。完善向管委会沟通的机制，及时通报规划执行情况，主动接受管委会的监督检查。建立健全规划纲要指标体系的统计和评价制度，引入社会机构评估等第三方评估制度，组织开展规划中期评估。扩大民意测评范围，增强规划的准确性和广泛性。

扩大公众参与。进一步整合园区部门信息资源，着力推进规划实施的信息公开，广泛征求社会各界对规划实施的意见和建议，健全园区与企业、市民的信息沟通和交流机制，充分发挥新闻媒体和群众社团的作用，加强社会对规划实施的监督，提高规划实施的民主化和透明度。

# 第三章 绿 色 发 展

## 第一节 以推进南水北调后续工程高质量发展为契机 统筹解决汉江中下游水资源难题

2021年5月14日，习近平总书记主持召开推进南水北调后续工程高质量发展座谈会并指出：统筹指导和推进后续工程建设。引江济汉工程为缓解南水北调中线工程对汉江中下游生态环境的不利影响发挥了重要的作用，同时也面临着工程运行管理经费缺口大等问题。当前，国家正在进行南水北调中线后续工程的前期工作，但对湖北的需求考虑不足，尤其是汉江中下游的用水需求。建议应以推进南水北调后续工程高质量发展为契机，系统解决汉江中下游的历史遗留问题。

### 一、引江济汉工程取得的效益与面临的主要问题

引江济汉工程进口位于荆州市李埠镇，出口位于潜江市高石碑镇。为了缓解南水北调中线工程对汉江中下游生态环境的不利影响，国家安排了兴隆水利枢纽、引江济汉、部分闸站改造、局部航道整治四项汉江中下游治理工程和环境保护专项。四项治理工程于2014年9月建成运行，已安全平稳运行了若干年，特别是引江济汉工程，已累计向汉江下游补水超过240亿立方米，取得了较大的成效，但也面临着困难和问题。

### （一）引江济汉工程的效益

一是满足汉江兴隆以下需水。渠道全长67.23千米，设计流量350立方米每秒，最大引水流量500立方米每秒，设计规模年补水31亿立方米。主要是为了

满足汉江兴隆以下江段生态环境用水、河道外灌溉、供水及航运需水要求，同时还可补充长湖和东荆河水量。引江济汉工程自 2014 年 9 月通水以来，截至 2021 年 4 月 30 日，已累计引水 240.48 亿立方米，其中向汉江补水 191.99 亿立方米，向长湖、东荆河补水 41.7 亿立方米。

二是便利了航运及公路出行。该项工程连通了长江和汉江航运，打通了一条航运便捷通道，缩短了往返荆州和武汉的航程约 200 千米，缩短了荆州与襄阳的航程近 700 千米，形成了一个环绕江汉平原、内连武汉城市圈、联通长江中游与汉江中游间的千吨级高等级航道圈。会同交通运输部门，将引江济汉工程渠顶一侧建设成限制性二级公路，极大地方便了沿线人民群众的出行。截至 2020 年年底，干渠累计安全通航船舶 42802 艘次，船舶总吨 3205 万吨。

三是为江汉平原的防洪排涝发挥了重要作用。2016 年 7 月 10—19 日，为长湖撇洪量 6000 万立方米。7 月 27—28 日，再次实施引江济汉工程撇洪 4600 万立方米。2020 年汛期，通过拾桥河枢纽工程为长湖撇洪，累计撇洪 4343.73 万立方米，成功化解了长湖破堤分洪险情，保障了周边群众的生命财产安全。

## （二）引江济汉工程存在的困难和问题

一是工程运行管理经费缺口大。按照水利部可研审查意见，汉江中下游治理工程运行管理费采用以建代补方式解决，以兴隆枢纽和碾盘山枢纽发电效益来补偿引江济汉工程的运行费用，不足部分由湖北省自筹解决。然而兴隆水利枢纽发电收入需维持自身运行成本，碾盘山枢纽工程 2018 年才正式开工建设，工程建成产生发电收益还需较长时间，引江济汉工程运行费至今未能完全落实。省财政每年仅安排 2000 万元应急资金用于引江济汉工程运行，运行维护经费存在 5000 万元的缺口。

二是人员经费接续困难。目前兴隆枢纽、碾盘山枢纽和引江济汉工程管理局及下设的荆州、沙洋、潜江三个分局的人员总数超过 400 人，他们通过公开招考进来，由于没有编制，财政上没户头，靠四项治理工程建设管理费维持运转。随着四项治理工程的完工验收，这些人员的经费开支面临较大的困难。

三是工程运行管理难度加大。一方面，由于长江河道的下切，以及汉江中下游发生"水华"概率增加，引江济汉利用泵站开机抽水补水的概率也增加，运行成本逐步增大。另一方面,长江每年在引江济汉取水口淤积8万~10万立方米泥沙,泵站清淤的经费来源和淤泥处置都是难题。

## 二、南水北调中线后续工程进展及对湖北的影响和挑战

近几年汉江中下游水资源、水生态、水环境问题频发,面临水资源供需矛盾加剧、水环境风险加剧、水生态退化严重和航运受到较大影响等系列问题。汉江中下游既有中线一期调水的遗留问题,也有经济社会发展出现的新发问题,更面临汉江来水大幅减少的客观实际问题。目前,国家正在进行"南水北调中线后续工程——引江补汉工程"的前期工作,工程建设的主要任务是从长江三峡库区引水入汉江,在南水北调中线一期调水95亿立方米的基础上,进一步增加北调水量,提升中线工程保障能力。该工程线路走向与湖北省规划的"引江补汉"工程高度契合,但对湖北的需求考虑不足,尤其是汉江中下游的用水需求。

### (一)南水北调中线后续工程的前期工作进展

根据相关的研究成果,湖北省提出引江补汉工程应充分考虑汉江中下游河道内生态环境需水24.6亿立方米,河道外生产生活需水8亿立方米。同时提出输水线路应采用绕岗布置,以兼顾实现沿线自流补水。

为此,省水利厅多次向国家发改委和水利部相关司局汇报,积极与水规总院、中咨公司、长江委沟通,并在相关阶段成果的审查讨论过程中,充分表达了湖北的诉求。2020年5月6日,湖北省领导与水利部视频连线,也提出了相关建议。8月24日,省政府专文向国家发改委、水利部去函,再次请求充分考虑湖北省汉江中下游26亿立方米(河道内、外分别补水18亿立方米和8亿立方米,水华防控采用相机调度,不占规模)的合理用水需要,将工程线路由直线方案调整为绕岗方案。

### (二)2020版规划仍未有效解决汉江中下游水生态环境问题

经积极争取,修订的2020版《南水北调中线后续工程规划》和可研报告中,工程调水量增加为50亿立方米(北调水26.9亿立方米、引汉济渭5亿立方米、汉江中下游补偿下泄12.4亿立方米、清泉沟补偿0.2亿立方米、输水沿线5.5

亿立方米)。湖北省的部分诉求得到了采纳，对汉江中下游生态调度问题予以了考虑，沿线补水纳入了引江补汉工程建设任务，并从总干线单独设置一条分水线路绕岗布置。

但湖北省关注的汉江中下游水生态环境问题，仍未得到有效解决。生态环境部提出的规划环评审查意见也佐证了湖北省的观点，其认为"目前汉江中下游已实施了一系列水利工程，流域水资源、水环境、水生生态等问题仍未得到彻底有效解决，目前的方案还将进一步加大对汉江中下游水生态环境治理压力，应坚持'生态优先、兼顾公平'的原则，统筹考虑汉江中下游生态需水，合理确定汉江中下游黄家港和皇庄断面最小下泄流量"。

## 三、对推进南水北调中线后续工程高质量发展的建议

引江补汉工程由输水总干线、沿线补水工程和汉江影响河段综合整治工程三部分组成。目前，引江补汉工程规划尚未批复，工程任务、规模和布局都未最终确定，有关部委对于具体方案还存在不同意见。按照习近平总书记强调的科学推进实施调水工程的要求，即坚持系统观念、遵循规律、节水优先、经济合理、加强生态环境保护和加快构建国家水网，湖北重点反映了三点诉求。

### (一)系统解决汉江中下游的历史遗留问题

鉴于碾盘山水利枢纽工程正在建设，一是建议国家安排资金解决碾盘山水利枢纽建成运行前过渡期的引江济汉工程运行费，保证工程的正常运行。

二是建议国家将引江补汉沿线补水工程纳入输水总干线工程一并建设，工程沿线补水 5.5 亿立方米，采用引江补汉绕岗自流补水方案，有效解决缺水问题。同时，由于汉江中下游主要减水影响河段位于襄阳河段，其发生水华的风险较大，应适当加大分水流量至 55 立方米每秒，并将补水终点调整至三道河水库坝下，最终自流进入新集库区，可进一步增强汉江中下游水生态环境安全保障能力。

三是建议争取国家重视汉江中下游水资源保护，尽快建立汉江中下游生态补偿机制，将汉江中下游影响区水污染防治和生态修复重要项目纳入国家相关项目库。

(二)调整受水区的水资源税(费)分配用于水源区及汉江中下游的生态补偿

《水资源费征收使用管理办法》明确,水资源费征收的主要目的之一是促进水源区水资源保护。目前南水北调中线工程受水的四省(市)已完成水资源费改税,南水北调水资源税由河南、河北、北京、天津等地水行政主管部门征收,并按比例在中央和省(直辖市)之间分成,其中:中央10%,省(直辖市)90%。湖北省没有参与征收,也没有参与分成。按照水权理论河岸权优先原则,湖北应成为水资源税(费)分配份额最大的省份。

建议调整《水资源费征收使用管理办法》中南水北调工程水资源费使用规定,在南水北调中线工程水资源费的分配和使用问题上,充分考虑调水对水源区及汉江中下游的影响和湖北水源地保护任务重的实际,向水源区及汉江中下游倾斜,加大汉江水资源保护力度,确保汉江流域用水安全。在分配方式上,建议参照三峡电站水资源费征收使用管理办法中按照淹没面积占比的办法。丹江口水库总淹没面积95.67万亩,湖北省淹没面积55.2万亩,占57.7%。

(三)引江补汉工程要充分考虑汉江中下游的利益

长江委拟定的引江补汉工程向南北北调中线一期工程总干渠补水26.9亿立方米,相应地,湖北省的补水量也从只考虑汉江中下游490立方米每秒流量保证率提到95%以上的4.5亿立方米(这部分严格意义上属于补充水量,不应计入湖北省的指标)增加到了18.2亿立方米(其中2.4亿立方米为汉江中下游490立方米每秒流量保证率提高到95%以上所需水量),包括向汉江中下游补水12.4亿立方米。[1]

目前引江补汉工程方案对于汉江中下游生态环境问题未进行深入的分析论证,仅考虑生态调度需水问题是不够全面的。考虑到工程规模不宜过多突破规划确定值,湖北省认可采用应急调度方式应对水华防控,所需6.6亿立方米水量不计入工程规模,但引江补汉工程汉江中下游生态环境补水应不少于18亿立方米。

---

① 数据来源:长江委规计局,《引江补汉工程水资源配置与规模专题》。

修订的 2020 版规划方案仅为汉江中下游分配 12.4 亿立方米的水量，建议适当增加引江补汉工程调水规模，为汉江中下游地区经济社会长远发展和生态文明建设留足空间。

# 第二节　湖北省生态保护补偿机制的实践探索与政策建议

湖北省加快建立生态保护补偿机制将有利于构建保障生态系统可持续发展的制度框架，有利于明晰生态资源开发利用与保护的权责主体，有利于解决区域环境关系中的利益公平问题。"十三五"期间，湖北省在流域水环境生态保护补偿、跨流域调水生态保护补偿、主体功能区生态保护补偿、林业碳汇生态保护补偿等方面开展了积极实践，取得了显著成效。"十四五"期间，湖北省应在深化和多样化纵向生态保护补偿的基础上，积极探索横向和市场化生态保护补偿的新路径，以流域为单元全面推行水环境生态保护补偿制度，开展基于生态价值核算的生态保护补偿试点示范，开展基于碳排放权交易试点的林业碳汇补偿制度创新，推进重点生态保护补偿项目以构建生态安全格局，推进跨流域调水水源区的生态保护补偿机制建立。

## 一、湖北建立生态保护补偿机制的战略意义

随着工业化、城镇化进程的快速发展，作为中部崛起战略支点的湖北省面临着资源稀缺、生态环境污染严重、周边区域经济竞争的多重压力，实行资源有偿使用制度和生态保护补偿制度，是破解这一难题的重要途径与手段。2018 年 2 月 12 日，湖北省人民政府发布了《关于建立健全生态保护补偿机制的实施意见》，旨在健全湖北省生态保护补偿机制，加快推进生态文明建设，这一举措具有重要的战略意义。

### (一)有利于构建保障生态系统可持续发展的制度框架

近年来，湖北聚焦聚力落实长江经济带发展战略，持续推进长江大保护，深入推进沿江化工企业"关改搬转"、非法码头整治、入河排污口整改提升，加快推进长江两岸造林绿化、港口船舶污染物处置设施建设，开展了湖北长江经济带

生态环境大普查、自然资源全域调查和长江大保护"回头看"，湖北生态环境质量得到明显提升。

尽管湖北省生态环境竞争力在全国排名较为靠前，但生态系统可持续发展的长效稳定机制尚不健全，生态保护补偿的资金和渠道还较为单一，亟待建立规范化、市场化的生态环境管理制度，促进长江经济带"生态优先、绿色发展"战略的有效落实。湖北生态保护补偿机制的建立，将从顶层设计层面完善湖北生态环境保护的制度体系，发挥政府对生态环境保护的主导作用，实现生态环境保护与建设投入的制度化、规范化、市场化。同时，通过建立完善生态保护和补偿的分级责任和探索多元筹资和合理补偿等方式，将进一步拓宽补偿渠道，为生态保护和建设提供强有力的政策支持和稳定的资金渠道，构建低成本、可持续的生态保护补偿长效机制，这是"在发展中保护，在保护中发展"思想得以长期、稳定实施的重要制度保障。

### (二)有利于明晰生态资源开发利用与保护的权责主体

近年来，湖北省通过中央和省级财政转移支付，在森林、湿地、大气、水流等领域和重点生态功能区等区域的生态保护补偿工作中取得了阶段性进展。但是生态保护补偿主体不明确、补偿渠道单一、缺乏科学标准和评价体系，以及保护者和受益者良性互动的机制不完善等，仍在一定程度影响了生态环境保护的成效。建立生态保护补偿机制，坚持实行"受益者补偿、损害者赔偿、保护者受偿"原则，通过科学界定保护者与受益者的权利义务，合理确定补偿方式和范围，将有利于调动全社会保护生态环境的积极性，切实形成"谁受益、谁补偿""谁保护、谁受偿"的权责体系，将有助于形成受益者付费、保护者得到合理补偿、联防共治的生态环境保护运行机制。

### (三)有利于解决区域环境关系中的利益公平问题

建立生态保护补偿机制还是促进地区间协调和公平发展的重要手段。一方面，生态环境服务供给者与受益者之间尚缺乏一种公平有效的利益均衡机制，一定程度上会影响生态环境保护措施行动的成效，制约了经济社会的可持续发展。另一方面，生态环境保护成果分享不合理，会影响到社会福利在不同群体间的公平分配，加剧城乡之间和地区之间发展的不平衡和不协调。因此，需要通过生态保护补偿机制作为调整环境利益分配关系的手段，来促进城乡、地区和社会群体间的协调和公平发展。

对于湖北省而言，大多数生态功能区也是贫困人口比较集中的地区，生态问题和贫困问题相互交织。在湖北建立完善生态保护补偿机制，将有利于生存条件差、生态系统脆弱的地区探索生态脱贫新路径。一方面，可通过生态保护补偿资金、国家和省重大生态工程项目和资金安排向贫困地区倾斜，保障精准脱贫，防止集体返贫。另一方面，可通过创新补偿资金使用方式，探索利用生态保护补偿和生态保护工程等措施的实施引导贫困人口有序转产转业。

## 二、"十三五"期间湖北生态保护补偿机制的实践

近年来，特别是党的十八大以来，湖北省按照习近平总书记视察湖北"四个着力"和"四个切实"要求，深入贯彻落实中央关于生态文明建设的决策部署，在省内流域上下游、跨流域调水、重点生态功能区、林业碳汇等层面探索实施了生态保护补偿机制，取得了阶段性进展。

### (一)流域水环境生态保护补偿实践

目前，湖北省正在江河源头区、生态敏感区、水源涵养区、自然保护区等重要区域试点探索建立水生态保护补偿机制，按照"谁受益谁补偿、谁污染谁付费"的思路，通过比较监测断面水质变化情况，对相关责任主体进行奖励或处罚。这项机制的实行，对调动流域上下游、左右岸保护水资源的积极性发挥了明显作用。

1. 探索横向生态保护补偿试点

自2018年开始，湖北省选择通顺河、黄柏河、天门河、梁子湖、陆水河5个流域及相关20个县市区，实施横向生态保护补偿试点。在试点探索建立水生态保护补偿机制的同时，相关规定也陆续出台。2018年7月初，省财政厅、省环保厅、省发改委、省水利厅联合印发《关于建立省内流域横向生态补偿机制的实施意见》，其中明确了横向生态保护补偿的目标、思路、基准与方式(见表3.1)，提出在省内流域上下游市县探索实施，自主协商建立横向生态保护补偿机制，鼓励生态保护修复迫切、基础条件好、积极性高的地方开展横向生态保护补偿。

表 3.1                           湖北省流域横向生态保护补偿机制框架

|      | 主 要 内 容 |
|------|-----------|
| 补偿目标 | 以省内流域水质改善和水资源保护为主线，加快形成"成本共担、效益共享、合作共治"的流域保护和治理长效机制 |
| 补偿思路 | 按"谁受益谁补偿、谁污染谁付费"的思路，通过比较监测断面水质变化情况，对相关责任主体进行奖励或处罚 |
| 补偿基准 | 根据签协议前3~5年流域跨界断面的水质水量平均值，可选取高锰酸盐、氨氮、总氮、总磷及流量、泥沙等监测指标 |
| 补偿方式 | 上下游地方政府协商确定补偿金额，每年不低于300万元，并可选择资金补偿、对口协作、产业转移、人才培训、共建园区等补偿方式，并鼓励上下游地区开展排污权、水权交易 |
| 协商机制 | 流域上下游地区应建立联席会议制度，协商推进流域保护与治理，联合查处跨界违法行为，建立重大工程项目环评共商、环境污染应急联防机制 |
| 试点范围 | 20个试点县市区：通顺河流域的潜江市、仙桃市、蔡甸区、汉南区；黄柏河流域的夷陵区、远安县、西陵区；天门河流域的荆门市屈家岭管理区、钟祥市、京山县、天门市、汉川市；梁子湖流域的咸安区、大冶市、鄂州市、江夏区；陆水河流域的通城县、崇阳县、赤壁市、嘉鱼县 |

2. 积累了黄柏河流域水生态保护补偿经验

宜昌率先试行生态保护补偿机制，将水环境质量与奖励资金、开矿指标挂钩，黄柏河流域生态环境治理取得了显著成效，2019 年 1—5 月，18 个生态保护补偿监测断面Ⅲ类水质达标率为 100%、Ⅱ类水质达标率为 97.51%，流域水质稳中向好且优质率不断提升。

黄柏河流域探索水生态保护补偿机制的成功经验主要体现在两个方面：一是设立生态保护补偿基金。宜昌市市级财政每年专项列支 1000 万元生态保护补偿资金，流域内夷陵区、远安县每年分别向市政府缴纳水质保证金 700 万元、300 万元，构成生态保护补偿基金。二是将根据水质达标情况设置奖励资金与磷矿开采指标。水质达标县区，可获得生态保护补偿金和磷矿开采指标奖励，不达标县区，开采指标将被削减并转给达标县区；同时县区根据企业排水达标情况对磷矿开采指标实行考核。2018年，远安县缴纳了300万元水质保证金，年底考核获得了512万元的生态保护补偿奖励资金和38万元吨磷矿奖励性开采计划，512万元的奖励资金全部用于黄柏河流域生态环境治理。

（二）跨流域调水生态保护补偿实践

南水北调工程实施前后的十多年来，为了解决区际利益的不平衡问题，相关生态保护补偿政策与补偿方案不断调整。目前跨流域调水工程的生态保护补偿实践主要体现在实施纵向转移支付、开展对口帮扶和积极探索横向生态补偿等方面。

1. 持续开展纵向转移支付

从2008年开始，国家按照公共服务均等化的原则，通过一般性中央财政转移支付对水源区实施了生态保护补偿；"十三五"以来，国家已安排十堰市重点生态区转移支付资金25.4亿元，目前每年稳定在8.5亿元左右，重点用于支持十堰地区保护生态环境和改善民生。国务院批复丹江口库区及上游水污染防治和水土保持"十三五"规划，湖北省投资59.22亿元用于丹江口生态环境保护。

2. 实施对口帮扶

通过国务院批复的《丹江口库区及上游地区对口协作工作方案》，确定北京市对口协作湖北省丹江口库区，每年筹集一定资金用于示范项目和产业聚集区建设，引导企事业单位到受援地区发展。

3. 积极建立横向生态保护补偿机制

2020年7月24日，《湖北省汉江流域水环境保护条例》出台，并于2020年12月1日起施行。针对目前汉江流域生态保护补偿方面存在的补偿机制落实不到位，上下游跨界地区生态保护补偿标准不明确等问题，《湖北省汉江流域水环境保护条例》明确指出：省人民政府应当协调国家有关部门支持在汉江流域开展生态保护补偿，制定补偿办法，落实补偿资金；支持汉江流域各市县开展横向生态保护补偿。同时，加大对汉江流域的重点生态功能区、农产品主产区、受南水北调影响较大的地区以及困难地区的财政转移支付。

### (三) 主体功能区生态保护补偿实践

根据《湖北省主体功能区规划》与《关于建立健全生态保护补偿机制的实施意见》，湖北围绕构建以大别山区、秦巴山区、武陵山区、幕阜山区四个生态屏障，长江流域、汉江流域两个水土保持带和江汉平原湖泊湿地生态区为主体的"四屏两带一区"生态安全战略格局总体思路，逐步对湖北省国家级、省级重点生态功能区等重点生态区域，以及森林、水流、湿地、耕地、大气、荒漠等重要生态领域的生态保护和生态改善给予了补偿。

1. 积极争取中央生态保护补偿财政转移支付力度

近年来，湖北省积极争取中央财政不断加大重点生态功能区的转移支付力度，同时注重提高资金使用效益，对县域生态环境质量实施考核奖惩，更好地引导了地方合理使用转移支付资金，加强生态环境保护。根据财政部2011年印发的《国家重点生态功能区转移支付办法》，中央财政每年安排专项转移支付资金至国家重点生态功能区县(市)，并逐年增加。2008—2020年，中央财政累计下达重点生态功能区转移支付6036.2亿元，分年规模从60.5亿元增长到794.5亿元，年均增幅达23.9%。其中，累计安排湖北省重点生态功能区转移支付311.8亿元，有力支持了湖北省开展生态环境保护，提高了生态功能重要地区的财政保障能力。2018年，湖北省国家重点生态功能区县(市)享受转移支付资金县(市)均1亿元左右，旨在支持当地维护生态安全，加强生态环境保护力度，提高政府基本公共服务保障能力，有力支持了经济社会可持续发展。

2. 以负面清单制度维护生态系统

重点生态功能区加大生态环境保护与修复力度、促进生态系统可持续发展是其重要的责任担当。为促进生态系统健康发展，湖北在重点生态功能区实施了产业准入负面清单制度。湖北省制定了《湖北省第二批国家重点生态功能区产业准入负面清单(试行)》，作为落实主体功能区战略和制度的重要抓手。

### (四) 林业碳汇生态保护补偿实践

"十三五"期间，湖北以建设山水林田湖草生命共同体为目标，初步形成了"工业补偿农业，城镇补偿农村，排碳补偿固碳"的市场化生态保护补偿机制，实现了生态精准扶贫与生态系统保护、修复的有机统一。

由湖北碳排放权交易中心撮合，在神农架林区和通山县开发林业碳汇，统筹规划了湖北省数百万亩林业碳汇项目开发，预计碳汇收入近千万元。仅 2019 年上半年，湖北碳配额二级市场成交总量达 3.22 亿吨，交易额达 74.37 亿元，分别占全国的 55.31% 和 62.18%。市场交易规模、交易连续性、市场参与人数、引进社会资金量、控排企业参与度等指标均居全国首位。湖北省还实施了农村户用沼气低碳扶贫项目，统筹开发了湖北省 180 万口户用沼气池，促进了农村能源结构的优化。

### 三、"十四五"期间湖北推进生态保护补偿的思路

湖北积极探索各领域内的生态保护补偿机制，取得了阶段性进展。但在实践中还存在生态保护补偿资金来源仍然主要依赖财政，补偿方式仍然以财政资金为主，企业和社会公众参与度不高，保护者和受益者良性互动的体制机制不完善等矛盾和问题。下一阶段，湖北省应在深化和多样化纵向生态保护补偿的基础上，积极探索横向和市场化生态保护补偿的新路径。

#### (一)流域水环境生态保护补偿

"十四五"期间，湖北应在创新综合执法、河长治河等综合治理手段的前提下，全面推广以流域为单元的水环境生态保护补偿制度；湖北省各流域应根据其自身的特色和需要解决的流域水环境问题，制定特定的水质考核指标，或与能够形成制约性效果的生态服务指标挂钩。同时，作为"千湖之省"的湖北应积极建立湖泊湿地生态保护补偿制度，在湖北省范围内推动湿地"占补平衡"，探索湿地银行补偿机制。

#### (二)跨流域调水生态保护补偿

"十四五"期间，湖北可以从三个方面深入推进跨流域调水生态保护补偿的实践工作：一是推动《南水北调中线水源区生态环境保护条例》立法工作，明确区域水权。二是争取国家主导，建立稳定长效的水源区生态保护补偿机制和帮扶机制。由国务院牵头，有关部门和利益相关方省(市)参加，成立水源区绿色发

展保护水源区水环境工作领导小组;由受水区出资建立水源区绿色发展保护水源区专项基金;建立受水区与水源区的点对点、县对县结对帮扶机制。

三是形成稳定的生态保护补偿资金并合理利用。从受水区的水资源税(费)中划拨一部分建立水源区水环境保护基金,将一定比例的水资源税(费)作为水源区水环境保护基金,补充水污染防治工程费用,或全部用于生态环境保护,或按照三峡库区的水资源费使用模式,由水源区三省五市合理分配水资源税(费)使用比例。

(三)主体功能区生态保护补偿

一是按照"以人为本、因地制宜、政府主导、社会参与、公平公开、权责一致"原则实施湖北省重点生态功能区生态保护补偿机制。充分考虑居民生存与发展的需求,通过生态保护补偿提高受偿区居民及区域自我发展的能力,由"输血"转变为"造血",形成造血机能与自我发展机制,实现激励相容,达到双赢效果。二是构建多样化的主体功能区生态保护补偿机制。根据主体功能区经济社会发展的需要,形成多样化的生态保护补偿政策,构建合理的生态保护补偿方式组合。在现金补偿的同时,可搭配一定的政策补偿,在地方政府的资金筹集方面适当放宽、在资源开发方面给予地方政府一定的优先权等,对受偿者给予自主创业优惠等政策,鼓励受偿者"转产改业";三是与相关规划对接,获取更多的补偿资金。以长江经济带高质量发展战略为契机,统筹规划"四屏两带一区"生态安全战略格局,系统整合各类生态保护项目,积极与《长江经济带生态环境保护规划》《全国重要生态系统保护和修复重大工程总体规划(2021—2035年)》《长江经济带国土空间规划》对接,争取国家资金支持。

四、"十四五"期间湖北推进生态保护补偿机制的政策建议

(一)以流域为单元全面推行水环境生态保护补偿制度

以创新综合执法、推行河长治河、完善监测站网、强化监督考核等综合治理手段为前提,在湖北省全面推广以流域为单元的水环境生态保护补偿制度。各级政府可设立专项生态保护补偿基金,采取控制断面考核的方式,将水质与生态保

护补偿金挂钩，通过比较监测断面水质变化情况，对相关责任主体进行奖励或处罚，持续调动流域上下游、左右岸保护水资源的积极性。

(二)在省内继续推进基于生态价值核算的生态保护补偿试点示范

以鄂州经验为基础，选取流动性生态服务的主要供给区继续探索行政区间的横向生态保护补偿模式。在试点示范区已开展自然资源调查与确权登记的基础上，对气体调节、气候调节、净化环境、水文调节等生态系统服务进行价值核算，并按照生态服务高强度地区向低强度地区溢出生态服务的原则，核算各区应收取和支付的生态保护补偿金额。同时，在经济较为发达的地市，积极探索社会化资本经营生态服务产品，以及由破坏生态环境的行为主体购买该服务以抵消其所造成的生态环境损失的生态保护补偿新模式。

(三)以碳排放权交易试点为契机开展林业碳汇补偿制度

在湖北省范围内筛选出生态环境好，林业基础优良的区县作为碳汇的供应方，推进林业碳汇标准生产和认证一体化进程。加快林业碳汇标准体系建设，尤其是碳汇交易标准的制定，包括交易标准、交易规则和其他标准的制定和完善，规范林业碳汇供给市场。加快碳汇交易平台建设，完善林业碳汇登记注册制度，及时发布林业碳汇的供给和需求信息及价格信息等，建立一个碳汇供需信息库，使碳汇交易市场的供需信息完全透明化，降低碳汇交易的信息搜寻成本，以促进碳汇交易的顺畅发展。同时，筛选出一批高碳排放企业，不强制但鼓励其通过林业碳汇交易试点平台进行碳汇指标的托管和交易，实现社会责任资源承担。

(四)以重点生态保护补偿项目推进生态安全格局构建

以长江经济带高质量发展战略为契机，统筹规划"四屏两带一区"生态安全战略格局，系统整合各类生态保护项目，积极与《长江经济带生态环境保护规划》《全国重要生态系统保护和修复重大工程总体规划(2021—2035年)》《长江经济带国土空间规划》对接，争取国家资金支持，在大别山区、秦巴山区、武陵山区、幕阜山区四个生态屏障，长江流域、汉江流域两个水土保持带和江汉平原湖泊湿地生态区开展森林、水流、湿地、耕地、大气、荒漠等重要生态领域的生态保护与补偿工作。

（五）积极推进跨流域调水水源区的生态保护补偿机制建立

推动《南水北调中线水源区生态环境保护条例》立法工作，通过法律形式进一步明确区域的生态功能定位、空间区划、环境保护标准、污染物排放标准等，并以此为基础推进区域水权建设，实现水源区由"被动保护"向"自我保护"转变。开展水源区的生态服务产品的确权登记工作，制定水资源生态价值核算规范，并推进水源区生态服务价值的核算工作。探索建立水源区"三省五区"联席会议制度，探索建立保护区和受益区的对话合作机制，并由中央主导，引导受益地区与生态保护地区通过自愿协商建立横向补偿关系，采取资金补助、对口协作、产业转移、共建园区、技术和智力支持、实物补偿等方式实施横向生态保护补偿。

# 第四章　开　放　发　展

## 第一节　武汉突破外贸困局的路径研究

此前，新型冠状病毒肺炎疫情在全球蔓延，世界经济深度衰退，国际贸易和投资大幅萎缩，我国经济运行面临较大压力。武汉市外贸遭遇国内外疫情冲击，外贸受到重创，面临前所未有的压力和挑战。在该背景下，武汉市贸促会联合湖北省社科院组成课题组，于2020年5—7月先后走访法雷奥市光（中国）车灯有限公司、哈金森（武汉）汽车橡胶制品有限公司、盛隆电气集团有限公司、华工科技产业股份有限公司等企业开展调研，并对武汉市226家外贸企业开展问卷调查，以深入了解企业受疫情影响、新签订单、对外贸环境的预期等情况及企业对纾困政策的反馈与诉求。

本次调研从当下国际经贸关系可能的调整和变化出发，提出助力武汉市企业重新激活海外市场，逐步恢复、扩大进出口，实现稳外贸目标的路径对策。

### 一、疫情对武汉市外贸的影响

#### （一）2020年上半年外贸总体情况

疫情让本就低迷的全球经济雪上加霜，世界经贸往来严重受挫。此前，按照世界贸易组织（WTO）的预测，2020年全球贸易缩水13%~32%。二季度，全球货物贸易景气指数继续下挫到87.6，成为这一指数推出以来的新低。

1. 全国：贸易影响较大，6月实现"转正"

2020年1—6月，我国外贸进出口总值为14.24万亿元，同比下降3.2%，降

151

幅较前 5 个月收窄 1.7 个百分点。其中，出口 7.71 万亿元，下降 3%；进口 6.53 万亿元，下降 3.3%。6 月，进出口增速实现年内首次双双"转正"。

2. 湖北：出口影响大，进口逆势上扬

2020 年 1—6 月，湖北省进出口总额 1666.6 亿元，同比下降 1.5%。其中，出口 982.7 亿元，同比下降 7.6%；进口 683.9 亿元，同比增长 8.8%。进出口降幅低于全国 1.7 个百分点，出口降幅高于全国 4.6 个百分点，进口增幅高于全国 12.1 个百分点，居中部地区第 4 位。

3. 武汉：情况优于全省，出口有一定影响

2020 年 1—6 月，武汉市进出口 1037.90 亿元，同比增长 3.1%，其中，出口 506.70 亿元，同比下降 11.4%；进口 531.20 亿元，增长 22.1%。从总体来看，武汉市进出口占湖北省进出口的 62.3%，增幅高于湖北省 4.6 个百分点(见图 4.1、图 4.2)。

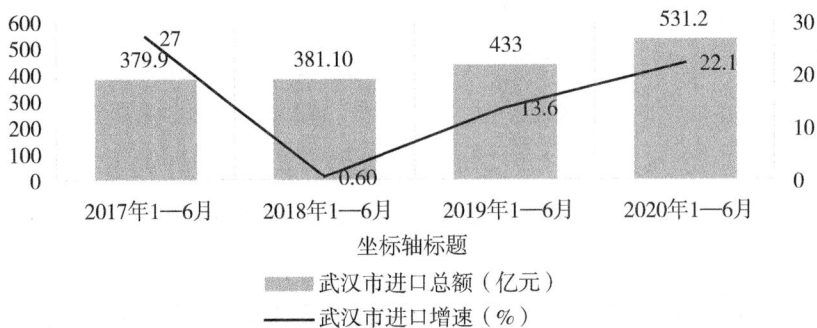

图 4.1　武汉 2017 年 1—6 月至 2020 年 1—6 月进口情况

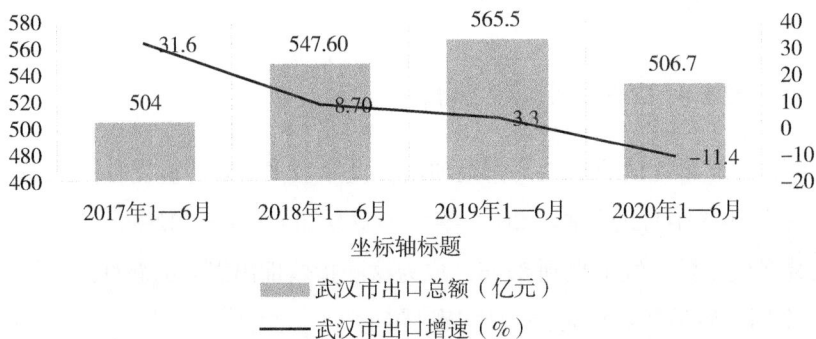

图 4.2　武汉 2017 年 1—6 月至 2020 年 1—6 月出口情况

## （二）武汉市外贸企业受疫情影响情况

### 1. 出口排前 10 名的产品情况

2020 年 1—6 月，湖北省出口排前 10 名的产品中，只有纺织纱线及其制品、服装及衣着附件、农产品和食品这 4 类出口增长，同比增长幅度分别为 444.7%、1.2%、22.0% 和 22.8%；机电产品、高新技术产品、电子及电器产品、化工产品、机械设备、手持或车载无线电话机这 6 类产品出口下降，同比分别下降26.4%、19.5%、26.2%、3.7%、22.2% 和 30.6%（见图 4.3）。

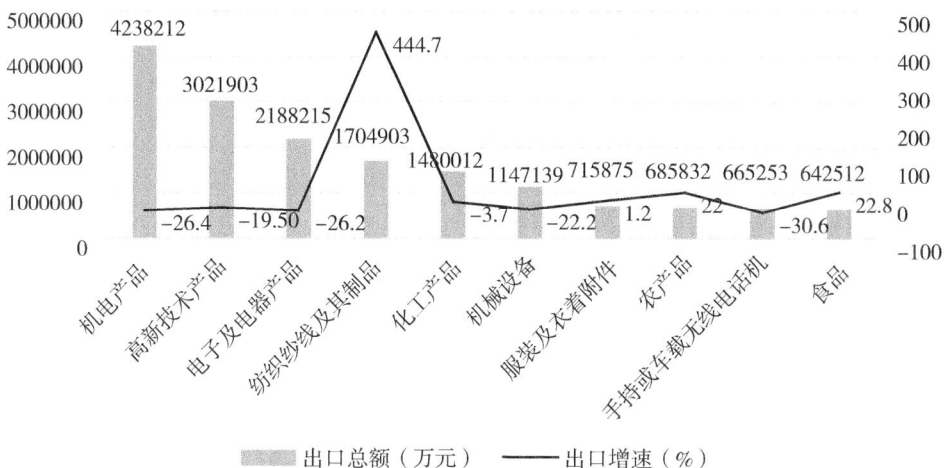

图 4.3 湖北省 2020 年 1—6 月出口排前 10 名的产品情况

### 2. 对六大洲市场的出口情况

从市场来看，湖北省对六大洲出口半数下滑。2020 年 1—6 月，对亚洲、非洲和拉丁美洲出口分别下滑 22.0%、3.0% 和 17.0%，对欧洲、北美洲和大洋洲出口分别增长 26.3%、4.1% 和 0.8%。湖北省和传统贸易伙伴美国、中国香港地区、日本的进出口总额分别同比增长 4.9%、-12.4% 和 3.0%，与"一带一路"沿线国家印度、泰国、越南、马来西亚和新加坡的进出口总额分别同比增长-28.9%、-2.0%、-41.7%、2.3% 和-6.0%。

### 3. 武汉市外贸企业问卷调查统计情况

通过对武汉市 226 家外贸企业的问卷调查结果进行分析，结果显示：

疫情对外贸企业出口冲击大。2020 年 1—6 月出口额基本持平和增长的企业有 57 家，占比 25%；出口额下降 30% 以内的企业为 60 家，占比 27%；出口额下降超过 30% 和无出口的企业达 109 家，占比 48%（见图 4.4）。

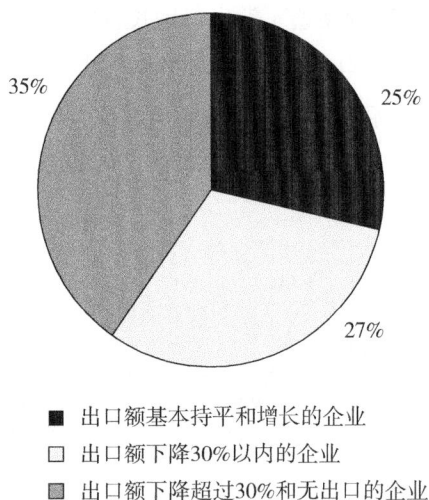

- ■ 出口额基本持平和增长的企业
- □ 出口额下降 30% 以内的企业
- ▨ 出口额下降超过 30% 和无出口的企业

图 4.4　226 家外贸企业 2020 年 1—6 月出口情况

海外出现订单荒。226 家外贸企业中，近一个月无新签出口订单的企业有 77 家，占调查企业数量的 34%，近一个月有新签出口订单的企业为 149 家，占调查企业数量的 66%，其中，132 家都为 3 个月以内的短期订单，17 家为 3~6 个月以内的订单，签订 6 个月以上订单的企业数量为 0 家（见图 4.5）。

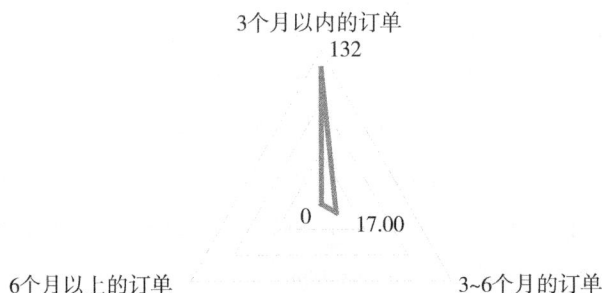

图 4.5　226 家外贸企业新签出口订单情况

新签订单主要来自"一带一路"沿线国家(地区)。在有新签订单的149家企业中,订单国家和地区数量排名前三的分别是欧盟、其他"一带一路"国家、东盟,其次是美国、日本/韩国和中国港澳台地区(见图4.6)。

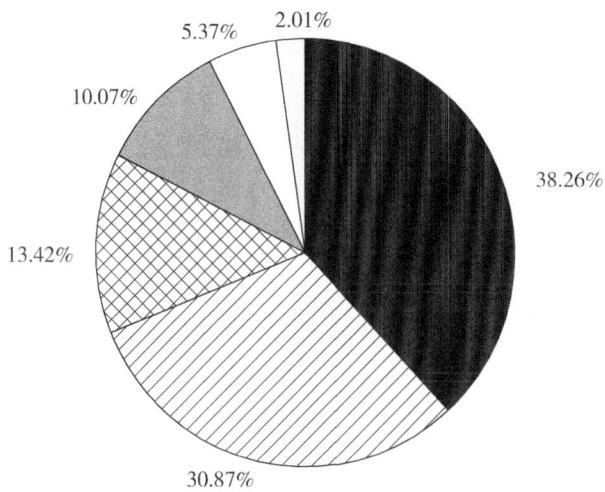

图4.6 新签订单分布情况

超半数企业对未来外贸环境的预期向好。预期下半年及长期向好、显著改善和基本无变化的企业占比超过半数,达52.66%,认为不好做出预期判断的企业占27.43%,认为长期不确定性仍较为突出的企业占19.91%(见图4.7)。

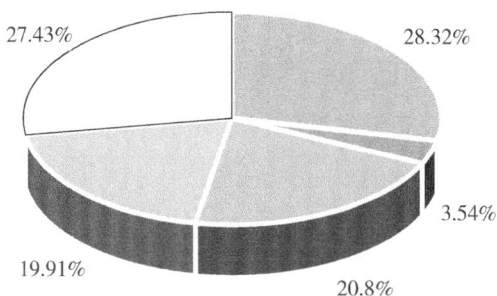

图4.7 企业对未来外贸环境的预期情况

155

4. 武汉市稳外贸的环境分析

国际物流成本上升。我国客运航班日均数量较疫情暴发前下降80%，2020年二季度全球航运运力下降约20%，部分企业反映国际空运成本上涨达90%，海运成本上涨20%左右。

海外买家履约风险加大。2020年一季度，中信保湖北分公司共赔付案件25宗，赔付金额1191万元，分别较2019年同期增长2.1倍、8.4倍。

开拓市场难度增大。传统贸易大国美国对我国将近3900亿美元的商品加征关税，全年加征关税影响已进一步显现。新兴市场巴西、南非、俄罗斯、印度等金砖国家货币大幅贬值，外贸企业开拓新兴市场难度加大、风险加大。

## 二、武汉市外贸行业和企业面临的问题与难点

### (一)产业开放不足

武汉市产业优势在出口方面未能充分体现，主导产业出口额占营业收入比重偏低，贸易与产业融合互促不够。汽车是武汉市的第一大支柱产业，但武汉市车企主要瞄准国内市场，2020年1—5月汽车零配件出口仅12.7亿元，钢铁、化工、食品等产业也存在类似问题。

### (二)政策补贴不够健全

在支持方式上，郑州市发放的补贴金额相当于货代企业全程过路费和大部分的燃油费用，因此郑州货源渠道多样、货运吞吐量较高。长沙市的补贴政策力度与郑州市逐步趋同。中部其他省份主要城市在抢公司、抢航线、抢货源等方面出台了一系列措施，而武汉市的政策体系与郑州市和长沙市相比不够健全，主要还停留在按航班运行班次奖励的单一手段上。

### (三)物流通道亟待完善

阳逻港虽然为企业提供了15天的免费堆场，但周边均为居民区和商业区，场外没有拆箱、堆贮、货运集散、冷库场地，满足不了一些外贸企业的需求。武

汉天河机场货站面积仅 4.68 万平方米，低于长沙（目前为 4.8 万平方米，正在规划建设 12.88 万平方米的新货站），不及郑州的一半（11.4 万平方米），特别是国际货站仅 1 万平方米，载运设施不足，缺乏危险品、冷链、快件等特种货库，导致货物及快件转运效率不高，部分货物无法在汉运输。同时物流价格较沿海地区偏高，如东湖高新区 10 千米范围内的短驳车辆-厢式车价格在 500~600 元/趟，苏州等地只要 100~200 元/趟。

### （四）招工难、用工贵问题

联想、富士康等企业普遍存在用工缺口。企业反映，武汉市社保养老保险缴纳比例高于部分沿海地区。

### （五）融资难、融资贵问题

外贸企业反映，无法获取订单质押贷款、信用证贷款等多种形式的金融支持，与沿海和周边省市相比，融资便利化水平较低。

### （六）通关效率有待提升

湖北整体通关时间近 74 小时，空运货物通关时间为 25 小时左右，全国排名第 23 位，陆运进口整体通关时间全国排名第 25 位。从武汉新港接发货物，不计沿岸挂靠时间，需要 3 天到达上海洋山港，因江船不能直接出海，货物在洋山港必须换装海船，换船时间至少 1 天。武汉到上海的驳船也没有形成天天班，虽然船期规定为周二和周五，但发船时间不确定。因集装箱在上海港排队换船的压港问题愈发严重，企业转而选择公海联运，先通过陆路运输到深圳，再转海运出口，虽然比江海联运节省了七八天的整体运输时间，但增加了运输成本，而且需要二次装卸。

### （七）大通道大平台优势未显现

武汉有综保区、口岸等大通道大平台优势，但功能区域和资质平台发展不够。部分综保区和物流中心排名靠后（如 2019 年武汉经开综保区全国排名倒数第 2 位），水运直接出入境量低（2019 年武汉水运口岸直航艘次为 12 艘，直接出入境货运量为 1.15 万吨，连续三年年运量未达 20 吨的，将启动整改和退出程序），整车口岸 2019 年只进口了 6 台车（其中有 2 台是武汉申报宁波查验），铁路药品进口口岸无业务发生，阳逻港进口水果指定监管场所，只进口了一批埃及橙子。自贸试验区的辐射作用也没有完全显现，尤其是外贸新业态在功能区域条件很好（有综试区综保区市场采购集聚区）的情况下没有充分发展。

### 三、武汉市稳外贸面临的机遇

#### (一)政策环境优势明显

2020 年以来，我国政府的一系列部署，始终锚定稳住外贸基本盘，维护全球产业链供应链稳定，并在支持培育贸易新业态中孕育经济发展新动能。加快出口退税速度、扩大企业信贷规模、依托大型电商平台加强对中小微外贸企业直贷业务、提升中欧班列等货运通道能力、支持稳定国际供应链和复工复产等举措，正是处在深度变革的我国外贸迈向高质量发展的坚实保证。中央和国家机关各部委加大对湖北的支持力度，支持湖北省经济社会发展一揽子政策从财政税收、金融信贷、投资外贸等方面明确了具体措施。广大央企对武汉"搭把手、拉一把"，大举投资武汉、支持武汉、建设武汉。

省委省政府密集出台了加快经济社会发展"30 条"、优化营商环境"30 条"、提振消费"30 条"、促投资"22 条"、稳外贸外资"20 条"等一系列政策举措，这些都有力促进了经济的恢复，基本盘将逐步企稳回升。

市委市政府出台了《武汉市支持企业复工复产促进稳定发展若干政策措施》，扎实推进"六稳"工作。武汉海关对外发布"战疫情助复工稳外贸二十条措施"，帮扶企业复工复产，支持武汉外贸平稳发展。武汉市外贸发展韧性足、回旋余地大，随着一系列稳外贸政策措施效应持续释放，武汉市具备稳住外贸基本盘的基础和条件。

#### (二)外贸回升势头显现

2020 年 6 月，武汉市完成进出口总额 213 亿元，同比增长 12.10%，其中出口同比增长 14.2%，进出口、出口增幅均高于全国平均水平；二季度相比一季度环比增长 61.75%；欧美国家纷纷"带疫解封"、复工复产，前期暂停的订单有望重新启动；中欧(武汉)国际班列到达国家 11 个，到达城市 19 个。这些都为我们未来做好稳外贸工作坚定了信心。

### (三) 贸易新业态新模式动力增强

全球产业链将在中长期呈现出数字化、资本化趋势，疫情改变了商业模式，直接从需求端推动了线上经济、数字经济的发展。我国在数字化产业链、贸易链上存在优势，一是中国的数字经济已经有了很好的发展基础，基础设施比较完善；二是中国的产业链完整、生产配套网络发达，这为产业链数字化提供了整合基础。我国出口型制造企业应抓住机遇。2020 年 6 月 24 日，第 127 届广交会在"云端"落幕，近 2.6 万家参展商在第 127 届广交会官网上用新技术、新方式展示新产品——VR 展厅、云直播、短视频，"屏对屏"线上捕获订单改变了传统贸易"面对面"谈生意的模式。

跨境电商是近年来我国外贸领域增长最快的新业态之一，特别是疫情发生以来，跨境电商发展在传统外贸方式有所萎缩的背景下实现逆势增长。2020 年上半年我国海关跨境电商监管平台进出口增长 26.2%，其中，出口增长 28.7%，进口增长 24.4%，远高于外贸整体增速。

## 四、实现武汉市稳外贸目标的路径与对策

做好"六稳"工作、落实"六保"任务，切实稳住外贸基本盘，既是实现更高水平对外开放的要务，更是化解当前危机、推动"武汉制造"走向世界的要务。

### (一) 在优化营商环境方面，推动贸易自由化便利化

对标先进地市，研究政策补贴、营商环境构建、体制机制完善方面的具体对策措施，全方位支持外贸企业发展，持续培育外贸主体，实现武汉市外贸综合服务全覆盖。

提高平台市场化运营能力。进一步发挥出口信用保险和广交会、进博会等开放平台的作用，大力发展"丝路电商"，重组优化中欧(武汉)班列运营平台，积极引入新的战略投资者，加大支持力度。

提升贸易便利化水平。推动国际邮件快件、跨境电商产品通过汉欧班列实现常态化运输。加大协调力度，优化整合武汉水运口岸阳逻港一、二、三期，推进解决阳逻港场外没有拆箱、堆贮、货运集散、冷库场地，武汉天河机场货站面积不够、载运设施不足的问题，改善基础设施。推动航空港、铁路港、公路港、水运港"四港"无缝衔接，全力打造国际航空货运枢纽。

推动已出台惠企帮扶政策落地。截至 2020 年 6 月底，226 家企业中已享受政府出台帮扶政策且有一定帮助的仅 54 家，占比 24%，50 家企业已享受帮扶政策但帮助较小，其余 112 家都没有享受到已出台政策。应进一步加大力度，推动财税优惠(阶段性减免社保费、缓缴住房公积金等)、降低生产要素成本(水电气、房租等)、金融信贷支持(融资、出口信保)等对企业帮助较大的政策落地，惠及更多的外贸企业。

帮助企业充分利用自贸协定(FTA)强化与自贸伙伴的经贸合作。截至目前，我国已与 25 个国家和地区签署了 17 个自贸协定，自贸协定多年来为我国顺利推进自贸区战略发挥了重要作用。但是，即使是我国签订的第一个也是规模和影响力最大的自贸协定——《中国-东盟自贸协定》，我国企业对其利用率也只有47.17%，存在较大的提升空间。下一步，要建立市商务局、武汉海关、市贸促会自贸协定实施跨部门工作机制，加强业务合作和信息共享，发挥自贸协定有效应对经济下行风险的作用，共同做好自贸协定的推广与实施。

## (二)在提升贸易发展质量方面，支持培育贸易新业态新模式

经济新业态与贸易新业态紧密关联。线下转线上，不是对传统模式的简单复制，而是全新的结构设计和流程再造。外贸企业齐上线的背后，是新技术、新平台以及新营销、新服务的有机融合。未来应继续挖掘外贸新业态的发展潜力，让新业态在稳外贸中发挥更大的作用。

加速外贸企业上网。外贸企业"上线"，是现实需要，更是企业谋求转型升级的必由之路。培育外贸新动能，支持外贸企业开展"云展示""云对接""云洽谈"等贸易投资促进活动，协助企业开展宣传推介。继续支持和深化汉口北外贸新业态融合发展试验区建设，提升新业态带动作用。

加大对外贸企业数字贸易方面的支持。引导外贸企业以地域、产业链供应链

为抱团依据，探索"共享订单""共享工厂""共享工人"等新模式，有效共同抵御风险、降低成本。在出口转内销方面，政府要搭建好平台，降低企业外转内的成本，把适合内销的外贸产品汇集起来，通过引入专业团队、直播带货等方式，由政府背书把武汉的外贸产品卖到全国各地。

争取武汉海关跨境电商 B2B 出口监管试点。在调研过程中我们发现企业普遍反映目前跨境电商支持措施主要集中在零售进出口领域，希望增设跨境电商 B2B 出口专门监管方式代码，实行简化申报和便利通关。对此，政府应抢抓武汉市加快建设跨境电商综试区的机遇，积极争取跨境电商 B2B 出口试点，实现境内企业通过跨境物流将货物运送至境外企业或海外仓，并通过跨境电商平台完成交易。

探索发展海外仓业务。通过商务、融资、信保等支持手段，引进和推动一批电商企业"走出去"，统筹用好 FBA 仓、第三方海外仓等对接载体，实现供应和销售的本地化、即时化运作。支持汉口北打造中部外贸新业态融合发展窗口平台。创新和打通供需适配渠道，实现市场采购集聚区的商品供应链本地化，将武汉商品卖给全球。

## (三)在完善市场运行机制方面，立足提升产品国际竞争力

在保持产业链供应链稳定上下更大的功夫。完善新一代信息技术、高端装备制造、新能源汽车等战略性新兴产业供应链体系；在不断深化制造业开放的同时，扩大服务业特别是高端服务业开放，指导武汉开展国际消费中心城市培育建设，支持湖北自贸试验区高标准建设商务诚信示范区域。

优化国际市场布局。疫情导致有些国家的需求大幅下降，但是"一带一路"沿线国家贸易逆势上扬，占比大幅度提升。2020 年上半年，我国对东盟进出口2.09 万亿元，增长 5.6%，占我国外贸总值的 14.7%，东盟成为中国第一大贸易伙伴。因此，应培育新的外贸增长点，积极开拓国际多元化市场，以弥补美国市场的下滑。积极改善产品性能，增加多样性，提高附加值，增强国际竞争力，以弥补关税加收的损失。

招引龙头外向型企业。数年前引进的鸿富锦、联想武汉产业基地出口高峰期已经过去，近年新引进的外贸大项目不多，外贸大进大出的支撑力度不够。要围绕主导产业情况，开发一批有影响、有实效的招商引资活动。

**附：**

# 2020 上半年武汉市外贸企业调查问卷

第 1 题　企业名称　　　[填空题]

填空题数据请通过下载详细数据获取

第 2 题　联系电话　　　[填空题]

填空题数据请通过下载详细数据获取

第 3 题　贵企业所在市州？　　　[单选题]

| 选　项 | 小计 | 比　例 | |
| --- | --- | --- | --- |
| 武汉 | 226 | | 100% |
| 襄阳 | 0 | | 0% |
| 宜昌 | 0 | | 0% |
| 荆州 | 0 | | 0% |
| 黄石 | 0 | | 0% |
| 黄冈 | 0 | | 0% |
| 十堰 | 0 | | 0% |
| 孝感 | 0 | | 0% |
| 荆门 | 0 | | 0% |
| 咸宁 | 0 | | 0% |
| 随州 | 0 | | 0% |
| 鄂州 | 0 | | 0% |
| 恩施 | 0 | | 0% |

续表

| 选　项 | 小计 | 比　例 |
|---|---|---|
| 仙桃 | 0 | 〔　　　　　　　　〕0% |
| 天门 | 0 | 〔　　　　　　　　〕0% |
| 潜江 | 0 | 〔　　　　　　　　〕0% |
| 神农架 | 0 | 〔　　　　　　　　〕0% |
| 本题有效填写人次 | 226 | |

第4题　贵企业所在行业是：　　　　［单选题］

| 选　项 | 小计 | 比　例 |
|---|---|---|
| 汽车及零配件 | 7 | 〕3.1% |
| 化工及医药 | 27 | 〕11.95% |
| 轻工业 | 15 | 〕6.64% |
| 农产品及食品 | 5 | 〕2.21% |
| 钢铁冶金 | 7 | 〕3.1% |
| 纺织服装 | 40 | 〕17.7% |
| 机械设备 | 33 | 〕14.6% |
| 电子电器 | 15 | 〕6.64% |
| 综合贸易 | 39 | 〕17.26% |
| 其他 | 38 | 〕16.81% |
| 本题有效填写人次 | 226 | |

第5题　贵企业2019年出口额：　　　　［单选题］

| 选　项 | 小计 | 比　例 |
|---|---|---|
| 小于1000万美元 | 191 | 〕84.51% |

续表

| 选项 | 小计 | 比例 |
|---|---|---|
| 1000万~5000万美元 | 31 | 13.72% |
| 5000万~1亿美元 | 3 | 1.33% |
| 大于1亿美元 | 1 | 0.44% |
| 本题有效填写人次 | 226 | |

**第6题　预计2020年1—6月出口额同比：**　　　　　　[单选题]

| 选项 | 小计 | 比例 |
|---|---|---|
| 无出口业务 | 10 | 4.42% |
| 增长10%以内 | 16 | 7.08% |
| 增长10%~30% | 15 | 6.64% |
| 增长30%~50% | 5 | 2.21% |
| 增长超过50% | 11 | 4.87% |
| 基本持平 | 10 | 4.42% |
| 下降10%以内 | 14 | 6.19% |
| 下降10%~30% | 46 | 20.35% |
| 下降30%~50% | 49 | 21.68% |
| 下降超过50% | 50 | 22.12% |
| 本题有效填写人次 | 226 | |

**第7题　预计2020全年出口额同比：**　　　　　　[单选题]

| 选项 | 小计 | 比例 |
|---|---|---|
| 无出口业务 | 2 | 0.88% |
| 增长10%以内 | 20 | 8.85% |

| 选　项 | 小计 | 比　例 | |
|---|---|---|---|
| 增长 10%～30% | 18 | | 7.96% |
| 增长 30%～50% | 13 | | 5.75% |
| 增长超过 50% | 12 | | 5.31% |
| 基本持平 | 15 | | 6.64% |
| 下降 10%以内 | 17 | | 7.52% |
| 下降 10%～30% | 44 | | 19.47% |
| 下降 30%～50% | 41 | | 18.14% |
| 下降超过 50% | 44 | | 19.47% |
| 本题有效填写人次 | 226 | | |

**第 8 题　贵企业在手订单预计排产时间：**　　　　[单选题]

| 选　项 | 小计 | 比　例 | |
|---|---|---|---|
| 无订单 | 35 | | 15.49% |
| 1 个月以内 | 102 | | 45.13% |
| 3 个月以内 | 79 | | 34.96% |
| 6 个月以内 | 5 | | 2.21% |
| 6 个月以上 | 5 | | 2.21% |
| 本题有效填写人次 | 226 | | |

**第 9 题　近一个月是否有新签出口订单?**　　　　[单选题]

| 选　项 | 小计 | 比　例 | |
|---|---|---|---|
| 有 | 149 | | 65.93% |
| 无 | 77 | | 34.07% |

续表

| 选　　项 | 小计 | 比　　例 |
|---|---|---|
| 本题有效填写人次 | 226 | |

**第 10 题　新签出口订单主要为?**　　　　　　[单选题]

| 选　　项 | 小计 | 比　　例 |
|---|---|---|
| 3 个月以内订单 | 132 | 88.59% |
| 3~6 个月以内订单 | 17 | 11.41% |
| 6 个月以上订单 | 0 | 0% |
| 本题有效填写人次 | 149 | |

**第 11 题　新签订单主要来自?**　　　　　　[单选题]

| 选　　项 | 小计 | 比　　例 |
|---|---|---|
| 中国港澳台地区 | 3 | 2.01% |
| 美国 | 15 | 10.07% |
| 日本/韩国 | 8 | 5.37% |
| 东盟 | 20 | 13.42% |
| 欧盟 | 57 | 38.26% |
| 其他"一带一路"沿线国家 | 46 | 30.87% |
| 本题有效填写人次 | 149 | |

**第 12 题　预计三季度新订单金额较去年同期的变化?**　　　　　　[单选题]

| 选　　项 | 小计 | 比　　例 |
|---|---|---|
| 增长 10% 以内 | 21 | 9.29% |

续表

| 选　项 | 小计 | 比　例 |
|---|---|---|
| 增长 10%~30% | 18 | 7.96% |
| 增长 30%~50% | 5 | 2.21% |
| 增长 50%以上 | 5 | 2.21% |
| 基本持平 | 25 | 11.06% |
| 下降 10%以内 | 22 | 9.73% |
| 下降 10%~30% | 53 | 23.45% |
| 下降 30%~50% | 37 | 16.37% |
| 下降 50%以上 | 40 | 17.7% |
| 本题有效填写人次 | 226 | |

第 13 题　目前，各级政府部门已出台多项惠企帮扶政策，贵企业是否了解？[单选题]

| 选　项 | 小计 | 比　例 |
|---|---|---|
| 很了解 | 44 | 19.47% |
| 部分了解，希望政府提供更精准的政策落地指导 | 163 | 72.12% |
| 基本不了解，希望政府加强政策汇总和宣传指导 | 19 | 8.41% |
| 本题有效填写人次 | 226 | |

第 14 题　相关帮扶政策，贵企业是否已享受？　　　[单选题]

| 选　项 | 小计 | 比　例 |
|---|---|---|
| 已享受，有一定帮助 | 54 | 23.89% |

续表

| 选　项 | 小计 | 比　例 | |
|---|---|---|---|
| 已享受，但帮助较小 | 50 | | 22.12% |
| 已申请，正在审批中 | 49 | | 21.68% |
| 已申请，但未获批准，原因 | 18 | | 7.96% |
| 未申请，原因 | 55 | | 24.34% |
| 本题有效填写人次 | 226 | | |

第15题　在已出台的惠企政策和措施中，哪些对贵企业帮助较大？［多选题］

| 选　项 | 小计 | 比　例 | |
|---|---|---|---|
| 金融信贷支持(融资、出口信保等) | 38 | | 36.54% |
| 财税优惠(阶段性减免社保费、缓缴住房公积金等) | 76 | | 73.08% |
| 提供稳岗补贴，降低生产要素成本(水电气、房租等) | 53 | | 50.96% |
| 降低物流成本 | 26 | | 25% |
| 提升商务审批、货物通关、外汇结算、保险理赔等服务效率 | 35 | | 33.65% |
| 提供出具不可抗力证明、法律咨询、参展协调、供需对接等相关服务 | 14 | | 13.46% |
| 本题有效填写人次 | 104 | | |

第16题　贵企业在享受惠企政策的过程中遇到过什么困难？　　［多选题］

| 选　项 | 小计 | 比　例 | |
|---|---|---|---|
| 较顺畅，无困难 | 100 | | 44.25% |

续表

| 选　项 | 小计 | 比　例 |
|---|---|---|
| 基层工作人员对政策不熟悉 | 26 | 11.5% |
| 执行部门推诿、不执行，政策落地打折扣 | 7 | 3.1% |
| 审批难，申请条件过多或要求较高 | 63 | 27.88% |
| 申请审批周期长，效率低 | 29 | 12.83% |
| 政策执行标准不公开、不透明 | 14 | 6.19% |
| 其他 | 33 | 14.6% |
| 本题有效填写人次 | 226 | |

第 17 题　为更好地帮助外贸企业恢复发展，政府需要进一步加强哪些政策支持和工作力度?　　　[多选题]

| 选　项 | 小计 | 比　例 |
|---|---|---|
| 持续加大减税降费力度 | 154 | 68.14% |
| 加大融资支持 | 84 | 37.17% |
| 加大外经贸资金支持比例 | 137 | 60.62% |
| 提高出口信用保险对重点市场风险容忍度 | 64 | 28.32% |
| 加大线上办展力度，支持企业开拓多元化市场 | 77 | 34.07% |
| 引导企业开展跨境电商等新型外贸模式 | 65 | 28.76% |
| 加强外贸产业培育引导，提升产品国际竞争力 | 42 | 18.58% |
| 加大出口转内销支持力度 | 37 | 16.37% |

续表

| 选 项 | 小计 | 比 例 | |
|---|---|---|---|
| 降低物流运输成本 | 130 | | 57.52% |
| 进一步提升贸易便利化水平 | 79 | | 34.96% |
| 其他 | 8 | | 3.54% |
| 本题有效填写人次 | 226 | | |

第18题 近日，国际形势变化加剧，面对中美贸易摩擦的不确定影响，贵企业计划如何应对？ [多选题]

| 选 项 | 小计 | 比 例 | |
|---|---|---|---|
| 积极开拓国际多元化市场，弥补美国市场的下滑 | 145 | | 64.16% |
| 积极改善产品性能，增加多样性，提高附加值，增强国际竞争力，弥补关税加收的损失 | 114 | | 50.44% |
| 实施出口转内销，或与内资品牌合作代工 | 44 | | 19.47% |
| 将相关产业链转移至其他地区，规避正面风险 | 60 | | 26.55% |
| 其他 | 19 | | 8.41% |
| 本题有效填写人次 | 226 | | |

第19题 对下半年和未来中国香港的贸易环境，贵企业的预期如何？
[单选题]

| 选 项 | 小计 | 比 例 | |
|---|---|---|---|
| 基本无变化 | 64 | | 28.32% |

续表

| 选　　项 | 小计 | 比　　例 |
|---|---|---|
| 将显著改善 | 8 | ▊ 3.54% |
| 短期内可能存在较大风险，长期向好 | 47 | ▊▊▊ 20.8% |
| 长期不确定性仍较突出 | 45 | ▊▊▊ 19.91% |
| 不好说 | 62 | ▊▊▊▊ 27.43% |
| 本题有效填写人次 | 226 | |

# 第二节　抢抓 RCEP 机遇推动武汉外贸提质升级的路径与对策研究

党的十九届五中全会提出，要坚持实施更大范围、更宽领域、更深层次的对外开放，实施自由贸易区提升战略，构建面向全球的高标准自由贸易区网络。《武汉市国民经济和社会发展第十四个五年规划和 2035 年远景目标纲要》明确提出，全面提升对外开放水平，深度融入"一带一路""区域全面经济伙伴关系协定（RCEP）"，提升开放型经济发展水平。《区域全面经济伙伴关系协定》（RCEP）签署是区域经济一体化的标志性事件，也是我国继加入世贸组织后又一重大开放成果，对推动新一轮高水平开放、开拓合作共赢新局面产生了深远影响，对促进全球经济复苏、维护多边贸易体制发挥了重要的积极作用。

为抢抓 RCEP 机遇，助力武汉在新时期发展更高水平的开放型经济。武汉市贸促会联合湖北省社科院组成课题组，从 RCEP 的主要内容和特征出发，全面梳理武汉市与 RECP 成员国的贸易现状，系统分析 RCEP 给武汉市外贸发展带来的机遇与经济影响，提出利用 RCEP 推动武汉市外贸提质升级的路径与对策。

## 一、RCEP 的主要内容和特征

2020 年 11 月 15 日，RCEP 正式签署，标志着世界上人口最多、经贸规模最大、最具发展潜力的自由贸易区正式拉开帷幕。

171

## (一)RCEP 的主要内容

RCEP 包括序言、20 个章节、4 个附件(见图 4.8)。

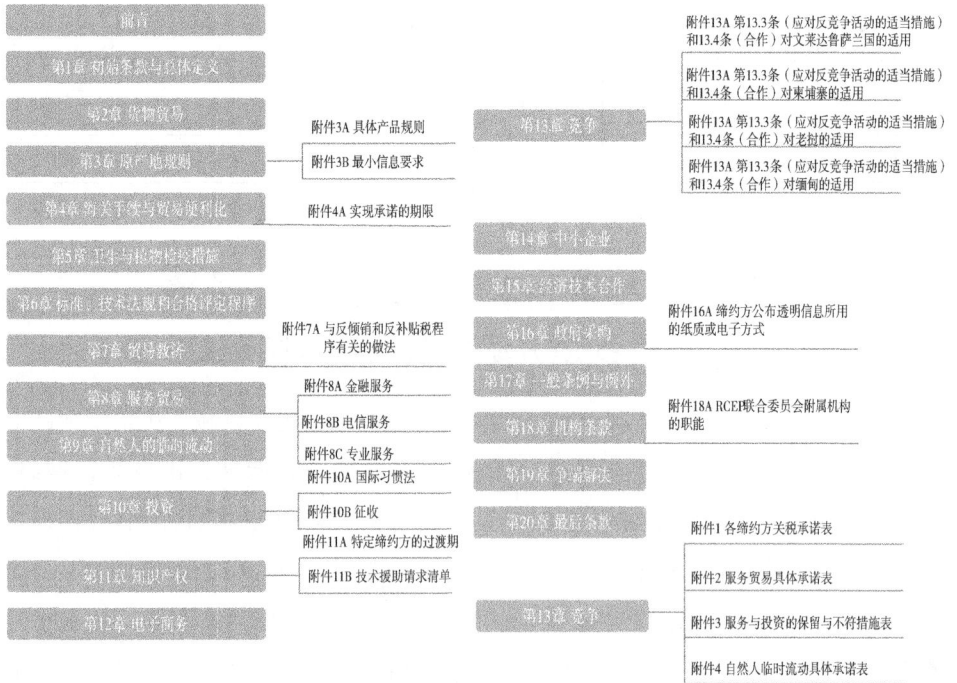

图 4.8 RCEP 的主要内容

## (二)RCEP 自贸协定的新特征

相较于其他自贸协定,RCEP 具有下列主要特征。

1. 中国参与规则制定的自贸协定

在 RCEP 协定历时 8 年的谈判中,中国全部参与了 28 轮技术谈判,且分别在南宁、天津、郑州举行了三次重要谈判,有力推进了 RCEP 自贸协定的签署。中国坚定支持东盟在谈判中的核心地位,积极发挥自身的建设性作用,贡献中国方案和智慧。

2. 包容性和综合性自贸协定

各 RCEP 缔约国处在不同的经济发展阶段，既有以服务业为主、迈向高端制造业的发达国家，也有处在工业化后期努力提升制造业发展质量的中等收入国家，还包括处在工业化初级阶段以低复杂度制造业为主的低收入国家。RCEP 协定具有包容、灵活和互惠互利的属性。同时，RCEP 协定内容涉及广泛，既包括货物贸易、服务贸易、投资协定等传统议题，也包括知识产权保护、电子商务、竞争政策、政府采购等现代化议题。

3. 高质量的自贸协定

RCEP 与世界贸易组织(WTO)规则相衔接，与其他区域自贸安排相辅相成，是多边贸易体制的有益补充，有利于促进经济全球化和贸易自由化。相较于 WTO，RCEP 在推进贸易方面更为彻底，它在贸易壁垒下降、市场准入、要素流动等方面对签约国都有较高的要求，其货物贸易的开放水平将达到90%以上，高于 WTO 的85%。RCEP 包含20个章节，除了货物贸易、服务贸易、投资准入等自贸协定基本内容外，还涵盖了电子商务、政府采购等 WTO 不具有的新兴贸易规则内容。WTO 是个基础的多边贸易协议，是区域自贸协定谈判的框架，RCEP 是更为深入的市场开放协定，规则体系更为完备。

4. 中日达成关税减让的自贸协定

中国此前已与东盟、韩国、澳大利亚、新西兰签署自贸协定，RCEP 是中日之间首次达成关税减让的协定。部分汽车零部件首度实现零关税，日本65%左右的农产品对中国开放，此外还有大量中间产品实现零关税，有利于中日两国产业链协同整合。

## 二、武汉市与 RECP 成员国的贸易现状

面对严峻复杂的国际形势，特别是疫情带来的冲击，武汉市进出口增幅超过湖北省平均水平。2020年，武汉市进出口总值达2704.3亿元，增长10.8%，超过湖北省平均水平2个百分点，占湖北省外贸总值的63%。其中，武汉市与 RCEP 域内国家的进出口额超过2019年的水平，保持较好的发展态势。

(一)武汉市与东盟各国的进出口情况

2020年，武汉市对东盟10国进出口额达329.45亿元，同比减少8.81%，其中，

出口 179.77 亿元、同比减少 13.05%，进口 149.68 亿元、同比减少 3.15%。对东盟 10 国中主要贸易伙伴为越南、马来西亚、新加坡、泰国、菲律宾、印度尼西亚，对上述 6 国贸易额占武汉市对东盟 10 国贸易额的 97%以上(见表 4.1、图 4.9)。

表 4.1　　　　　　　　　武汉市对东盟及东盟各国贸易情况

| 东盟及东盟各国 | 出口额（亿元人民币） | 同比（%） | 进口额（亿元人民币） | 同比（%） | 进出口额（亿元人民币） | 同比（%） |
|---|---|---|---|---|---|---|
| 东盟 | 179.77 | -13.05 | 149.68 | -3.15 | 329.45 | -8.81 |
| 越南 | 41.39 | -24.61 | 29.77 | -28.41 | 71.15 | -26.24 |
| 马来西亚 | 38.83 | -3.58 | 30.3 | 10.92 | 69.13 | 2.28 |
| 新加坡 | 18.39 | -49.49 | 45.59 | 5.56 | 63.98 | -19.62 |
| 泰国 | 21.29 | 4.63 | 31.23 | -2.63 | 52.51 | 0.19 |
| 菲律宾 | 31.99 | 55.46 | 5.83 | 3.28 | 37.81 | 44.23 |
| 印度尼西亚 | 19.42 | -27.22 | 6.63 | 43.08 | 26.05 | -16.82 |
| 缅甸 | 3.86 | 50.27 | 0.02 | -84.59 | 3.88 | 44.47 |
| 老挝 | 3.19 | 5.04 | 0.08 | >100000 | 3.27 | 7.75 |
| 柬埔寨 | 1.32 | -29.99 | 0.24 | 12933.86 | 1.55 | -17.37 |
| 文莱 | 0.11 | 15.94 | 0 | -100 | 0.11 | 15.93 |

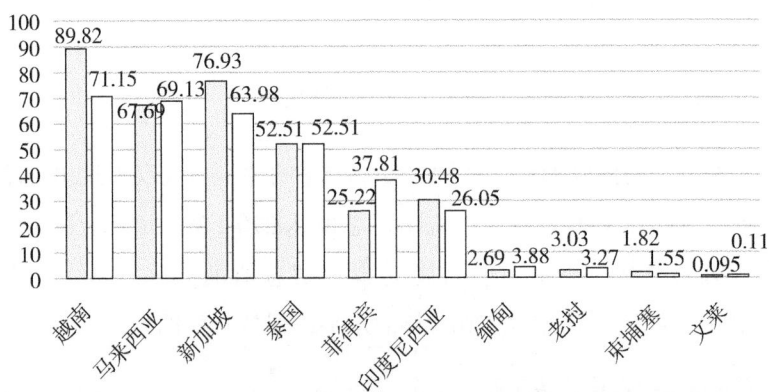

□2019年进出口额(亿元人民币)　□2020年进出口额(亿元人民币)

图 4.9　2019 年和 2020 年中国对东盟各国进出口额

　　武汉市对东盟进出口主要产品为：机电产品（192.93 亿元）、高新技术产品（168.16 亿元）、食品土畜及农产品（18.69 亿元）、纺织服装（15.21 亿元）、钢材（10.29 亿元）、轻工工艺品（6.38 亿元）、文化用品（4.35 亿元）（见图 4.10）。

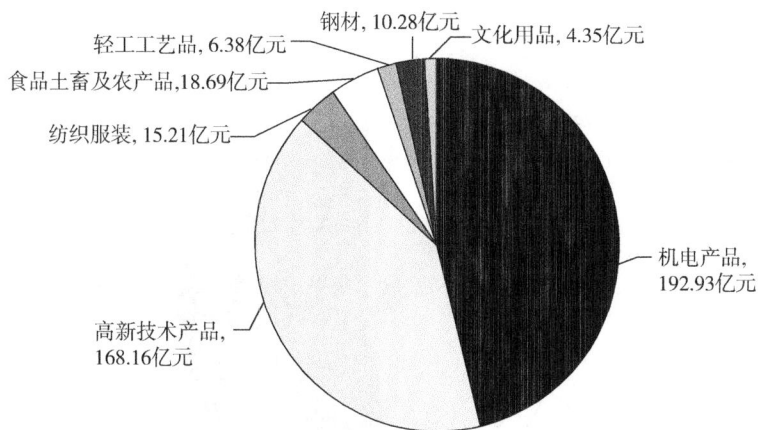

图 4.10　武汉市对东盟主要进出口产品的饼状图

　　从进口产品来看，武汉市从东盟进口的产品主要有高新技术产品（107.38 亿元）、机电产品（81.44 亿元）、食品土畜及农产品（7.11 亿元）、五矿化工（4.54 亿元）、纺织服装（3.78 亿元）、轻工工艺品（2.59 亿元）（见图 4.11）。

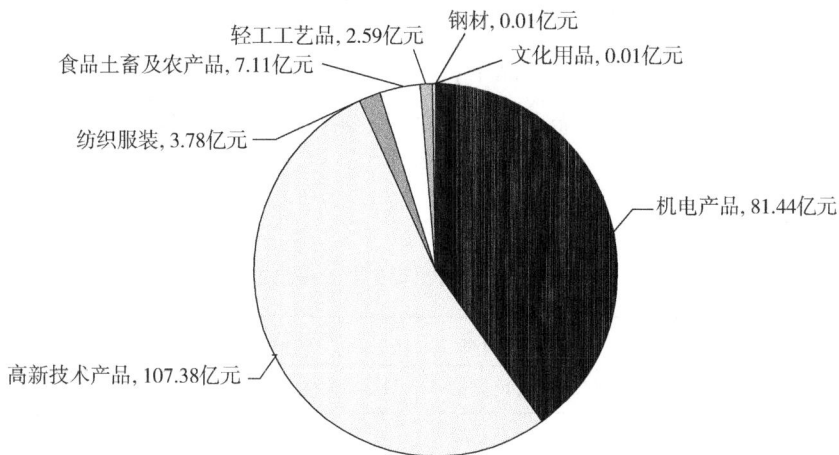

图 4.11　武汉市对东盟主要进口产品的饼状图

从出口产品来看，武汉市对东盟出口的产品主要有机电产品(111.49亿元)、高新技术产品(60.77亿元)、纺织服装(11.43亿元)、食品土畜及农产品(10.58亿元)、钢材(10.27亿元)、文化用品(4.34亿元)、轻工工艺品(3.79亿元)(见图4.12)。

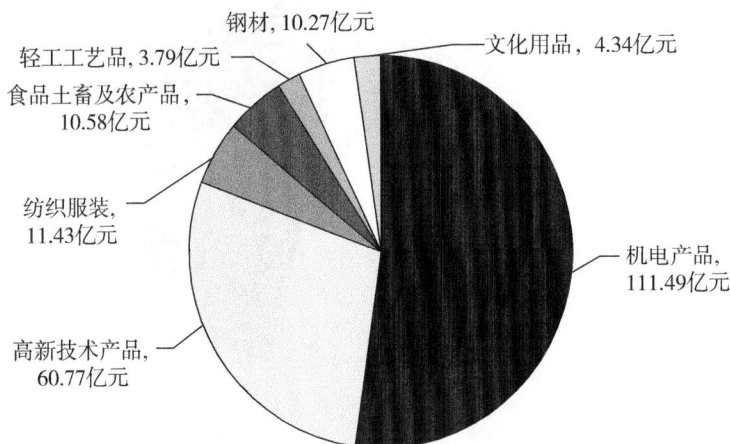

图 4.12　武汉市对东盟主要出口产品的饼状图

2020年武汉市对东盟10国的出口额比进口额高30亿元，东盟是武汉市重要的出口市场(见表4.2)。在出口产品中，机电产品、高新技术产品和纺织产品分列前三位，主要出口企业是烽火国际、鸿富锦、华星光电、汉口北、武汉钢铁、长飞光纤和光迅科技；在进口产品中，高新技术产品、机电产品和食品土畜及农产品分列前三位，主要进口企业是长江存储、鸿富锦、海思光电、海晨物流、烽火国际和光迅科技。

表4.2　　　　　　　　　武汉市对东盟进出口主要产品情况　　　　单位：亿元人民币

| 产品 | 出口额 | 进口额 | 进出口额 |
|---|---|---|---|
| 机电产品 | 111.49 | 81.44 | 192.93 |
| 高新技术产品 | 60.77 | 107.38 | 168.16 |
| 纺织服装 | 11.43 | 3.78 | 15.21 |

续表

| 产品 | 出口额 | 进口额 | 进出口额 |
|------|--------|--------|----------|
| 食品土畜及农产品 | 10.58 | 7.11 | 18.69 |
| 轻工工艺品 | 3.79 | 2.59 | 6.38 |
| 钢材 | 10.27 | 0.01 | 10.28 |
| 文化用品 | 4.34 | 0.01 | 4.35 |
| 合计 | 212.67 | 202.32 | 416 |

## (二)武汉市与日本的进出口情况

2020 年,武汉市对日本的进出口总额为 42.44 亿美元,同比增长 10.92%。出口额为 5.27 亿美元,同比增长 17.35%。进口额为 37.17 亿美元,同比增长 10.07%。武汉市对日本的进口额是出口额的 7.05 倍,日本是武汉市重要的进口市场。2018—2020 年,武汉市对日本的进口额、出口均呈现快速增长的趋势。武汉市从日本主要进口半导体器件、通信设备和汽车零部件,对日本少量出口光纤、铝箔等(见图 4.13)。

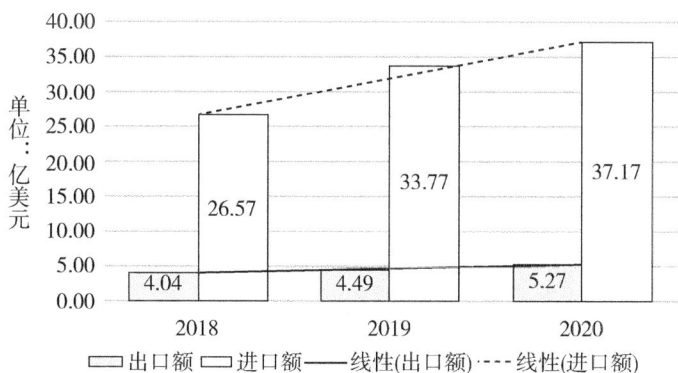

图 4.13  2018—2020 年武汉市对日本的进出口总额

## (三)武汉市与韩国的进出口情况

2020 年,武汉对韩国的进出口总额为 32.67 亿美元,同比增长 34.02%。出口额为 4.97 亿美元，同比增长 19.84%。进口额为 27.70 亿美元，同比增长 36.93%（见图 4.14）。武汉市对韩国的进口额是出口额的 5.57 倍，韩国也是武汉市重要的进口市场。2018—2020 年，武汉市对韩国的进口额、出口额均呈现高速增长的趋势。武汉市从韩国主要进口半导体器件、集成电路和汽车零部件，出口化工原料、数据处理设备和钢材等。

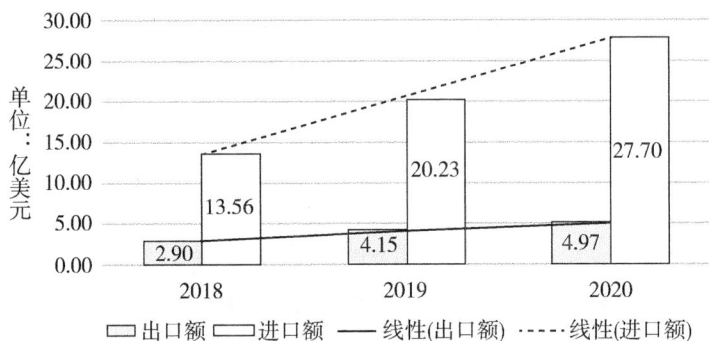

图 4.14　2018—2020 年武汉市对韩国的进出口总额

（四）武汉市与澳大利亚的进出口情况

2020 年，武汉对澳大利亚的进出口总额为 8.41 亿美元，同比增长 22.21%。出口额为 3.32 亿美元，同比增长 23.45%。进口额为 5.09 亿美元，同比增长 21.41%（见图 4.15）。武汉市对澳大利亚的进口额是出口额的 1.53 倍。2018—2020 年，武汉市对澳大利亚的出口额、进口额在出现回调后走出上升趋势。武汉市从澳大利亚进口铁矿、铜矿等资源产品，出口量较少。

（五）武汉市与新西兰的进出口情况

2020 年，武汉对新西兰的进出口总额为 7.75 亿元人民币，同比增长 31.57%。出口额为 3.61 亿元人民币，同比增长 32.77%。进口额为 4.14 亿元人民币，同比增长 30.54%（见图 4.16、图 4.17、图 4.18）。武汉市对新西兰的进口额比出口额高出 15%，武汉市从新西兰进口少量木材和食品，出口量较少。

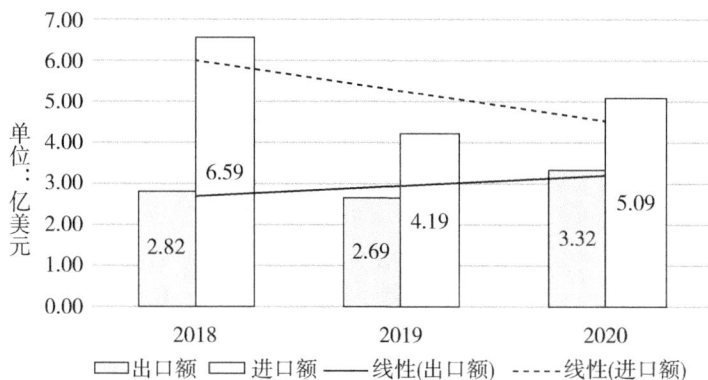

图 4.15　2018—2020 年武汉市对澳大利亚的进出口总额

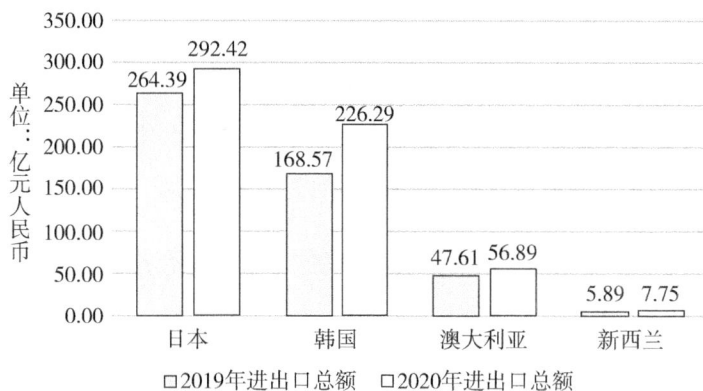

图 4.16　2019 年和 2020 年武汉市对日本、韩国、澳大利亚、新西兰进出口总额

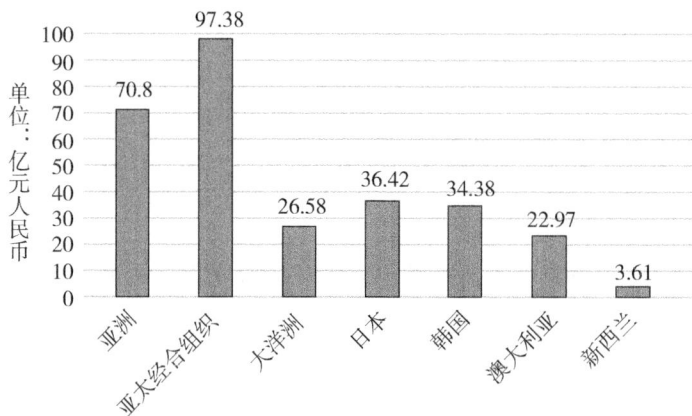

图 4.17　2020 年武汉市对日本、韩国、澳大利亚、新西兰出口总额

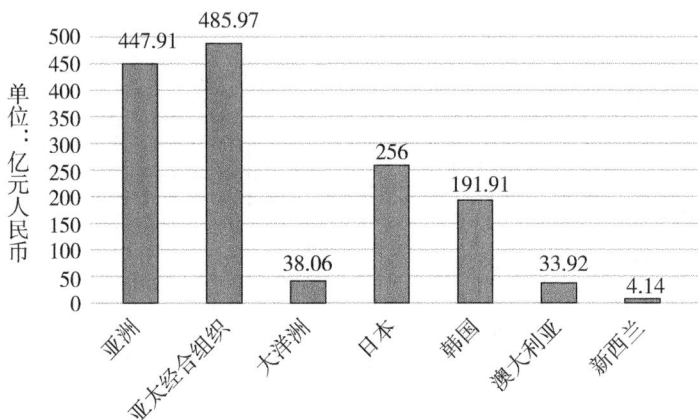

图 4.18　2020 年武汉市对日本、韩国、澳大利亚、新西兰进口总额

2020 年，面对前所未有的困难和挑战，武汉市外贸进出口交出了一份亮眼的成绩单，对日本、韩国、澳大利亚和新西兰等亚太经合组织成员的进出口逆势增长，外贸进出口明显好于预期，外贸规模再创历史新高。

## 三、RCEP 给武汉市外贸发展带来的机遇与经济影响分析

RCEP 通过开放贸易和投资，有助于中国畅通区域的产业链和供应链，更好地连通国内国际两个市场、两种资源；有助于畅通国内大循环，促进国内国际双循环，推动中国加快构建新发展格局，助力武汉塑造参与国际合作和竞争的新优势，改变武汉市外贸依存度①在全国排名靠后、外贸与经济总量排名不匹配的现状。

### (一)RCEP 给武汉市外贸带来的机遇

1. 国际进出口环境改善

从全球来看，RCEP 的签署有助于全球经济形成正向预期，改善经济全球化的环境，拉动全球经济复苏，推动亚太自贸区(FTAAP)的进程。中国在国际分

----

① 外贸依存度，即进出口占 GDP 的比重，2020 年武汉市的外贸依存度为 17.3%，湖北省的外贸依存度为 9.9%，而全国平均水平为 31.7%，沿海部分省市达 50%。从城市来看，武汉的进出口额远低于郑州等中部城市。

工和竞争中将获得更加有利的地位,促进进口多元化,激发进口潜力,优化进口结构,扩大先进技术、设备和零部件进口以及国内有需求的资源性商品进口;同时有利于稳定中国对区域内各国的出口。此外,RCEP 将为我国外贸及相关企业创造公平、透明、稳定、可预期的政策环境,有利于企业更好地在区域内配置要素资源,进一步增强区域内产业链、供应链的韧性。

2. 促进对标高水平国际经贸规则

RCEP 就开放水平而言,15 个国家均作出了高于各自"10+1"自贸协定水平的开放承诺。中方服务贸易开放承诺达到了已有自贸协定的最高水平。中方投资负面清单反映了国内改革的最新进展,这也是我国首次在自贸协定下以负面清单形式对投资领域进行承诺,对完善国内准入前国民待遇加负面清单外商投资管理制度,锁定国内外商投资负面清单改革成果,实现扩大外商投资具有重要意义。据国际知名智库测算,到 2025 年,RCEP 有望带动成员国出口、对外投资存量、GDP 分别比基期多增长 10.4%、2.6%、1.8%。①

3. 推动区域经济一体化

RCEP 自贸区的建成是东亚区域经济一体化新的里程碑,将显著优化域内整体营商环境,大幅降低企业利用自贸协定的制度性成本,进一步提升自贸协定带来的贸易创造效应。RCEP 还将通过加大对发展中和最不发达经济体的经济和技术援助,逐步弥合成员间的发展水平差异,有力促进区域协调均衡发展,推动建立开放型区域经济一体化发展新格局。

## (二)RCEP 对武汉经济的影响预判

1. 降低进出口交易成本,促进贸易往来

15 个国家之间采用双边两两出价的方式对货物贸易自由化作出安排,协定生效后区域内 90% 以上的货物贸易将最终实现零关税,且主要是立刻降税到零和10 年内降税到零,使 RCEP 自贸区有望在较短时间兑现所有货物贸易自由化承诺。可以预见,随着原产地规则、海关程序、检验检疫、技术标准等统一规则落

---

① 陈波. RCEP 生效对中国经济意味着什么? [EB/OL]. [2022-02-08]. 中国新闻网, https://baijiahao.baidu.com/s? id=1724198109521481020&wfr=spider&for=pc.

地，取消关税和非关税壁垒效应的叠加将逐步释放 RCEP 的贸易创造效应，显著降低区域内贸易成本和产品价格，大大提高武汉进出口效率，提升武汉地区产品竞争力，实现对东盟的出口"优势更优"，对日本的出口有新的增长点，促进武汉市中小企业参与国际贸易。

2. 提高通关效率，便利产业合作

RCEP 联合声明表示，将通过确保海关法律法规实施的可预见性、一致性和透明性，简化通关程序，促进高效管理，提高贸易便利化水平，创造有利于全球和区域供应链发展的环境。经核准出口商的制度叠加区域累积规则，将极大地便利 RCEP 成员方的产业合作和促进区域供应链的优化，同时也对企业熟练掌握原产地规则提出了更高的要求。RCEP 区域内首次引入统一的电子商务规则，也有助于武汉市电子商务以及数字经济相关产业拓展 RCEP 成员国市场，促进区域产业加快向数字化转型，进而优化产业链布局，促进国内国际双循环，提升企业在国际国内两个市场配置资源的能力。

3. 提升武汉市支柱产业的国际竞争力

RCEP 作为亚洲地区最大的投资协定，关税减让实现了日本市场的历史性突破，将明显促进我国与日本产业链供应链的跨国合作。在制造业方面，日本、澳大利亚和新西兰除少数敏感领域外，其他领域基本实现全面开放。武汉的产业链完整、价值链本地增值能力突出，RCEP 有利于武汉保持和提升支柱产业的国际竞争力。原产地区域累积规则，有利于跨国公司在东盟与中日韩（10+3）区域内依托各国资源禀赋与市场优势，更加灵活地调整产业链供应链布局，在区域内实现高效的要素资源配置，这也将促进区域内中间产品的贸易投资，特别是进一步促进电子信息、机械设备、石油化工、纺织服装、汽车等产业在"10+3"区域内的投资布局，形成涵盖上下游的较为完整的产业链分工格局。

《武汉市 2021 年政府工作报告》中指出"务实推进支柱产业壮大行动，规模以上工业增加值增长 10%。加快产业基础再造，着力补齐基础零部件（元器件）、基础工艺、关键基础材料、产业技术基础等领域短板，提高产业链供应链自主可控能力。"武汉市"十四五"规划提出九大支柱产业，包括光芯屏端网新一代信息技术、汽车制造和服务、大健康和生物技术、高端装备制造、智能建造、商务物流、绿色环保、文化旅游、现代金融。中国签署 RCEP 对于武汉市支柱产业壮大行动存在积极的作用。

以武汉市的第一大支柱产业汽车产业为例，我国对约 65% 的汽车零部件给予零关税待遇，约占贸易额的 90%。RCEP 带来的汽车零部件关税降低将极大地整合东亚地区的汽车供应链产业链，有效帮助东风本田、上汽通用等汽车整车生产企业降低生产成本，进一步释放武汉汽车企业在产业链层面的优势。同时，我国在 RCEP 项下保留了大部分整车进口关税，给我国国内汽车整车行业发展保留了空间。

4. 推动武汉市新兴产业优化产业链布局

武汉市"十四五"规划明确六大新兴产业，包括网络安全、航空航天、空天信息、人工智能、数字创意、氢能。RCEP 的签署给武汉市新兴产业带来了机遇。RCEP 是中日两国首次签订的自由贸易协定，日韩两国在高新技术方面具有很强的竞争力，通过 RCEP 建立起来的中日韩贸易关系，一方面为武汉市承接日、韩等国半导体、网络通信、AI 技术、液晶显示、高端装备的技术转移提供了便利。另一方面，也为武汉光电子信息、下一代网络、应用电子、信息服务和电子新材料等新兴产业做大做强提供了更多可利用的资源和可开拓的市场。RCEP 将进一步促进武汉市与日韩等国开展国际科技合作，为新兴产业发展聚智、聚力、聚技，共同打造区域内新的供应链、价值链和创新链。同时，也有利于武汉市企业通过对 RCEP 成员国内特定目标的投资，实现关键零部件的配套和关键技术的突破。

5. 有利于促进居民消费

根据中国关税承诺表，我国将对小家电、智能家居、新能源汽车、消费电子、小食品、美妆、服装、鞋帽七大行业的商品关税进行大幅下调。在小家电行业，从日本进口的电饭锅关税税率将从 15% 逐渐降低，至第 11 年为 0，音响设备从 10% 立即降至 0；在美妆行业，从东盟进口的化妆品关税将从 10% 降至 5%，香水从 10% 降至 3%。此外，从东盟进口的榴梿、火龙果关税将从 20% 降至 0，从日本进口的手表关税从 12.5% 逐步降至第 11 年为 0。这些质优价廉的商品降低了居民消费门槛，丰富了消费品种，有望引发武汉市居民新一轮的消费升级。

同时，RCEP 协定为服务业的发展提供了更广阔的市场空间、更丰富的服务体系和更灵活的合作安排。武汉市可以通过引进吸收日本和韩国的大健康、文化创意和信息软件、智慧物流和物联网等先进产业，进一步丰富武汉相关服务业的功能体系，提升服务质量和效率。例如，跨国整合优质旅游资源经营"新马泰"旅游线路，构建形成区域内畅通的物流配送网络，等等。服务业的快速发展将有效拉动武汉市的消费需求。

## 四、利用 RCEP 推动武汉市外贸提质升级的路径与对策

各级政府和相关部门要做好准备，加大协定实施的培训力度，帮助企业提升认知度和原产地规则运用能力，用好用足包括 RCEP 在内的自贸协定，打造更大的合作平台。企业要适应新形势，提升利用协定的意识和主动性，不断提升行业竞争力，推动地方经济高质量发展。

### (一)各级政府和相关部门充分利用 RCEP 的路径与对策

1. 深耕优势产业，增强贸易功能

围绕武汉优势产业、贸易新业态等多点发力，全面激发市场主体外贸活力，实施贸易产业融合计划。一是服务重点产业发展。加快推动中部外贸大市场建设，培育壮大龙头企业；对"光芯屏端网"等战略产业和重点企业实施"一企一策"，鼓励实施全球发展战略，指导企业更好地"引进来""走出去"。二是支持新业态做大做强。支持天河机场、武汉经开区等跨境电商以及汉口北市场发展，实施"一地一策"，探索跨境电商"线下自提""保税备货+邮快件"等新模式，培育壮大新的外贸增长点。

2. 改善营商环境，优化国际交往环境

随着 2022 年 1 月 1 日协定生效，相当比例的产品关税立即降到 0，区域内进出口贸易进入活跃期，各国间贸易摩擦案例会相应增加。因此，一方面在全面提升对外贸易的检测预警专业水平的同时，应加快健全知识产权纠纷多元化解决机制和知识产权援助机制，保护产业权益。另一方面应提升治理能力，优化营商环境。RCEP 协定中有 170 项软性义务，比如：在可行的情况下，对快运货物、易腐货物给予 6 小时通关；鼓励成员在电子商务中使用可交互的电子认证。武汉应将软性义务作为硬约束，积极与国家部委对接，将部分软性义务在武汉率先进行试点，逐步推向全国。

3. 深挖区位优势，增强口岸功能

武汉市区位优势得天独厚，航空、水运、铁路等开放口岸齐备。应着力完善网络、拓展功能，加快构建水铁空邮"四路齐发"多式联运物流大通道。一是建好口岸。推动武汉港等口岸扩大开放。二是建好平台。推动口岸与自贸区、综保区、跨境电商综试区等平台联动发展，实现政策叠加、功能互补、效益提升；依托长江黄金水道、中欧班列、航空口岸完善多式联运体系，融入"一带一路"和 RCEP 网络；创新推动进境肉类、冰鲜水产品、水果、粮食、汽车等口岸"五合一"集约化管理。三是建好枢纽。支持天河机场新增国际客、货运输航线，创新顺丰机场"快件智能分拣"模式，助力打造空港客货运输"双枢纽"。加快构建武汉直达日本、韩国的两条江海直航通道，实现武汉-东盟四国航线班轮化、常态化。

4. 加强科技创新，提升产业链价值

对外开放是发展手段，最终目标是助力产业转型升级，做大做强本地产业，提升全球产业链地位，调整优化国际产业分工，增强产业链供应链自主可控能力。武汉可将万亿级产业集群与数字贸易发展相结合，在细分小类中培育千亿级国际化产品，聚焦产业、贸易，发挥人才、高校、产业优势，将数字贸易作为重点，打造国内数字贸易营商环境高地。

目前，武汉市的"光芯屏端网"产业总体上具有较强的国际竞争优势，但在部分高端产品和一些关键技术上仍存在卡脖子技术短板。要加强基础研究和原始技术创新，形成覆盖"光芯屏端网"产业全领域的自主创新体系。进而巩固提升产业水平，提升武汉市在 RCEP 区域内的产业地位。未来，要进一步以科技创新挖掘潜力，以制度创新激发活力，以模式和业态创新增添动力，扎实推进贸易创新发展。

武汉市涉农企业可考虑开拓韩国、日本市场，实施农业"走出去"战略，应加快提高科技创新水平，建设优质农产品生产基地，防止农产品源头污染，严格农业生产过程中化肥、农药等投入品管理，充分利用信息化技术，不断地提高武汉市农产品的国际竞争力。

5. 引进和培育外贸综合服务企业，打造外贸服务平台

总体上看，武汉出口的产品门类不是很丰富，外贸龙头企业较少。做外贸需

要与海关、检验、税务、银行、物流等多方打交道，中小企业单凭一己之力做起来很吃力。一些中小企业为图方便，直接把出口产品卖给邻省或沿海的外贸企业，进一步影响了武汉市外贸规模的增长。

外贸的提质升级直接关系到武汉经济的平稳快速发展。因此，应加快引进和培育外贸综合服务企业，打造外贸服务平台，一条龙地为外贸企业提供报关、检验检疫、收汇、物流、退税等专业服务，以及融资、保险、人才、市场拓展等增值服务，让中小企业"没有难做的外贸"，让更多的武汉产品走上外贸发展的高速公路，利用新兴贸易方式扩大武汉市外贸规模，调整外贸结构，推动武汉市外贸转型升级。

6. 发挥贸促会的服务功能，提高企业自贸协定利用率

出于多方面原因，我国企业自贸协定利用率一直不高，自贸协定的效用发挥不够理想。未来应以 RCEP 落地和实施为契机，发挥武汉市贸促会上接政府、下联企业、沟通内外的独特优势，面向企业积极开展政策宣介，组织能力培训，普及 RCEP 有关知识，介绍利用 RCEP 政策工具；优化原产地证等签证服务，扩大"一站式"服务范围，降低企业成本；加强对 RCEP 相关政策的研究，嵌入商事法律服务工作，做好企业的参谋；积极举办与 RECP 成员国相关的经贸论坛和展览展示活动，为企业提供更大的合作平台，把我国政府为企业精心定制的"优惠券"发到企业手里，使政策给企业带来实实在在的好处，在增强企业的受惠面和获得感上下功夫。

## (二) 市场主体积极融入 RCEP 的路径与对策

1. 抢抓产业链供应链集成效应，更好地参与国际合作与竞争

RCEP 协定促进了区域内经济要素自由流动，强化了分工合作，拉动了消费市场升级扩容，推动了区域内产业链供应链发展。市场主体要有国际化的全局思维，用构建国内外双循环格局的思维来安排产业布局，投资并购 RCEP 成员国的优质资源和先进企业。

石化行业应积极开展与国际先进产业水平的对标，加大研发投入，推动开拓东南亚市场；电子行业应提升产业基础能力，稳定电子信息制造产业链；纺织行业应抓住我国对日本出口有效增加的机遇，引进先进设备，加强产能合作，推进

纺织服装产业升级；机械行业应推动机电全产业链"走出去"，加快装备质量和安全标准与国际接轨；轻工行业应推动区域内产业布局，提升品牌，增强国内产业链供应链的自主可控，加强科技创新。

2. 全面掌握协定规则，采取有效的应对策略

在货物贸易便利化方面，RCEP 各成员还就海关程序、检验检疫、技术标准等达成了一系列高水平的规则。随着这些便利化规则的落地，RCEP 将显著降低域内贸易成本，提升本地区的产品竞争力，逐步发挥贸易创造效应，给企业带来更多的商业机遇，也给消费者带来更多的选择和实惠。

在服务贸易方面，从中方重点关注的服务部门来看，RCEP 其他各方在建筑、工程、旅游、金融、房地产、运输等部门均承诺较大程度的开放，为我国企业"走出去"、扩展区域产业链布局提供了广阔的市场空间。

在投资市场准入方面，各成员国均采用负面清单模式做出承诺。在制造业方面，日本、澳大利亚和新西兰除少数敏感领域外，其他领域基本实现全面开放。在农、林、渔和采矿业方面，在符合一定条件或要求的情况下，各成员国企业也允许进入彼此市场，上述安排将为各国投资者带来更多的机遇。

企业是新时代构建新发展格局的生力军，广大企业要积极研究协定，用好协定，全面掌握协定的规则内容，吃透货物贸易和服务贸易及投资市场准入对产业发展的影响，尽快申请海关 AEO（经认证的经营者）高级认证，以便充分享受 RCEP 红利。出口方面：借助"走出去"项目，熟练掌握原产地证书申领程序、证明材料等要求，完善业务流程，有针对性地做好技术准备，促进通信电力、工程装备、机械装备等产品开拓市场；培育外贸新业态新模式，扩大海外仓规模，抓住消费市场的发展机遇。进口方面：扩大先进技术、重要装备和关键零部件进口；支持能源资源产品进口；增加国内紧缺和满足消费升级需求的农产品进口。

3. 进一步挖掘跨境电商行业的发展潜力，加快发展数字贸易

2020 年，中国与 22 个国家"丝路电商"合作持续深化，双边合作成果加速落地；国务院新批复成立 46 个跨境电商综合试验区，跨境电商综试区扩大到 105 个（含武汉跨境电商综试区）；海关总署增设"9710""9810"跨境电商 B2B 出口贸易方式，推动通关便利化。目前多地的跨境电商综试区正继续推进关于跨境支付、电商平台、物流公司等多个产业链的政策利好措施。中国出口跨境电商行业

和卖家经历了从"野蛮生长"到"精耕细作"的演变。出口跨境电商成为中国外贸的重要支持力量,并正从外贸"新业态"变为外贸"新常态"。

伴随全球贸易的数字化发展,以数字贸易为突出特征的第四次全球化浪潮,对全球供应链、产业链、价值链产生了巨大影响。作为一个新型的贸易形态,数字贸易是电子商务的有机组成部分,跨境电商会助推数字贸易时代的全面到来,而全球数字贸易是跨境电子商务发展的高级阶段。

因此,供应商、采购商、服务商要利用好开放型的全球数字贸易平台,加速全球布局,增强品牌意识,提速产品创新、升级响应能力,提升参与国际合作和竞争的本领。跨境企业要充分利用海外仓模式,进一步降低物流成本和产品破损率,提高管理水平和市场竞争力。

4. 增加品牌辨识度,对标国际标准扩大出口

学习日本等先进国家的品牌建设经验,借鉴海尔(并购三洋)、美的(并购东芝)等公司并购海外品牌的案例,通过多种形式来快速提高武汉企业的品牌竞争力。

树立全球视野和本土化的思维,确保产品、零部件、原料等满足国际标准,用先进的国际标准作为扩大出口的通行证。一方面,多元化的发展可以为未来打造更好的发展基础,武汉外贸企业除了发展美国、欧洲、日本等成熟市场,也可以依托 RCEP 进一步走入澳大利亚、新加坡等新兴市场;另一方面,武汉外贸企业需要了解本地消费者的需求是什么,以消费者需求作为出发点,做好产品的差异化设计,更好地满足本地消费者的需求,同时也要了解各个国家不同的贸易法规和产品法规,在合规的基础上获得更健康、持久的运营。

# 第五章 共享发展

## 第一节 以产业转型带动人口导入
### 助推青山区焕发新生机①

当前，青山区面临着"人口迁出"和常住人口增长停滞的双重压力，且人口老龄化程度严重。作为经济社会运行的基本要素，人口资源对于城市发展的重要性日益凸显。结合推拉理论、② 迁移理论③等西方经典理论，在市场经济条件下，人口流动主要源于产业因素的影响，产业结构的调整引起产业对就业人口需求的变动，从而引发人口在局部区域间的流动。研究人口流动问题，更应关注地区产业的发展，产业结构很大程度上决定人口流动去向，产业因素带动人口在地区间流动。

本章在分析青山区常住人口和产业发展现状的基础上，剖析青山区人口流出以及导入人口增长率低的原因。通过借鉴国内其他地区产业转型带动人口导入的经验，提出加快产业转型发展，是带动青山区人口导入的当务之急。本书从研发

---

① 本节数据来源于武汉市统计局。

② 推拉理论：西方古典推拉理论认为，劳动力迁移是迁入与迁出地的工资差别引起的。现代推拉理论认为，迁移的推拉因素除了更高的收入以外，还有更好的职业、更好的生活条件、为自己与孩子获得更好的受教育的机会，以及更好的社会环境。

③ 迁移理论：该理论着重从经济学的角度分析国际迁移行为产生的动因。通过把古典的供需表应用于迁移，提出国际人口迁移是全球劳动力供需分布的不平衡引起的劳动力调整的过程。经济增长快且缺乏劳动力的国家比经济发展缓慢且劳动力充裕的国家更可能得到更高的工资收入。工资水平的地区差异导致人们从后一类国家流向前一类国家，这一过程一直持续到工资水平的差异消失为止。

教育、都市旅游、大数据信息、大健康、设计创意五大产业入手，围绕产业链的打造，提出加快推进项目的落地和实施，引入产业龙头企业和项目，以产业带动人口导入，以人口导入促进产业集聚，助推青山区焕发新生机。

## 一、研究背景

### (一)青山区常住人口现状

青山区土地面积 161 平方千米，户籍人口 63 万人，常住人口 57.5 万人(含化工区)，占武汉市常住人口的 5.19%。2018 年常住人口增加仅 0.01 万人，增量在武汉市 7 个中心城区中居末尾(见图 5.1)。

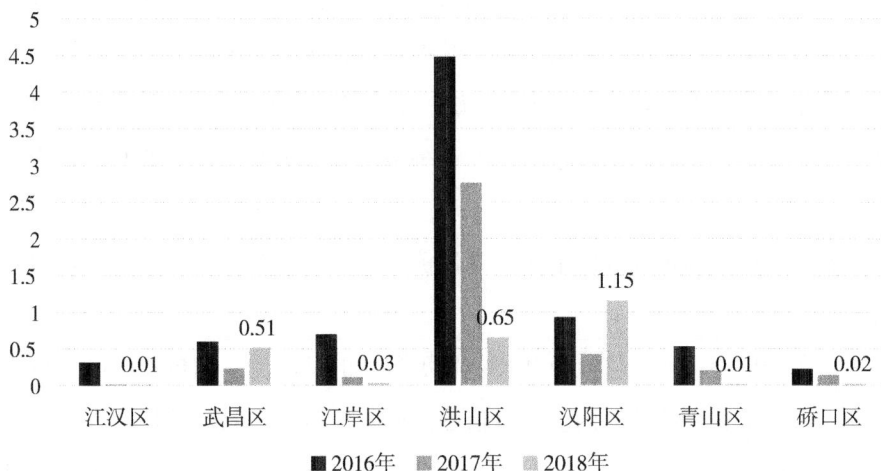

图 5.1 武汉市 7 个中心城区 2016—2018 年常住人口增量(万人)

从人口结构看，老龄人口(60 岁以上)占比高达 28.71%，占比居 7 个中心城区之首，高于武汉市 21.27% 的老龄人口平均占比(见图 5.2)。

2015—2018 年，青山区常住人口增长率均低于武汉市常住人口增速，人口增长滞后(见图 5.3)。

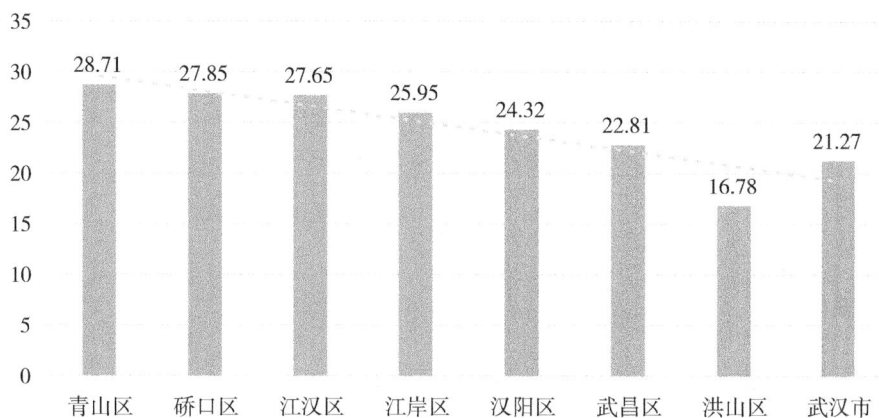

图 5.2 2018 年武汉市及 7 个中心城区老龄化程度(60 岁以上老龄人口占比,%)

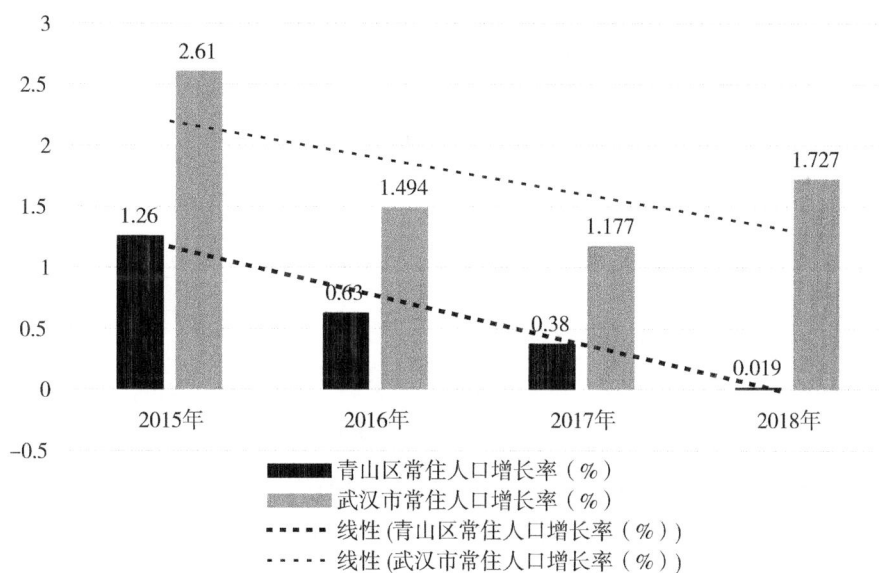

图 5.3 青山区与武汉市人口增速对比

2017 年青山区城镇常住居民人均可支配收入为 43202 元,在 7 个中心城区排第 6 位,低于武汉市平均水平(见图 5.4)。

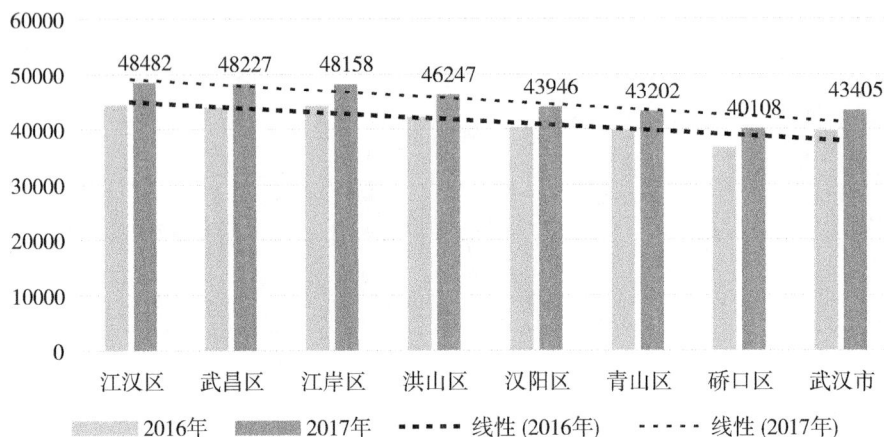

图 5.4　武汉市各区城镇常住居民人均可支配收入(元)

　　2017 年青山区社会消费品零售额为 144.73 亿元，占武汉市社会消费品零售额的 2.34%，远低于人口占比(见图 5.5)。

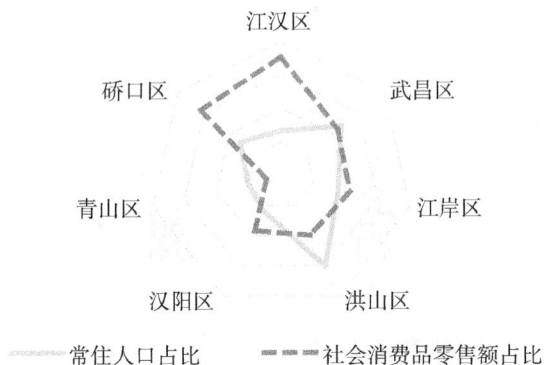

图 5.5　武汉市 7 个中心城区 2017 年常住人口及社会消费品零售额占比

　　统计数据显示，青山区人口增长滞后，且老龄化程度严重。社会消费品零售额占比低，城镇常住人口可支配收入低于武汉市平均水平。根据课题组在青山区的实地调研、走访，青山区的人口流出现象较为严重，实际现有常住人口预估不足 50 万人。

## （二）青山区产业发展现状

青山区制造业先进、产业门类齐全，规模以上工业企业 105 家。依托长期的工业建设，青山区在机电信息化、钢铁深加工、高端装备制造、新材料、节能环保等方面积累了深厚的产业底蕴，为工业的升级改造提供了有力支撑。该区科技研究实力雄厚，境内驻有武汉科技大学、中钢集团武汉安全环保研究院、中冶集团武汉钢铁设计研究总院、中冶武勘研究院等 10 多个大型企业、事业单位和科研机构。青山区拥有近 15 万名实用型产业工人，专业技术人员 5 万余人，大学及本科以上人才占比 1/4 以上。截至 2018 年，青山区高新技术企业达 97 家，高新技术产业产值已超 1200 亿元。但青山区的第三产业增加值在武汉 7 个中心城区居末尾，且人均第三产业增加值远低于武汉市平均水平（见图 5.6）。

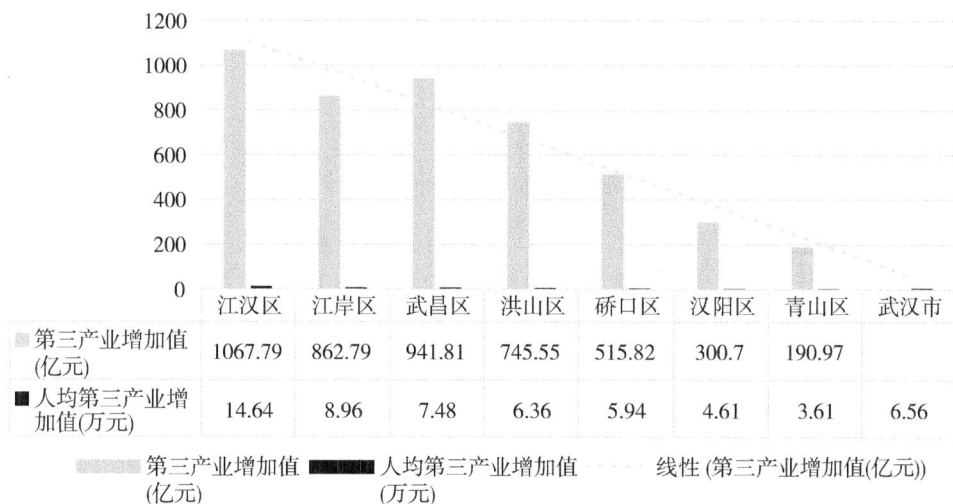

| | 江汉区 | 江岸区 | 武昌区 | 洪山区 | 硚口区 | 汉阳区 | 青山区 | 武汉市 |
|---|---|---|---|---|---|---|---|---|
| 第三产业增加值（亿元） | 1067.79 | 862.79 | 941.81 | 745.55 | 515.82 | 300.7 | 190.97 | |
| 人均第三产业增加值（万元） | 14.64 | 8.96 | 7.48 | 6.36 | 5.94 | 4.61 | 3.61 | 6.56 |

第三产业增加值（亿元）　人均第三产业增加值（万元）　线性（第三产业增加值（亿元））

图 5.6　2017 年武汉市 7 个中心城区第三产业增加值及人均第三产业增加值

到 2017 年年末，武汉市就业人员中，第一产业就业人员占 8.8%；第二产业就业人员占 37.1%；第三产业就业人员占 54.1%。第三产业就业占比从 2013 年的 51.8%，上升到 2017 年的 54.1%，呈现持续上升趋势，已成为吸纳就业的主力军（见图 5.7）。

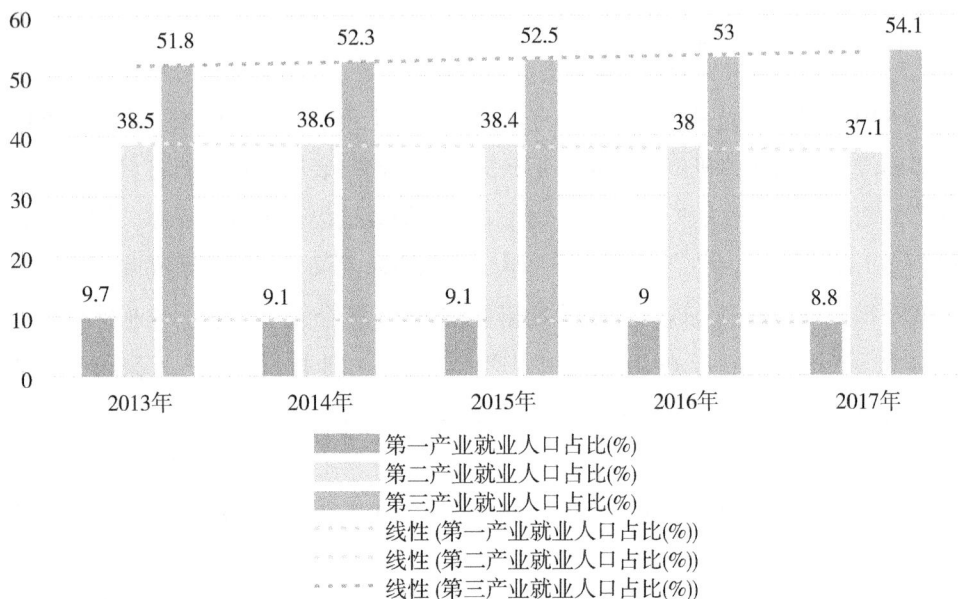

图 5.7 武汉市 2013—2017 年三次产业就业人口占比

## (三)青山区人口流出及导入人口增长率低的原因

1. "三旧"改造滞后

2009 年起,青山区开始大规模旧城改造和城中村改造,但因土地出让指标少,新楼盘供给不足,还建房建设滞后,部分拿到拆迁款的青山区居民到周边的洪山区、武昌区等地购房,流出青山区。

2. 基础设施配套不足

武钢、461、471 等企业的职工住宅区周边基础设施建设滞后,设备、配套不足,道路交通系统不足以满足现代人的需求,企业高端人才纷纷到区外置业。

3. 环境污染导致人口流出

青山区工业"三废"排放曾长期高居湖北省第一。"年吃半块砖,自饮洗脚水"。党的十八大后,"绿水青山就是金山银山"的理念深入人心。青山区坚持污染治理与生态建设两手抓,投入巨资开展"城市双修""四水共治""海绵城市"建设,加快生态发展,昔日的"光灰城市"已变为"城市花园"。但是,过去的环境污染已导致大量人口流出青山区。

4. 服务业吸纳人口不足

在武汉市 7 个中心城区中, 青山区第三产业增加值和人均第三产业增加值均排在第 7 位。在后工业时代, 服务业成为吸纳人口的主要产业, 青山区服务业对人口导入的潜力尚需进一步挖掘。

研究表明, 影响人口导入的因素除了城市公共服务和相对收入水平外, 最重要的是产业结构。青山区地处武汉市中心城区东北部, 存在城市功能发育不完全、城市形象不鲜明、城市环境缺乏吸引力等问题, 且相对收入水平在武汉市不具优势, 导致原有人口流出的同时, 没能有效吸引新的人口流入。因此, 未来青山区应把握产业发展重点, 要将"留住人口"和"导入人口"两方面充分结合起来。

(四) 导入人口的产业方向

武汉市委 2019 年 9 月召开的全体(扩大)会议指出, 加快推进新一线城市和国家中心城市建设, 力争到 2021 年建党一百周年时, "四个中心"建设取得明显进展, 即"经济中心""高水平科技创新中心""商贸物流中心""国际交往中心"。中心城区要围绕现代服务业创新升级, 聚集"科技+文化""科技+金融""科技+商贸""科技+公共服务"、软件服务外包等领域, 努力将传统街区、服务业集聚区建设成为新技术、新业态、新模式的策源地、首发地、试验场、竞赛场。

青山区具有产业基础、区位、土地三大优势, 发展空间广阔, 拥有 8 栋共计 39.39 万平方米的 5A 级商务楼宇空间; 14 家孵化器、9 家众创空间、50 万平方米的闲置厂房、工业仓库等; 滨江红城预计未来五年可征收 1000 万平方米; 滨湖蓝城总开发面积约 32 平方千米; 北湖绿城总开发面积约 38 平方千米; 新材料产业集聚区规划建设用地面积约 20.82 平方千米。且青山区的企业闲置厂房租金每月仅 20 元每平方米, 商务楼宇租金每月 50~70 元每平方米, 成本优势显著。

因此, 按照武汉对青山区的布局, 青山区要围绕现代服务业创新发展, 着力打造新业态聚集区, 发挥新消费引领作用, 催生新技术、新产业, 带动人口导入, 助推青山区焕发新生机。

（五）国内外相关地区产业带动人口导入的经验借鉴及对青山区的启示

1. 美国匹兹堡："钢都"向绿色科技之城的转变

20 世纪 70 年代，当时的美国宾夕法尼亚州第二大城市匹兹堡因美国钢铁工业不景气而遭遇严重的经济危机和失业潮。在经历了几十年的经济转型后，其成为国际老工业城市中城市改造的一个典范。近年来，匹兹堡依靠高质量的教育和绿色环保两大优势打造城市吸引力，如今已成为 300 多家美国和跨国公司总部的所在地。在 2008 年的美国经济衰退中，匹兹堡没有受到次级债危机的太大影响，经济稳健发展，不仅失业率没有上升，反倒增加了就业人口，是美国少有的几个在全球经济衰退时期仍能保持财政盈余的城市之一。

2. 上海宝山区："无中生有"与"有中生新"吸引外区人口导入

宝山区积极融入上海"创新驱动发展、经济转型升级"大局，产业结构调整和经济转型成效明显。以国际邮轮港为抓手，全面启动吴淞口滨江航运商务区、上棉八厂创意产业园和炮台湾湿地公园二期等建设，将吴淞口滨江带打造成为集航运服务、旅游休闲、滨江观光、商业商务和文化创意等多功能于一体的"国际旅游休闲走廊"。

如果说发展邮轮产业是"无中生有"，那么依托科技创新，根植于传统产业催生出的一批新兴产业则是"有中生新"。依托宝钢，集聚上海钢铁交易中心、欧冶云商等重大项目，宝山区成为全国最大的钢铁电商平台集聚地。沿三条轨交线，打造了 611 万平方米产业载体，集聚了 2 万家新兴企业、近百家高端装备制造企业、20 余个新兴产业园，形成了以智能制造、新材料、大数据、云计算、移动互联网为主导的产业特色。2015 年，宝山区第三产业贡献率首次超过 60%，达到 64.5%，服务业增长快于工业，新型产业增长快于传统产业。2012—2015 年，宝山区 4 年共导入外区人口 118 万余人，每年的导入量均居上海市首位。

3. 借鉴贵州清镇职教城经验，发展教育培训产业

清镇职教城位于贵州省中部腹地清镇市城区西北部，占地约 50 平方千米，总投资约 356 亿元，建设工期为 5 ~ 10 年。按照"立足贵阳、面向贵州、辐射

西南"的发展规划，2020年，清镇职教城内入驻职业院校不少于20所，在校生规模在20万人以上，配套人口在20万人以上，形成设施配套、专业齐全、人才聚集、环境优美、贵州省唯一的职业教育示范区和AAAA级风景旅游名胜区。

4. 对青山区人口导入的启示

一是完善青山区基础设施，打造良好的投资和生活环境。加快推进区内的交通基础设施、公共活动空间的规划建设，创造良好的活动空间，构建更好的营商环境和城市服务体系，为招商引资和招才引智提供有利条件。

二是城市在转型过程中，围绕"一轴两区三城"布局，深入研究分析各个片区的发展特点，积极吸收外来资金、技术和人口。针对不同地区的优势，实现片区特色化及产业结构多样化，加快推进大数据信息产业、教育培训和大健康产业的发展。

三是注重城市特色的延续与继承，挖掘"红房子"工业文化资源，积极发展创意设计和都市旅游产业，策划和引入一批地区活动，重塑青山区的城市形象和城市品牌。

四是深化服务业与制造业融合。一方面，打造工业互联网，支持龙头企业、骨干企业、专精特新企业，由有形产品提供者向"产品+服务"提供者转变；另一方面，支持平台企业发挥其技术、管理、销售渠道等优势，沿产业链向制造业拓展延伸。

五是创新服务业模式，加快产业链内部融合。加快信息技术在服务领域的创新应用，推动新兴服务业发展。完善服务业供应链管理、企业流程再造和精益服务，由单一服务环节向提供全过程服务转变，由提供一般服务向综合性服务转变。支持服务业企业围绕产业链、价值链、创新链进行融合，推进形成服务业发展合力。

借鉴各地人口导入的经验，城市的产业结构是决定人口导入的关键因素，基础设施和软环境是影响人口导入的基础因素。做好城市基础设施和软环境的建设，需要一个过程。面对青山区当前的人口现状，加快产业转型和高质量发展，是带动人口集聚的当务之急。

## 二、加快青山区产业高质量发展，带动人口集聚的举措

### （一）以研发教育为突破口，实现人口数量和质量"双提升"

#### 1. 发展思路

研发教育类产业不仅能够为区域带来创新资源，而且具备快速集聚人口的效应。按照"国内一流、青山特色"的要求，推动研发教育产业"双轮驱动"，一是发挥青山区工业优势，结合战略性新兴产业发展，瞄准高端人才和技术人才（匠人），大力发展创新研发和职业教育；二是发挥青山区基础教育的优势，瞄准小学至高中阶段就学人口及家庭，培育发展 K12 教育、① 文体特色教育培训等产业，通过优质基础教育资源和教育品牌吸引人口向青山区集聚。同时，突破单一产业发展业态，按照"融合"思路发展产业新业态，比如，依托创新学院建设推动工业与服务业的融合发展；依托"匠谷"建设实现教育与产业的融合发展；通过 K12 线上教育实现教育与大数据信息产业的融合发展；依托艺术小镇推动文体教育与都市旅游、文化创意产业的融合发展（见图 5.8）。

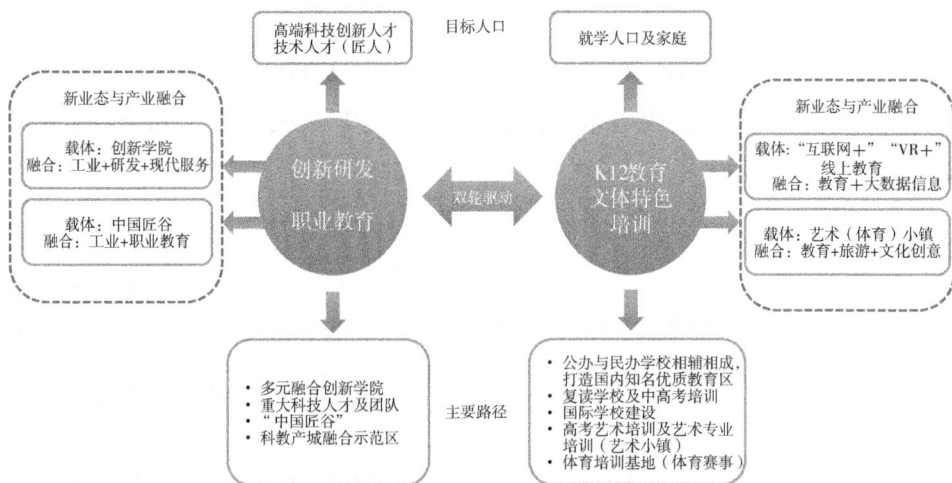

图 5.8 青山区研发教育产业的发展思路

① K12 教育：指从小学一年级到高中三年级的教育系统，即小学、初中和高中三个阶段的基础教育。目标群体年龄范围一般为 7~18 岁，可作为对基础教育阶段的通称。

198

2. 推进路径

（1）瞄准高端人才，搭建以研发为核心的多元融合创新学院。对接中国制造2025，借鉴佛山机器人学院经验，围绕青山区的节能环保、生物医药、智能制造等重点产业，建议打造2~3个以研发为核心的多元产业融合的创新学院，创新学院以工业研发、企业孵化、人才培训等为核心，兼顾会展、贸易、金融等多元服务业。此类创新学院具有"双向效应"和"磁场效应"，"双向效应"体现在不仅能为工业提供研发创新服务，而且能带动相关服务业发展，实现工业与服务业的有效融合。"磁场效应"则是通过研发创新团队"领头羊"或者龙头企业的引入，带来一批相关研发人员、创新要素、相关企业的进入，促进产业和创新的集群化发展。

笔者建议从以下几个方面着手：一是围绕节能环保（循环经济）、生物医药、智能制造等重点产业，加强与国内高等院校的合作，瞄准国内外知名重大科技创新人才、团队及企业，加大引进力度。二是建议以节能环保（循环经济）为突破口，利用武汉循环经济研究院和循环经济服务平台等现有基础，率先搭建绿色环保创新学院。三是关于智能制造创新学院，可与佛山机器人学院建设的德国汉诺威机器人学院、弗劳恩霍夫协会或全球智能制造全球顶级科研机构加强沟通，考虑打造辐射服务中部地区的智能制造创新学院（机器人学院）。四是搭建好创新学院的平台和场所。五是依托青山区创新团队建设、创新资源整合和国内外重大科技创新团队的引入，探索打造永久会址的世界性国际论坛（大会），不仅能有效推动创新要素集聚青山区，而且能完善产业发展生态圈，助推产业转型升级，重塑青山区的新形象。

---

专栏1　案例借鉴：佛山机器人学院

佛山机器人学院是德国汉诺威展览科技学院与广州潭洲国际会展有限责任公司的合作项目，是我国第一所机器人学院。

战略定位：中国制造2025对接德国工业4.0示范平台、机器人产业生态圈引领平台、珠三角传统产业转型升级创新服务平台。

六大业务：展贸业务、示范线及自动化解决方案推广业务、会议及活动业务、培训业务、投融资业务、后机器人服务业务，围绕相关业务集聚了20余家合作企业。

(2)大力发展职业教育,建设全国最大的高新技术职教城"中国匠谷"。梳理借鉴贵州(清镇)职教城和曹妃甸国际职教城两大知名职教城的建设经验,以推动"中国匠谷·武汉国际科教城"项目建设为抓手,以国际一流、助力青山区高新技术产业发展为目标,在整合青山区和武汉市职教培训的存量资源的基础上,加快引入全球和国内知名职业教育企业和产业培训集团,积极培育数万个就业岗位和具有特长的青年学生,辐射数十万名充满活力的产业从业人员,打造全国最大的高新技术职教城"中国匠谷"。

同时,鼓励"匠谷"与宝武转型创新示范区、新材料产业聚集区和清潭湖生物医药产业聚集区的企业开展校企合作,并积极培育创新创业、总部经济、商务服务等服务类产业链,形成"一谷三区"的合作互动格局,实现"以教促产、以产兴城、以城助教"。中远期以服务湖北省产业发展为重点,瞄准全国职业教育市场,将"匠谷"打造成为全国"科教产城"融合示范区。

(3)稳步推进 K12 教育,打造国内知名优质教育聚集区。在我国优质高端的 K12 教育资源稀缺的背景下,优质教育资源成为区域人口流入和集聚的重要因素。目前,我国 K12 教育发展存在两个重要的趋势:一是民办教育快速崛起,聚集优质教育资源的能力逐步增强,优质民办学校成为城市居民就学的重要选择;二是"虚拟现实(VR)+"和"互联网+"促进线上教育的持续喷发,导致诸多教育机构和互联网机构加入线上教育行业。结合青山区的基础教育资源优势和 K12 教育的发展特点和趋势,推进办学体制多元化和办学模式多样化,着力打造国内知名优质的 K12 教育集聚区。

实现路径建议从以下几方面着手:一是增加优质公立教育的布局范围,充分利用武钢三中、武汉市 49 中、钢城四中、钢都中学、武钢实验初中、任家路中学、红钢城小学等优质教育资源,在提高办学质量的前提下,鼓励学校通过建立分校等路径,增加优质教育资源在青山区的布局。二是在民办教育方面,以打造滨江商务区教育集团为抓手,瞄准一批国内外知名 K12 教育的龙头企业,加大引进力度,形成公办与民办优质教育资源相辅相成的发展格局,全面增加青山区优质学区的供给。三是以武钢三中国际部建设为契机,引进一批在国家、省、市有影响力的 K12 教育品牌进驻青山区,打造青山区国际学校建设高地。四是瞄准"虚拟现实(VR)+"和"互联网+"等线上教育的发展趋势,培育和引进一批发展线上教育的教育集团和互联网企业,实现教育产业与大数据信息产业的联动发展。

(4)培育发展文体特色教育培训,推动产业多元融合发展。在艺术教育培训方面,一是瞄准武汉市艺术类高考生的巨大市场,支持发展民办艺术高中,引入一批艺术类高考考前培训机构和艺术专业类培训机构,引导其规范化、品质化、品牌化发展,开展绘画、雕塑、动画、书法、摄影、声乐、舞蹈、表演、播音、主持、编导以及艺术设计等培训。二是以柏斯音乐集团音乐文化小镇项目为载体,探索发展艺术教育培训为核心,融合发展都市文化旅游、艺术中心孵化器、音乐艺术场馆等多种业务的新业态。

---

**专栏2  音乐艺术小镇案例借鉴**

1. 乐都城国际音乐谷

山东省青岛市即墨区,由德国博兰斯勒钢琴(中国)有限公司和广州乐都音乐集团联合投资建设。项目是一个专门做乐器及配件、音乐礼品、图书音像、乐器特供及私人订制、乐器跨境电商和乐器行业资讯门户的专业性、综合性线上线下服务平台,是全球最大的O2O"互联网+乐器"体验平台。项目建设主要内容包括乐器展览体验中心、国际演艺大剧院、乐器跨境电商、国际乐器博物馆、音乐教育管理学院、音乐创客孵化器、大学生创业基地。

2. 上海音乐谷

上海音乐谷位于虹口区中部,旨在打造具有国际一流水准和影响力的国家音乐产业基地,建设一个国际音乐文化生活社区,建成一个国家3A级旅游景区。音乐谷项目属于一个街区的整体开发项目,包括国家音乐产业基地、1933老场坊、半岛湾项目、哈库项目、三角地艺术园区和九龙会所、嘉兴社区文化中心、嘉兴影剧院、区域景观以及河系防汛墙改造等多个子项目。通过这些项目的规划和建设,进而带动整个社区的改造开发,形成创意园区、居民社区和商业街区的完美融合。

3. 合肥王大郢音乐小镇

项目位于合肥市三十岗乡崔岗村,定位为都市后花园,集中心街、艺术家院落和音乐学校建设为一体。小镇改造后总建筑面积为12479平方米,是安徽首个以音乐为主的当代艺术创作体验营地,作为音乐与艺术创作、展示、体验平台,是融合"音乐、创意、设计、艺术、商业"于一体的创意产业园区。虽然该项目是乡村地区的音乐小镇,但对青山区音乐小镇发展业态也具有一定的借鉴意义。

4. 成都洛带音乐小镇

项目位于成都市龙泉驿区洛带镇,在"音乐古驿站·天府候机厅"定位的基础上通过音乐活动、音乐节会丰富和提升古镇的旅游产品供给,探索"乐器制造+音乐活动+音乐培训"的发展业态,以乐器制造业为主干结合音乐活动、音乐培训,带动了地区音乐产业的繁荣。

---

在体育教育训练方面，抢抓后军运会机遇，一是利用军运会影响和场馆资源，谋划打造国内外知名体育赛事的常驻点和专业沙滩排球训练中心，整合相关体育场馆资源，引入社会资本，打造一批体育运动俱乐部，开展体育培训。二是以国家体育总局推动建设的运动休闲特色小镇为载体，通过体育活动、体育赛事、体育教育、体育旅游、体育会展、体育零售等多领域的融合，探索"体育+"的新模式，实现体育教育产业的多元融合发展。

---

专栏3 运动休闲特色小镇案例借鉴：沙木尼小镇（Chamonix）

该小镇位于法国中部东侧，坐落于阿尔卑斯主峰勃朗峰（4807 米）脚下的山谷里，在勃朗峰的恩泽下，是高山户外运动的旅游目的地。

具体建设内容：一是打造专业的高山运动教育培训：世界上第一所登山向导学校——法国国家滑雪登山学校（ENSA）、高山培训中心、高山军校、高山医学培训等相关的高山机构。二是开展丰富的体育运动项目，攀登资源非常集中，勃朗峰、大乔拉斯峰拥有 5000 多条攀岩路线和众多的攀冰、登山路线，另外滑雪、高山滑翔伞、溪降运动也开展得非常频繁。三是开展了登山、滑雪等国际特色赛事，还发展了高等级越野比赛（UTMB，世界上最著名的越野赛事之一）。四是配套发展了酒店、旅馆、度假屋、餐馆、超级市场和娱乐场所等旅游。五是延伸发展了运动鞋生产集群，培育出 Geox、Tecnica、Nordica 等大型企业。

该地区虽然与青山区的资源禀赋存在差别，但其发展思路和业态可供参考。一是以体育教育培训为突破口，二是通过运动赛事提高知名度，三是打造多元化的运动项目，四是注重产业链向工业及生活服务延伸。

---

### 3. 重点项目

（1）重点推进项目。近期重点推进"中国匠谷·武汉国际科教城"、中德职业培训学校总部、柏斯音乐集团音乐文化小镇 3 个项目（见表 5.1）。

表 5.1 青山区研发教育产业重点推进项目

| 序号 | 项目名称 | 项目内容 |
|---|---|---|
| 1 | 中国匠谷·武汉国际科教城项目 | 项目定位为"中国匠谷"总部，按照"三区两轴一带"的空间布局打造人才谷、产业谷、创新谷、智慧谷 |
| 2 | 中德职业培训学校总部项目 | 德国中小企业联合会、美联公司及 WBS 职业教育集团拟在青山区成立中德职业培训学校总部。远期选址北湖产业生态新城区域建设新校区 |

续表

| 序号 | 项目名称 | 项目内容 |
|---|---|---|
| 3 | 柏斯音乐集团音乐文化小镇 | 以柏斯音乐集团音乐文化小镇项目为抓手，打造集乐器制造研学旅游基地、音乐教育(音乐学院附中)、艺术中心孵化器、音乐厅为一体的特色音乐文化小镇，建设成为武汉文化艺术聚集区之一 |

（2）引进企业推荐。瞄准职业教育、K12 教育和特色教育引进一批具有带动性的龙头企业，在青山区建立学校、培训部和分公司(见表 5.2)。

表 5.2　　　　　　青山区研发教育产业重点企业推荐

| 序号 | 领域 | 龙头企业推荐 |
|---|---|---|
| 1 | 职业教育 | 新南洋、中国高科、文化长城、新高教集团、中教控股、民生教育、荣新教育 |
| 2 | K12 教育 | 海亮教育、睿见教育、博实乐教育、成实外教育 |
| 3 | 特色教育 | 艺术教育：百洋股份、荷马教育、微力量、湃乐思教育体育教育：昂立慧体育、巨石达阵、万国击剑、优肯篮球、胜利联盟、科巴体育 |

4. 预期吸引人口集聚目标

根据项目建设预期，参考引进企业办学规模，预计到 2025 年，教育培训产业将集聚 18.06 万~24.65 万教育人口(见表 5.3)。

表 5.3　　　　　　青山区研发教育产业 2025 年人口集聚目标

| 序号 | 项目名称 | 2025 年人口目标(万人) | 预测思路 |
|---|---|---|---|
| 1 | 中国匠谷·武汉国际科教城 | 15~20 | 项目方预计最终吸引 30 万人口，5 年内粗具规模。根据投资方投资的贵州项目，5 年共集聚师生 15 万人，常住人口 20 万人；曹妃甸项目的目标则是 6 年内建设完成，预计容纳 20 万人口。根据两个项目做出预测，预计本项目 5 年吸纳人口 15 万~20 万 |

续表

| 序号 | 项目名称 | 2025 年人口目标(万人) | 预 测 思 路 |
|---|---|---|---|
| 2 | 中德职业培训学校总部 | 0.5~1 | 根据武汉市职业学院在校学生数大致分为两档，一档是 0.5 万~1 万人，另外一档是 1 万~1.5 万人，本项目按保守人数提出目标 |
| 3 | 引入 2~3 个重大科技创新团队，建立创新学院 | 0.06~0.15 | 一个重大科技创新团队一般为 30~50 人，通过创新学院设立，预计每个学院能吸纳 300~500 人就业。带动其他配套产业发展所吸纳的人口无法估计，该路径主要是增强产业创新能力，优化人口结构 |
| 4 | 引入 10 家左右 K12 教育学校，开展基础教育学校、复读学校、国际学校建设 | 2~2.5 | 私立 K12 小学至初中学校，一般为 50 个班左右，参考教育部规定，选择每班 40~50 人，预计一所学校可吸纳 2000~2500 人。国际学校参考武钢三中国际部，一所学校 50 个班左右，按照教育部规定，中学每班 45~50 人，一所学校预计吸纳学生 2200~2500 人。总体而言，一般一所 K12 教学学校吸纳学生 2000~2500 人 |
| 5 | 引入 5 家左右大型特色教育培训学校 | 0.5~1 | 大型特色培训学校按照一个学校 1000~2000 人预计 |
| | 合计 | 18.06~24.65 | — |

## (二)加快发展都市旅游产业，以人口"流量"带动"存量"

### 1. 发展思路

充分发挥青山江滩景观、园林花卉、苏式"红房子"和严西湖自然风光等旅游资源优势，按照"四个都市旅游+"和"五个旅游业态创新"的思路(见图 5.9)，塑造青山区旅游品牌，打造立足武汉城市圈、服务全国的知名都市文化体验旅游发展示范区。旨在通过都市旅游，一方面带动人流量的增加，另一方面让游客深入了解青山区，将流动人口转换为常住人口，实现存量增加。

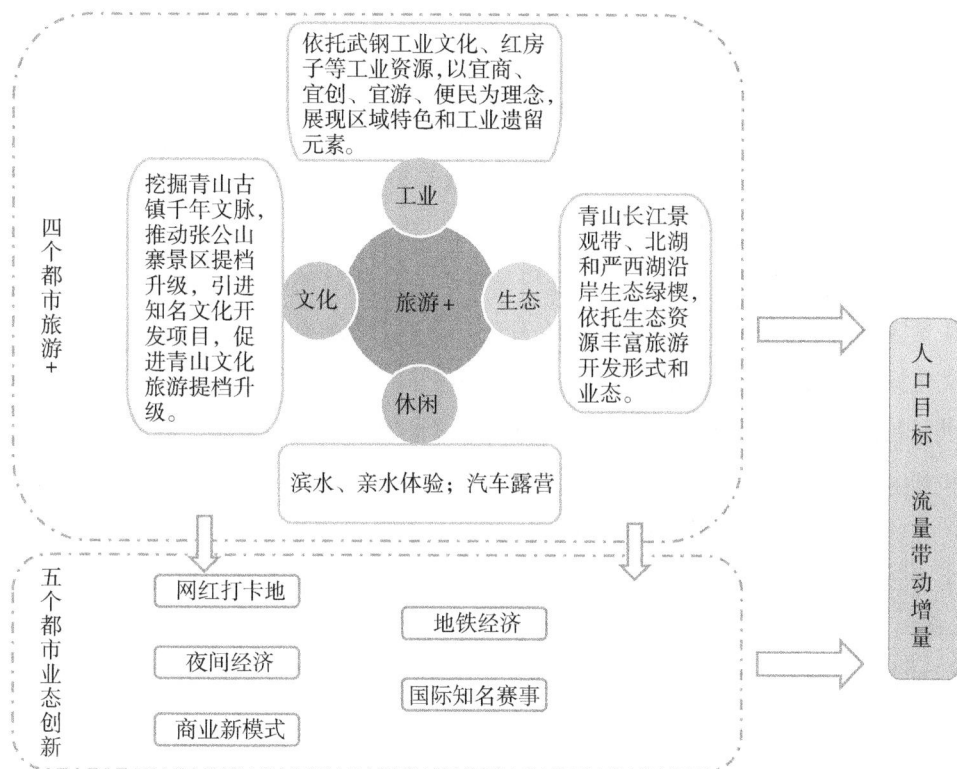

图 5.9 青山区都市旅游产业发展思路

## 2. 推进路径

(1)深入推进四个"都市旅游+"策略。"都市旅游+生态"策略。优化江滩公园景观设计,积极推进二期工程和长江沿线灯光亮化工程的实施,启动江滩公园申报国家 4A 级旅游景区程序,打造青山长江景观带。积极开发环严西湖、北湖沿岸的生态旅游,通过生态修复,结合水污染治理、城中村改造、特色风情小镇和绿色产业发展,打造半岛水乡、舌香美食街、醉卧春风巷、徜徉艺术港、绿色健康湾、民俗文化村、彼岸花工坊、生态百果园环绕的特色生态景区。

"都市旅游+工业"策略。依托武钢、石化、船厂、四六一、四七一等驻区大企业,整合武钢博物馆、苏式"红房子"等独具青山特色的工业文化资源,重点推进红房子创意文化街区、青山船厂主题文化园、武钢博物馆、工业设计博物馆、楠姆工业会展中心、工人剧院、新时代展馆等标志性景区及重点工程建设,加强与武汉其他区域工业旅游资源的合作与产品开发，拓展和丰富工业旅游的线路和内容。充分挖掘工业旅游景点的历史内涵和科普价值，依托工业遗产资源、工矿企业、知名院校、科研机构，建设研学旅行基地。

"都市旅游+文化"策略。利用青山古镇千年文脉、历史底蕴和山体、水体、公园等自然禀赋，通过建筑复古、民俗再现、生态提升等方式，连片打造青山古镇、工人村、"两河"等片区，打造独具青山古韵特色的江南小镇。推动张公山寨景区提档升级，深度挖掘和利用楚庄王、孙权、张之洞等历史文化资源，提升文化旅游层级。集聚青山民间民俗文化展示交流，对青山特有的剪纸、版画、麻烘糕制作技艺、古车模制作、明式微缩家具制作等非物质文化遗产进行传承保护和开发利用，打造民俗文化体验馆、展览馆。

"都市旅游+休闲"策略。大力发展城市滨水休闲体验游，结合长江岸线和码头资源，依托六湖连通契机，积极发展赛艇、水上摩托、夜游青山等亲水型创意项目。推动青山区三环线以内的临江货运码头转型为内河游轮码头，配套建设游轮服务陆地港，发展游轮服务业。推进北湖和严西湖沿岸生态绿楔建设，推动白玉半岛治理和开发，整合张公山赛、白玉山公园等旅游资源，建设"汽车宿营地+休闲游憩"主题生态功能区、北湖都市田园综合体等项目，积极开发亲子旅游、汽车电影场、露营木屋帐篷等项目。

(2)推动五个旅游业态模式的创新。创新培育网红打卡地。一是围绕工业文化创意、历史人文景点、自然生态景观、最美街道四大类主题，委托专业策划公司或引入旅游设计公司，建设一批特色显著、个性鲜明的网红景点(景区)。二是建议文化旅游部门联手快手、抖音等网络媒体平台，启动"乐享畅游青山"网红打卡地活动，通过游客在青山区挖掘和宣传一批网红打卡地，同时结合系列节庆和主题活动，开展不同形式的线上互动和推广活动，活动尾声还可发布"青山网红打卡地10大主题榜单""全民点赞青山打卡新C位"等，多维度呈现青山的魅力和特色。

创新发展夜间经济。一是巩固青山建一南路夜市、青山宵夜等传统夜间经济优势，积极发展夜市、夜食、夜购等传统项目。二是夜间经济需精细化运作，需要发挥示范引领作用，可创建一批夜间经济示范点，打造1~2条集美食、购物、运动、音乐、文艺、酒吧、观光等服务业态为一体的夜间经济示范街，率先打造青山夜间经济品牌。三是瞄准居民精神需求满足和健康品质生活供给，积极发展

"夜秀""夜展""夜读""夜跑"等新兴业态。比如，针对"夜秀"建议发挥青山江滩的作用，除了发展传统的灯光秀、夜游长江游轮之外，同时可开展交响乐、音乐剧、街头艺术表演等多种形式。针对"夜展"可充分利用青山区的博物馆、红房子等资源，借鉴故宫博物院"紫禁城上元之夜"、成都夜游武侯祠、金沙遗址博物馆"金沙太阳节"等活动，丰富游客夜间旅游形式。针对"夜读"可引入若干24小时书店，或夜晚在书店举行一些沙龙活动，比如成都的三联韬奋书店夜间营业以来，每晚人流量维持在300人上下。"夜跑"的重点则是通过组织相关跑步活动，让游客充分感受青山区夜间经济的魅力，扩大夜间经济的影响力。

创新发展商业中心新模式。青山区当前商业发展的重点任务如下：一是推动传统商业业态的转型，二是结合当前国际商业发展态势，重点瞄准三种商业新业态，包括大型目的地中心、"智能"空间的创新中心、为特定人群打造的"生活方式中心"。

---

**专栏4 商业中心新模式及案例**

大型目的地中心。此类商业中心注重多种业态的组合，包括餐厅、剧院、博物馆展览、主题公园、滑冰室、水上公园，教育体验和品牌体验是这类购物中心的关键组成部分。目前以大型景点为中心的大空间、运营中的目的地中心包括西班牙的 Xanadu、迪拜的阿联酋购物中心、美国的 Minneapolis'Mall、新泽西州和迈阿密正在建设的美国梦中心。

"智能"空间的创新中心。此类中心是商家以汇集的用户对商品体验的数据为基础，将收集到的大量消费者数据转化为信息，供购物中心和租户合作伙伴用来增强和改进购物体验。创新中心将结合高科技和高触感，有机会参与测试新技术，并与参与访问专家进行实时互动。目前，苹果的零售旗舰店、亚马逊 Go 和 Nordstrom Local 是比较典型的模式，再比如纽约市的 STORY Store，它每6~8周轮换一次基于主题的新零售故事。目前，武汉市暂无此类中心，青山区可利用大数据信息产业的发展打造或引入"智能"空间创新中心，使其成为吸引人群的重要目的地。

针对特定人群打造"生活方式中心"。此类中心针对的是特定的消费群体，专门提供高端的针对性服务。例如为年轻的城市时尚人士、单身的30多岁的年轻人，或退休人员提供零售、餐饮、娱乐和服务的"生活阶段中心"，针对老年人设计的一整层独立运营的老年业态商业中心。对于以服务中高级别消费能力为重点的购物中心，可以推出高级住房、医疗服务、药房、运动设施。在日本，Aeon 公司和永旺百货葛西店-G.G Mall 就利用商场满足老龄人口的需求。目前，永旺在武汉汉口和汉阳均设有大型购物中心，是日常尤其周末吸引人口的重要购物点，青山区可结合大健康产业发展、打造集大型目的地中心和老人生活方式中心为一体的商业体。

创新发展地铁经济。利用青山区开通地铁的优势，大力发展地铁经济。一是通过地铁口引导商业格局升级，以打造新型商业中心为目标，通过商业中心的"单点"向"多中心"的商业圈(片区)转型。二是围绕地铁站点和枢纽对周边土地增值效应的影响，建议以总部型、科技型、效益型为导向，积极打造特色楼宇、主题楼宇、高端楼宇，重点打造新兴产业(研发、智能制造、大数据、文化创意)创新基地和总部经济聚集地。三是充分利用站点外墙、站点内墙、车厢内壁和运行轨道墙壁的广宣资源，一方面发展广告及文化创意产业，另一方面提升青山区的整体形象。四是利用地下空间发展，打造集美食、健身、娱乐、购物、教育于一体的"一站式"服务。

创新发展文体赛事项目。一是发挥后军运会的影响，推动全民健身中心、建设十路"体育 mall"等运动场所建设，策划一批以"青山绿水红钢城·奔跑吧"为代表的体育赛事项目。二是可充分发挥严西湖、北湖的资源优势，策划国际性的环湖自行车赛事和皮划艇赛事。

3. 重点项目

围绕青山区都市旅游产业发展，重点推进 8 个项目(见表5.4)。

表5.4　　　　　　　　　　青山区都市旅游重点推进项目

| 序号 | 项目名称 | 项目内容 |
|---|---|---|
| 1 | 严西湖现代都市休闲旅游核心区 | 以文化旅游资源开发为切入点，打造以生态山水为特色，以文化旅游为核心，以生产型服务业为支撑的山、水、城交融的现代都市休闲旅游核心区 |
| 2 | 柏斯音乐集团音乐文化小镇 | 拟导入乐器制造研学旅游基地、音乐教育(音乐学院附中)、艺术中心孵化器、音乐厅等"音乐+"资源，打造特色音乐文化小镇 |
| 3 | 浙江人文园林投资青山项目 | 浙江人文园林拟参与青山区生态环境打造，有意向参与严西湖景观工程、北湖绿城大地花海等项目 |
| 4 | 青山体育综合体项目 | 拟利用青山区红钢城大街与和平大道交汇处体育场地块投资建设体育综合体项目 |

续表

| 序号 | 项目名称 | 项目内容 |
|---|---|---|
| 5 | 洛克菲勒艺术中心项目 | 企业拟利用洛克菲勒家族在文化艺术领域的深厚资源及其相关领域的整合能力,导入艺术博物馆、青年艺术创新交流园地、美国纽约州文化艺术等资源,在青山区投资建设华中地区唯一的以艺术中心为核心业态的洛克菲勒艺术广场项目,打造城市新文化地标 |
| 6 | 戴家湖公园 | 后工业2.0的绿地典范,将绿皮火车、"青山之眼"打造成网红打卡地 |
| 7 | 红钢城大街沿线工业厂房改造项目 | 武汉最密集的工业遗址,利用昔日红砖厂房,发展文化创意产业 |
| 8 | "青山绿水红钢城·奔跑吧" | 首个全程在江滩举行的马拉松 |

4. 预期吸引人口集聚目标

旅游产业主要带动流动人口的集聚,根据《青山区全域旅游发展专项规划》,预计到2025年,年接待游客量达到1586万人次,将有力推动青山区流动人口的集聚。

(三)积极发展大数据信息产业,增强人口集聚的"三重效应"

1. 发展思路

抢抓大数据产业发展机遇,以武钢大数据产业园建设为突破口,打造"1+3"的大数据信息产业体系,即以工业大数据为关键,以智慧城市大数据、数字多媒体和信息网络安全为重点,有效推动工业化和信息化、大数据与实体经济、大数据和城市服务的融合发展,培育青山区产业新动能,加快高质量发展步伐。大数据信息产业对于青山区人口集聚具有"三重效应",一是大数据信息产业的发展有助于集聚信息科技人才;二是数字多媒体产业的发展有助于吸引媒体从业人员的集聚;三是通过大智慧城市建设及运营,有助于优化青山区的整体生活和服务环境,也具有集聚人口的效应(见图5.10)。

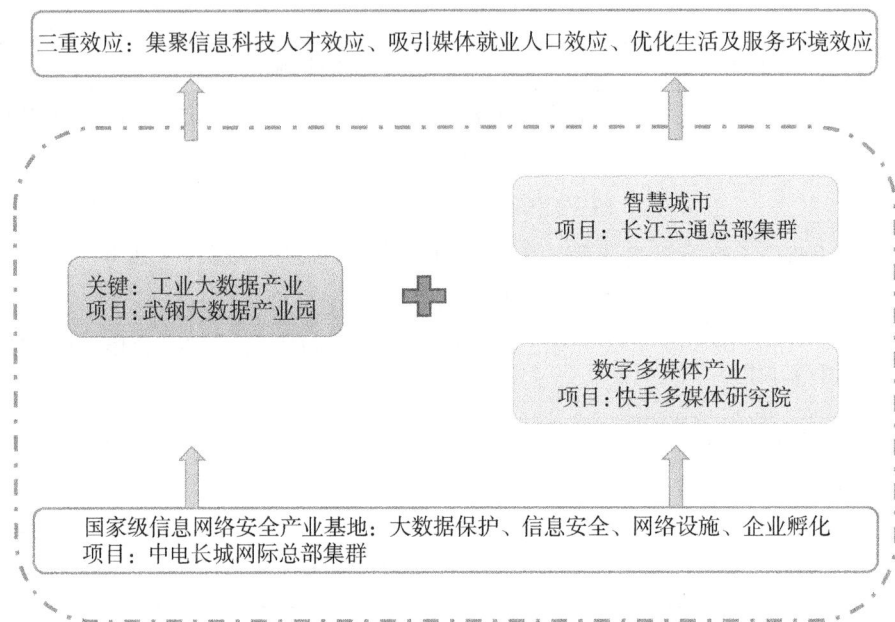

图 5.10　青山区大数据信息产业发展思路

2. 推进路径

(1) 以发展服务工业的大数据产业为关键。一是以武钢大数据产业园建设为突破口，围绕钢铁、石化、高端装备制造、节能环保、生物医药等重点产业，大力发展服务于"工业 4.0"的各类工业大数据项目，着重引进针对生产过程控制、产品研发、工艺设计、原辅材料采购、市场营销、ERP 管理等工业企业全流程的数据采集、处理、分析、管理等服务平台和服务后台项目，着力打造全国工业大数据应用示范基地。

二是当前国家正在推动工业基础数据资源平台建设工程，重点打造制造业创新中心建设工程、智能制造工程、工业强基工程、绿色制造工程、高端装备创新工程等制造强国重大工程的数据平台。青山区要充分抢抓这一机遇，利用工业优势和工业大数据基础，争取 1~2 个强国重大工程数据平台落户青山区。

三是开展国家大数据重点行业应用试点示范的申报工作，建议围绕钢铁、化工、工程机械等行业，梳理遴选重点企业数据应用标杆，打造一批国家级试点。

四是壮大工业大数据产业规模，引进和培育一批市场份额大、服务能力强、专业化和集成化水平高的工业大数据解决方案供应商；大力引进各行业协会区域级云平台和数据应用服务项目落户青山区。

（2）以大数据为基础推动智慧城市建设。一是以长江云通项目为突破口，搭建青山区城市大数据平台和云计算中心，为青山区智慧城市奠定基础。二是发挥青山区智慧养老平台获"2017年度武汉市智慧城市建设示范项目"效应，率先推动智慧民生领域和智慧社会领域的发展，推动智慧社区、智慧交通、智慧政务、智慧城管、智慧监管的发展。三是以工业大数据为基础，推动智慧产业协同发展，重点发展智能制造、智慧物流。同时推动大数据与旅游融合发展，积极发展智慧旅游。四是围绕智慧环保、智慧水务、智慧照明，推动大数据在生态环保中的应用(见图5.11)。

图5.11 青山区智慧城市建设总体框架

（3）培育发展数字多媒体产业(见图5.12)。一是以快手多媒体研究院项目为突破口，推进多媒体 AI 识别研发项目建设，重点发展媒体安全、媒体技术等。

二是围绕快手多媒体平台延伸产业链条，重点瞄准中游和下游产业，中游重点发展新媒体内容提供、软件及技术服务，下游则重点发展直播和流量平台、网络视频、网络广播、电子杂志、手机游戏等新兴媒体业态。

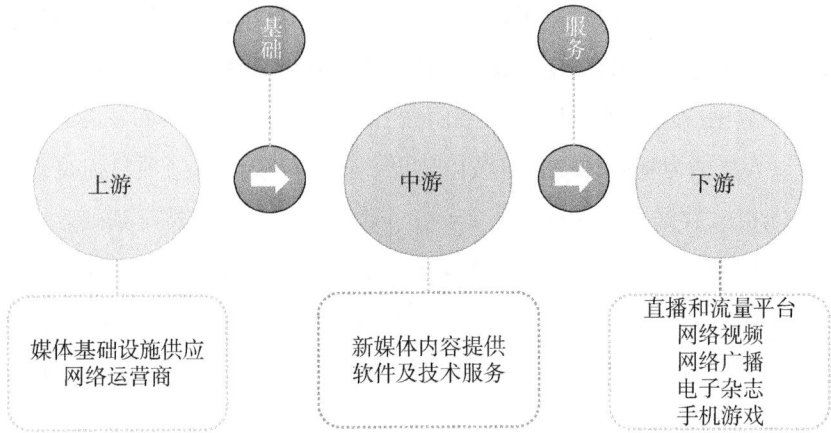

图 5.12　数字多媒体产业链条

三是加强与东湖高新网络直播平台(斗鱼)、动漫制作等数字媒体产业合作，联合申报国家数字媒体技术产业化基地。

(4)建设信息网络安全产业集群。一是以中电长城网际总部集群项目建设为契机，大力发展信息系统安全服务，通过培育和引进一批企业，壮大信息安全服务产业规模。二是利用武钢大数据产业园建设信息产业孵化中心，围绕工业大数据安全、云计算等领域孵化和培育一批企业。三是围绕信息网络安全产业链，延伸发展一批网络安全、大数据安全的软件开发和系统服务集成企业。四是联合网络安全人才与创新国家级产业基地组建网络信息安全产业联盟，联手打造全国重要的信息安全产业基地。

3. 重点项目

(1)重点建设项目。围绕工业大数据、智慧城市、数字多媒体和信息网络安全四大领域，推进 4 个重点项目建设(见表 5.5)。

表 5.5　　　　　　　　　　青山区大数据信息产业重点建设项目

| 序号 | 项目名称 | 项目内容 |
|---|---|---|
| 1 | 武钢大数据产业园 | 依托宝信软件网络资源及宝地资产园区运营经验，布局"大数据+N"产业战略，打造出符合武钢经济转型发展、科技创新与产业升级的典范，全力打造华中区域单体规模最大的数据中心 |

| 序号 | 项目名称 | 项目内容 |
|---|---|---|
| 2 | 长江云通总部集群 | 打造全国通卡华中区域结算中心、数字城市运营服务中心、长江经济带数据安全中心，建设以大数据、网络安全、人工智能、高端电子技术等新兴产业为核心的产业园区，组建工控研究院，设立工控研发中心 |
| 3 | 快手多媒体研究院 | "快手"在青山区设立全资子公司，推进"多媒体AI识别研发项目"落地，项目将为"快手"在技术领域提供更多的内容安全保障 |
| 4 | 中电长城网际总部集群 | 中电长城网际系统以服务国家基础信息网络和重要信息系统安全为使命，以面向国家重要信息系统的高端咨询和安全服务为主要业务 |

（2）引进项目推荐。瞄准工业大数据、智慧城市、数字多媒体、信息网络安全四大行业的领军企业，加大企业和项目跟踪力度，壮大产业规模（见表5.6）。

表5.6　　　　　　　　青山区大数据信息产业重点引进企业推荐

| 序号 | 领域 | 企业推荐 |
|---|---|---|
| 1 | 工业大数据 | 昆仑数据、美林数据、东方国信、天泽智云、中昌数据 |
| 2 | 智慧城市大数据 | 海康威视、阿里巴巴、东软集团、中科曙光、数梦工厂、科大讯飞、东华软件、四维图新、海能达、太极股份、海运数据、高新兴、聚光科技、佳都科技 |
| 3 | 数字多媒体 | 聚胜万合、佳创视讯 |
| 4 | 信息网络安全 | 瀚思（HanSight）、观安信息、芸品绿、白帽汇、高重科技、华夏威科 |

4. 预期吸引人口集聚目标

以重点建设项目集聚人口，加大企业引进力度，预计到2025年，引入相关产业人口2.3万~5.7万人（见表5.7）。

表 5.7 青山区大数据信息产业 2025 年人口导入目标

| 序号 | 项目名称 | 人口目标（万人） | 预测依据 |
|---|---|---|---|
| 1 | 以武钢大数据产业园为龙头，引入 8~10 家工业大数据企业 | 0.8~2 | 目前，长江云通总部集群项目已有在职人员 3000 人，快手多媒体研究院已有在职人员 2000 人。通过查询重点引进企业推荐的在职人数，引进企业人数平均按照每个企业 1000~2000 人进行预估 |
| 2 | 以长江云通总部集群项目为龙头，引入 3~5 家智慧城市服务企业 | 0.6~1.3 | |
| 3 | 以快手多媒体研究院项目为龙头，引入 2~3 家数字多媒体企业 | 0.4~0.8 | |
| 4 | 以中电长城网际总部集群项目为龙头，引入 5~8 家信息网络安全企业 | 0.5~1.6 | |
| 合　计 | | 2.3~5.7 | |

## （四）培育发展大健康产业，吸引集聚医药人才和康养人群

### 1. 发展思路

依托青山区的自然养生资源，借助互联网、大数据的发展，实施"一区三产"的策略，"一区"即以医疗制度改革创新实验区创建为核心抓手，"三产"则是着力构建生物医药、特色医疗及健康服务机构、医疗养老三大健康产业体系，实施大健康城市品牌创建工程和大健康重点企业培育工程，形成具有示范效应的生物医药产业基地和健康小镇，大健康产业力争达千亿元规模，不仅吸引一批医药产业优秀人才来青山区创新创业，而且吸引一批康养人群来青山区健康养老（见图 5.13）。

### 2. 推进路径

（1）以创建医疗制度改革创新实验区为抓手。争取国家支持，取消医疗服务领域对投资者的资质要求、股比限制、经营范围限制等准入限制措施，开展境外资本设立独资医疗机构试点，适当放宽境外医师执业限制。允许外国服务提供者设立独资、合资、合作疗养院，提供健康照护服务。简化对康复医院、护理院等紧缺型医疗机构、中医专科医院以及养老院的立项、开办、执业资格、医保定点

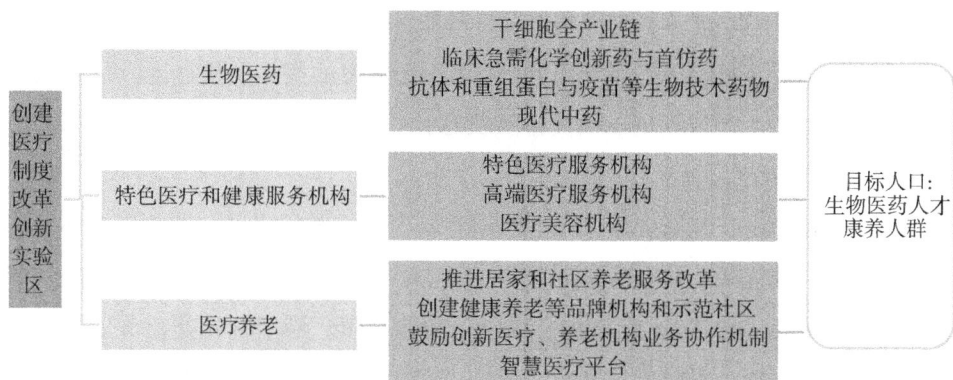

图 5.13 青山区大健康产业发展思路

等审批手续。进行外资专业健康医疗保险机构设立试点。

（2）发展壮大生物医药。一是以清潭湖生物医药产业园为核心载体，承接放大光谷生物城这一全市大健康产业驱动核的溢出效应，以华中区域干细胞全产业链健康产业基地项目为突破口，重点发展干细胞全产业链、临床急需化学创新药与首仿药、抗体和重组蛋白与疫苗等生物技术药物、现代化中药等重点领域。二是建设国内领先医药研发外包基地，强化医药产业公共技术服务平台功能，培育一批面向国内外的创新创业与技术转移服务机构，推动临床急需化学创新药研发。三是推动青山区现有医院与国内高端医疗机构开展合作，搭建前沿医疗技术应用和高端个性化医疗服务的技术平台，发展前沿医疗技术应用。

（3）引进特色医疗和健康服务机构。瞄准特色化、高端化和专业化，引进国内外先进的医疗和健康服务企业，提高青山区医疗机构管理和诊疗技术水平，形成青山区特色化的医疗服务品牌。支持社会资本兴办医学检验、医学影像、健康体检等第三方服务机构，发展个性化健康评估、私人医生等第三方健康管理服务业。推动与韩国医疗美容协会的交流合作，引进医学美容、健康服务等医学机构和权威专家从事医疗美容健康服务。抓住中国人寿、中国恒大等国内大企业投资健康服务的机遇，加强项目衔接。

（4）大力推动医疗养老融合发展。一是深入推进居家和社区养老服务改革试点，鼓励社会力量兴办医养结合机构以及老年康复、老年护理等专业机构，开发以老年公寓、涉老康复护理、疗养院为主要内容的养老服务综合体，开展老年健康咨询、老年保健、老年护理和临终关怀等服务，重点开发面向武汉城市圈的特色养老市场。借鉴复星星堡高端养老社区模式(上海的复星星堡社区入住率长期稳定在95%以上，且长期处于满员排队状态)，打造月费全包租赁模式的高品质持续照料退休社区。

二是结合青山长江景观带、环严西湖北岸生态旅游带建设，借助自然环境优越、交通便利等优势，结合"大湖+"，布局北湖康养小镇，形成"健康+养老、康复、养生、旅游、智慧"的复合化、特色化功能小镇。借鉴颐养公社首创的全岛全景式养生、全能全保障养老模式，依托居家社区养老、湖畔养老养生、文化旅居养老等项目资源，打造一站式、全方位的智慧型养老服务体系。

三是鼓励创新医疗、养老机构业务协作机制和转诊绿色通道，构建养老、照护、康复、临终关怀相衔接的服务模式。

四是结合建设休闲、养生、疗养基地，建设全国先进的智慧医疗平台，在利用外部知名医师、退休健康医师方面先行先试。

3. 重点项目

(1)重点建设项目。重点在生物医药、特色医疗机构等产业领域推进 4 个项目建设(见表5.8)。

表5.8　　　　　　　　　青山区大健康产业重点推进项目

| 序号 | 项目名称 | 项目内容 |
|---|---|---|
| 1 | 华中区域干细胞全产业链健康产业基地项目 | 项目依托北京协和医院"干细胞的新药研发及临床转化研究"重点实验室国家及科研成果，拟在青山区打造具有八大产业链功能区的华中区域干细胞全产业链基地 |
| 2 | 康华高端民营医院项目 | 凭借强大的品牌知名度和竞争优势，坚持"大专科小综合"的经营理念，着眼于肿瘤科和妇产科等重点诊疗领域，近期拟在青山区选址投资建设一家专注服务于高端人群的民营医院 |
| 3 | 四川润泰医学影像专用特种气体 | 建设医学影像配套用造影剂等特种气体 |
| 4 | 上海汇伦生物医药产业园 | 建设以制剂、原料药生产为主导，集研发、各阶段试验、规模化生产于一体的综合性生物医药产业园 |

（2）引进项目推荐。瞄准生物医药企业，加强生物医药产业园招商；围绕特色医疗健康服务、医疗养老等重点领域，加强重点企业招商和项目衔接（见表5.9）。同时，着力推进"孵化项目招商"，并以该方式引进具有专利技术、市场前景较好的项目来青山区孵化。

表5.9　　　　　青山区大健康产业重点引进企业推荐

| 序号 | 领域 | 企业推荐 |
|------|------|---------|
| 1 | 生物医药 | 临床急需化学创新药与首仿药企业（正大天晴、扬子江、人福药业）；抗体、重组蛋白与疫苗等生物技术药物企业（海王生物、四环医药、天坛生物）；现代中药企业（华润、同仁堂、同济堂） |
| 2 | 医养健康 | 阿里健康、腾讯医疗AI引擎、百度医患+人工智能、泰康集团、东软望海 |
| | 医疗美容 | 奇致、新氧、亚韩整形、美美咖、亚华智库、白玉美肤、美加壹 |
| 3 | 医疗养老 | 泰康之家、郑州颐和、新海颐养苑、康乃馨国际老年呵护中心、松堂养老院、慈养护老中心 |

**4. 预期吸引人口集聚目标**

根据项目建设预期，参考引进企业，预计到2025年，大健康产业将集聚3.89万~6.86万人（见表5.10）。

表5.10　　　　青山区大健康产业 2025 年人口集聚目标预测

| 序号 | 项目名称 | 人口集聚目标（万人） | 预测依据 |
|------|---------|-------------------|---------|
| 1 | 华中区域干细胞全产业链健康产业基地项目 | 2~3 | 根据武汉、长沙两地生物医药产业基地吸纳就业人口预计 |
| 2 | 康华高端民营医院项目 | 0.02 | 按照东莞康华医院医护人数预测 |
| 4 | 四川润泰医学影像专用特种气体项目 | 0.02 | 无参考依据，按其他项目最少人数预测 |

| 序号 | 项目名称 | 人口集聚目标(万人) | 预测依据 |
|---|---|---|---|
| 5 | 上海汇伦生物医药产业园 | 0.02 | 根据上海汇伦生命科技有限公司人数预测 |
| 6 | 以生物医药产业园为载体，引进 3~5 家生物医药企业 | 0.3~1 | 生物医药企业按照 1000~2000 人规模预测 |
| 7 | 引进 3~5 家医疗机构和服务企业 | 0.03~0.1 | 根据普通民营医疗机构医护人员数，按照每家机构 100~200 名医护人员进行预测，仅预测就业人口 |
| 8 | 引进 5~8 家医疗养老服务机构 | 1.5~2.7 | 查询重点推进医疗养老企业开发案例，按照每家机构 1500~1700 户项目、每户 200 人，进行预测 |
| 合计 | | 3.89~6.86 | — |

### (五)提升发展设计创意产业，增强文化魅力优化人口结构

**1. 发展思路**

发挥青山区工业研发、循环经济的优势，依托大量的工业文化资源和工业遗存，以"一走廊两基地"为抓手，加强平台载体建设，推动设计、创新、文化、创业和环境的高度融合，形成青山特色的国家设计创意产业先锋区，使其成为武汉建成工程设计之都的核心地区之一。一是推动社会创客和青年人才的引进，不断调整人口年龄层的分布，二是增强青山区文化魅力，提升青山区对人口的吸引力(见图 5.14)。

**2. 推进路径**

(1)打造青山工业设计走廊。依托青山区现有从事工业设计的 150 余家相关企业(主要由在汉央企、科研院所和大学院校组成)，以自动化和信息化、环境与资源勘测、工业勘察设计为重点，在青山区和平大道沿线，发展工业设计产

目标人口：一是推动社会创客和青年人才的引进；
二是增强青山区文化魅力，提升人口吸引力

| 工业研发 | 青山工业设计走廊 | 国家特色设计创意产业先锋区 |
| 循环经济 | 循环设计服务基地 | |
| 工业遗存 | 后工业文化创意基地 | 武汉工程设计之都核心区 |
| 基础 | 重点抓手 | 目标 |

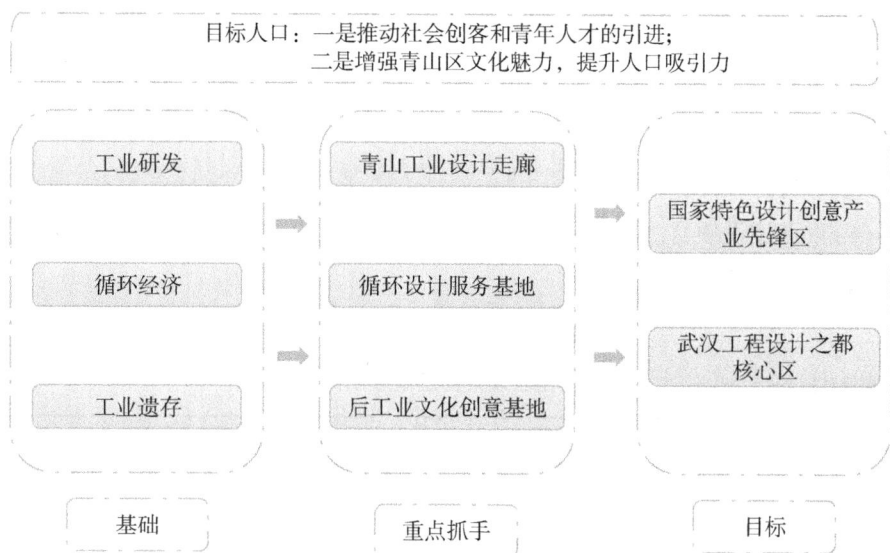

图 5.14　青山区设计创意产业发展思路

业，打造"工业设计走廊"。大力发展技术研发、咨询、设计服务、工程总包等业务，支持工业和工程设计企业跨行业多领域拓展业务，促进工业设计向高端综合设计服务转变，形成一批工业设计示范领军企业。

（2）打造国家级循环设计服务基地。发挥国家循环经济示范区的品牌优势，加大循环经济展示平台的宣传力度，以武汉循环经济研究院为主体，大力发展技术研发、工程咨询、服务外包等循环经济服务业务，形成服务中部地区、瞄准全国的老工业基地循环设计服务基地。加快推进北湖生态新城环保产业小镇项目，以环保材料和装备为核心，以环保研发和服务为辅，打造"2+1"产业体系，形成百亿级产值规模的环保小镇，覆盖材料、研发、制造和服务全产业链的产业生态体系。

（3）打造后工业文化创意基地。持续推进"三旧"改造工作，集中打造若干时尚、智力密集的"城中城"，以8街坊和9街坊、八大家花园为载体，打造红房子创意文化区、主题文化创意商业街区等载体，形成艺术气息浓厚，适宜青年人群和创意人才工作、休闲的场所。充分利用工业建筑的特色风貌，引入社会资本发展影视基地、文创空间、动漫制作体验、数字娱乐等文化产业,推动其与旅游及数字多媒体产业的融合发展,打造后工业文化创意基地和国家级工业遗产文化园区。支持创青谷完善数字文化产业链,为文化创意企业提供良好的生态环境和发展平台。

3. 重点项目

(1)重点建设项目。前期以搭设创意产业空间载体为重点,推进 4 个项目建设(见表 5.11)。

表 5.11　　　　　　　　　青山区设计创意重点项目

| 序号 | 项目名称 | 项目内容 |
|---|---|---|
| 1 | 工人村都市工业园转型升级改造 | 一期用地 274 亩,围绕工人村都市工业园转型升级,统一规划,按照"三个一批"思路,发展工业设计、研发、办公、科技孵化等,打造"2.5"产业园新平台 |
| 2 | 青山区文创产业基地项目 | 对一冶机关大院进行整体改造,打造青山区文创产业基地 |
| 3 | 红钢城大街工业厂房改造项目 | 引入运营商,对红钢城大街工业厂房进行整体运营,导入影视、文化等产业 |
| 4 | 华侨城红坊项目 | 位于青山滨江商务区范围内,地段优势明显,发展前景良好,生态环境佳 |

(2)引进项目推荐。围绕工业设计、循环设计、文化创意三大产业,策划一批项目,引进一批企业(见表 5.12)。

表 5.12　　　　　　　青山区设计创意产业重点引进企业推荐

| 序号 | 领域 | 企业推荐 |
|---|---|---|
| 1 | 工业设计 | 大业设计、中国天辰工程、合诚工程、三维工程、镇海股份 |
| 2 | 循环设计 | 江苏三友、桑德环境、青岛新天地环境、隆华传热、建新股份、联合化工、和邦股份 |
| 3 | 文化创意 | 大晟文化、华强方特文化、森宇文化、杰外动漫、飞博共创 |

4. 预期吸引人口集聚目标

到 2025 年,通过引进和培育一批设计创意企业,预计集聚人口 1.8~6.6 千人(见表 5.13)。

表 5.13　　　　　　青山区设计创意产业 2025 年集聚人口目标

| 序号 | 项目名称 | 人口集聚目标(千人) | 预测依据 |
|---|---|---|---|
| 1 | 引入和培育 5~8 家工业设计企业 | 1~4 | 根据查询工业设计企业的推荐工作人员数,按照每个公司 200~500 人进行预测 |
| 2 | 引入和培育 5~8 家循环设计企业 | 0.5~1.6 | 根据查询循环设计企业的推荐工作人员数,按照每个公司 100~200 人进行预测 |
| 3 | 引入和培育 3~5 家文化创意企业 | 0.3~1 | 根据查询推荐文化创意企业的工作人员数,按照每个公司 100~200 人进行预测 |
| | 合计 | 1.8~6.6 | — |

## 三、保障措施

### (一)五项机制打造全域招商共同体

着力策划、储备、引进一批服务业重大项目,开辟服务业招商项目绿色通道,形成项目从签约、落地、开工到开业的全流程服务链条。大力培育、引进一批现代服务业总部企业、龙头企业,引导服务业小微企业进入规模以上企业行列,壮大市场主体规模。

一是完善干部积分制奖惩机制,强化青山区干部的商务经济工作合力;二是完善商务项目流程机制,推动招商引资项目快速有序梯次转化;三是完善环境评估机制,提前介入和主动指导,守住引进项目门槛底线;四是完善定期调度机制,随时随事加强部门、领导间的联系调度,协助企业解决各类问题;五是完善领导包保机制,坚持"一把手"亲自招商,组织中小微企业开拓"百展行动"计划,积极参加广交会、银企对接等，为企业贴身服务。

### (二)进一步落实大学生租房补贴和人才公寓政策

深入推进招商引资"一号工程"、百万校友资智回汉工程，完善人才住房保障体系，对落户青山区、就业青山区的大学生，本人及家庭在武汉市无自有住房且租房居住的，青山区给予一次性租房补贴，每人补贴 2000 元。配备更多的人才公寓，保障青年人才"安居"。完善"人才专员"制度和科技成果转化机制，为创业项目提供创业场地、创业政策、创业资金、创业辅导等方面的优质服务，推动大学生创新创业，促进科技成果转化。

### (三)加大对高技能人才的扶持政策

区人才超市设立高技能领军人才服务窗口，为高技能领军人才提供居留、就业、培训、社会保险、子女教育等"一卡通"便捷服务；注重推荐提名高技能领军人才作为"两代表一委员"人选，并适当增加比例；优化落户和子女入学服务，在青山区就业创业的高技能人才可直接办理落户，其配偶、未成年子女可按规定随迁落户；高技能领军人才可享受武汉安居房优惠购房政策。

### (四)充分调动大企业和高校人才的工作积极性

抓住转型发展机遇，创造宜居的生态环境、宜业的创业就业环境和宜商的生活环境。发挥大企业引才育才优势，搭建大企业间的人才、信息、项目、资源的沟通交流平台，在青山区形成大人才、大协同、大创新的人才工作格局。深入实施"智汇青山·黄金十条"，鼓励驻区大企业和高校做好中央、省、市、区人才项目申报的各项准备工作，同时加强市区人才政策宣传，吸引更多的人才落户青山区。

### (五)保障用地需求

优化土地供应调控机制，保障服务业高质量发展用地需求。适应服务业新产业、新业态、新模式特点，创新用地供给方式。实施"退二进三""退低进高"，对提高自有工业用地容积率用于自营生产性服务业的工业企业，依法按新用途办理相关手续。加强历史建筑的活化利用，有效发挥历史建筑的服务功能。盘活存量土地，企业退出后的工业用地转产用于发展生产性服务业的，在一定年限内继续按原土地用途和权利类型使用土地。

## （六）落实财税和价格政策

落实支持服务业发展的税收优惠政策，做好政策宣传和纳税辅导，确保企业充分享受政策红利。加大政府购买服务力度，扩大购买范围，优化政府购买服务指导性目录，加强购买服务绩效评价。全面落实工商用电同价政策，落实国家鼓励类服务业用水与工业同价。落实社区养老服务机构税费减免、资金支持、水电气热价格优惠等扶持政策。

## （七）优化营商环境，改善社会服务

协调推进教育、卫生健康、养老、社保以及社会管理等领域"放管服"改革，为人民群众提供便捷高效、公平可及的公共服务。在放权方面，协调推进放宽服务业市场准入，调动市场力量增加非基本公共服务供给。在监管方面，强化对政府窗口服务的监督，加强公共服务质量监管。在服务方面，简化优化民生事项办理流程和手续，推进养老保险、医疗保险等事项异地联网办理。充分运用"互联网+教育""互联网+医疗"等模式，增强优质公共服务资源辐射效应。

# 第二节　武汉开发区加快推动军民融合产业发展

军民融合产业是在充分利用国防科技工业高新技术与地方优势产业资源优势的基础上，通过推动信息、技术、产品、工艺、管理等要素双向流动、融合发展形成的跨产业、跨领域的产业形态。2015 年 3 月 12 日习近平总书记在十二届全国人大三次会议解放军代表团全体会议上，第一次明确提出"把军民融合发展上升为国家战略"。2017 年 1 月 22 日，中共中央政治局召开会议，决定设立中央军民融合发展委员会，由习近平总书记任主任。此后，我国军民融合发展战略的实施力度进一步加大。"民参军"与"军转民"是我国军民融合发展的两个重要方面。因此，应深入贯彻落实军民融合发展战略，助力武汉"军民融合"发展与产业转型升级，推进国家中心城市建设，加快武汉经济技术开发区（汉南区）军民融合产业创新发展。

## 一、发展环境

### （一）国内发展现状

为顺应新一轮科技产业革命与军队改革，我国正式将军民融合上升为国家战略，军民融合发展进入由初步融合向深度融合的过渡阶段。"十三五"时期，国家围绕"形成全要素、多领域、高效益的军民深度融合发展格局"，出台军民融合顶层设计和若干政策措施，逐渐打破了制约发展的制度藩篱。

### （二）省、市发展概况

湖北是军工大省，核、航天、航空、船舶、兵器、军用电子六大行业齐全，在全国具有重要的战略地位。武汉科研资源富集，创新要素集聚，军工实力雄厚，在推进军民融合发展上具有很好的基础。当前湖北省正处在转变发展方式、优化经济结构、转换增长动力的关键期，迫切需要打造新引擎，拓展新空间，培育新动能，推进军民融合发展战略能为经济发展提供重要支撑。

武汉经济技术开发区（汉南区）必须抓住机遇，创新发展军民融合产业，更好地发挥其在稳增长、调结构中的重要作用，更好地服务全省、全市经济社会又好又快发展。

### （三）先进示范园区借鉴

2019年1月，武汉未来科技城、国家网络安全人才与创新基地（武汉）、武汉国家航天产业基地和荆门航空产业园一同荣获"湖北省军民融合产业示范基地"称号。

1. 武汉未来科技城

武汉未来科技城位于东湖高新区内，按照军民融合产业示范基地产业发展规划，武汉未来科技城将在5年内，力争培育2~3个销售收入50亿元以上的军民融合产业领军企业，实现"民参军""军转民"企业总产值突破200亿元。共建10

家以上军民融合产业协同创新平台，培育 5 家军民融合领域的省级重点企业研究院。在重点发展方向上，该园区将以"高端化、智能化、融合化、品牌化"为主攻方向，重点推进集成电路、新型信息、智能制造等支撑未来城未来发展的产业领域军民深度融合，促进优势产品"参军"发展，进入国防尖端技术领域，推动未来城产业转型升级。

2. 国家网络安全人才与创新基地（武汉）

美国和以色列两个网络强国的发展经验充分证明，军民融合是走向网络强国的必由之路。基地位于武汉东西湖区核心腹地，规划面积 40 平方千米，其规划建设包括国家网络安全学院、网络安全研究院、网络安全攻防实验室、网络安全认证中心等在内的"两院一室七中心"。基地聚焦网络安全和互联网融合发展，重点发展网络安全关键技术、大数据、安全软件与服务、新型智能硬件和应用、人才培训。目前已率先启动网安学院建设，并同步建设一期配套功能项目。

3. 荆门航空产业园

荆门航空产业园依托航空工业特种飞行器研究所，充分发挥自身发展优势，在水陆两栖飞机、地效飞行器、浮空器等特种飞行器研发制造方面，探索军民融合创新路径，促进航空军工企业的技术成果转化，促进军地资源开放共享；在空域开放、机场建设、空管保障、短途运输、航空消费、金融保障、政策支撑等方面，以"湖北省军民融合产业示范基地"为发展平台，进行政策创新、管理创新、技术创新和服务创新，最大限度地释放市场潜力，不断积累通用航空发展创新模式和经验，以促进整体行业的改革创新。

4. 武汉国家航天产业基地

基地位于新洲区，规划面积 68.8 平方千米，由武汉市政府联合中国航天科工集团、华夏幸福共同打造以商业航天为核心，高端装备、新材料为支柱的三大高科技产业集群，以促进军民融合。华夏幸福作为产城一体化运营商，对基地进行整体规划、建设、开发，在新洲双柳打造"产业高度聚集、城市功能完善、生态环境优美"的航天产业新城。目前，基地已初步形成 8 平方千米以商业航天为龙头的产城融合示范区，园区循环路网基本成型。产业项目已全面开工建设，火箭总装总调中心 2018 年年底封顶，一批高科技企业通过华夏幸福"以商招商"的引资模式落户基地。

## 二、军民融合产业基础

### (一)发展现状

1. 产业领域

智能网联汽车领域。2016 年 11 月 3 日,工业和信息化部与省政府签订合作框架协议,武汉成为智能汽车与智慧交通应用示范城市,武汉经济技术开发区(汉南区)成为首批入选示范区项目建设的核心区。发展智能网联汽车产业,是武汉经济技术开发区(汉南区)承担的国家使命。智能网联汽车可以军民两用,成为武汉经济技术开发区(汉南区)军民融合产业的一张名片。目前,武汉经济技术开发区(汉南区)已有武汉智能网联创新中心项目、新能源汽车工研院等项目建成运营。

车辆装备领域。东风汽车集团有限公司长期从事军用车辆的研发和生产工作,在国内属于军民融合企业的第一梯队。东风公司将民用车辆技术应用到军用车辆中,生产的军用越野车在国内外享有盛誉。新兴重工湖北三六一一机械有限公司武汉分公司生产的应急供排水装备、市政排水装备、消防特种车、军用特种装备等军民两用产品得到了广泛应用。汉阳特种汽车制造厂研发的重型汽车不仅广泛用于军队,重型车系列技术和工艺已经广泛应用于民用重型车辆领域。

机器人与智能制造领域。哈工大机器人集团武汉有限公司依托国内著名军工院校哈尔滨工业大学在机器人领域的领先技术,在智慧生态园区已经设立生产基地,生产军民两用机器人,以服务国防建设和经济社会发展。

通用航空领域。武汉经济技术开发区(汉南区)是国际航联世界飞行者大会的永久举办地,飞行者大会推动了通用航空产业发展,助力武汉成为国际航空界的璀璨新星。2019 年武汉还承办了第七届"世界军人运动会"的空军项目。

新材料领域。军民融合新材料产业是武汉经济技术开发区(汉南区)的发展重点,主要涉及军用新材料、高性能纤维及复合材料、纳米材料、3D 打印材料、锂电池材料,武汉经济技术开发区(汉南区)成功引进了武汉中原长江科技发展有限公司(原752厂),这是军民融合新材料产业的典型企业。

文化旅游领域。依托智慧生态城,以军民融合产业研发为支撑,发展具有军民融合特色的文化旅游与教育康养产业。目前已有哈工大机器人集团华中区域总部及研究院、融创文旅及产城项目等开工运营。

2.产值比重

武汉经济技术开发区(汉南区)2018年军民融合产业总产值265亿元,其中,车辆装备产值为90亿元,占比34.0%;智能网联汽车产值为75亿元,占比28.3%;通用航空制造及研发产值为45亿元,占比17.0%;机器人产值为40亿元,占比15.1%;新材料产值为10亿元,占比3.8%(见图5.15)。①

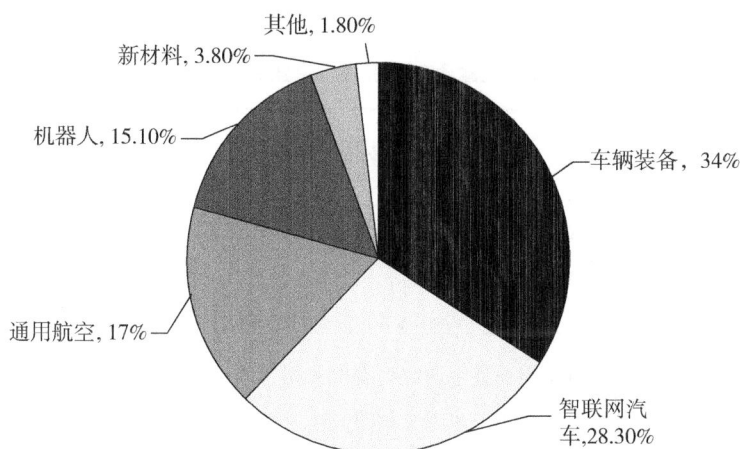

图5.15　军民融合重点产业产值比重

重点项目。目前,武汉经济技术开发区(汉南区)军民融合产业已开工或运营项目24个(新能源与智能网联汽车基地项目、哈工大机器人集团华中区域总部及研究院项目等);新投产项目20个(文发航空飞机及发动机研发、总装、制造项目、融创文旅及产城项目、宏泰重离子肿瘤医院项目等)。商汤科技华中总部、EV100动力电池先进技术研究院等一批重点项目正在加紧跟进。同时,新兴重工

———————————

① 本节数据来源于武汉经济技术开发区(汉南区)经济和信息化局。

湖北三六一一机械有限公司武汉分公司、中原长江科技等一批大型军工企业及新型民参军企业也在加快培育，军民融合发展边界不断拓宽，这些都为军民融合产业建设奠定了坚实基础。

3. 企业情况

截至 2019 年，武汉经济技术开发区(汉南区)军民融合企业约 80 家，民口企业占了绝大多数(见表 5.14)。民口企业大多为规下企业，工业产值普遍不高。军民融合骨干企业产值排名前五的企业是：武汉新能源汽车工业技术研究院有限公司、卓尔智能制造(武汉)有限公司、汉阳特种汽车制造厂、武汉特尔斯特汽车技术科技有限公司、新兴重工湖北三六一一机械有限公司武汉分公司。这五家企业主要涉及的领域是新能源汽车、车辆装备、应急装备等。

表 5.14　　　　　　　　　军民融合产业引领型企业名单

| 类别 | 企 业 名 单 | 数量(家) |
|---|---|---|
| 产值过亿元的引领型企业 | 新兴重工湖北三六一一机械有限公司武汉分公司、汉阳特种汽车制造厂、东风汽车集团有限公司、东方宇航(武汉)科技有限公司、国投理工飞行技术(武汉)有限公司、卓尔智能制造(武汉)有限公司、武汉新能源汽车工业技术研究院有限公司、武汉特尔斯特汽车技术科技有限公司、哈工大机器人集团武汉有限公司、武汉金发科技实业有限公司 | 10 |

4. 研发创新

武汉经济技术开发区(汉南区)正在逐步建立技术转移、风险管控、资源共享的军民融合机制，军民融合协同创新体系逐步确立。截至 2018 年年底，武汉经济技术开发区(汉南区)拥有省级以上企业技术研发中心或研发机构 11 家，其中，国家级企业技术中心或研发机构 3 家，省级企业技术中心或研发机构 8 家(见表 5.15)。

表 5.15　　　武汉经济技术开发区(汉南区)省级以上企业技术中心名单

| 类别 | 企 业 名 单 | 数量(家) |
|---|---|---|
| 国家级企业<br>技术中心 | 智联网汽车研发中心(武汉新能源汽车工业技术研究院有限公司)、机器人研发中心(哈工大机器人集团武汉有限公司)、东风汽车集团有限公司技术中心(东风汽车集团有限公司) | 3 |
| 省级企业<br>技术中心 | 工业机器人研发中心(卓尔智能制造(武汉)有限公司)、自动驾驶技术研发中心(武汉特尔斯特汽车技术科技有限公司)、汽车自动驾驶控制系统研发中心(武汉京普汽车科技有限公司)、高性能碳纤维材料研发中心(武汉金发科技实业有限公司)、车辆装备技术中心(新兴重工湖北三六一一机械有限公司武汉分公司)、无人机研发中心(东方宇航(武汉)科技有限公司)、通航及卫星研发中心(武汉文华科教集团公司)、通航及卫星研发中心(武汉文华科教集团公司)、特种车辆研发中心(汉阳专用汽车研究所) | 8 |

## (二)与武汉市另外两家国家级开发区的比较

### 1. 发展战略与规模

目前,东湖新技术开发区军民融合产业发展较快,从发展规模等指标来看,在武汉 3 家国家级开发区中优势较为明显。2019 年 1 月,东湖高新区已经有武汉未来科技城获批"湖北省军民融合产业示范基地"称号,形成了具备一定规模的军民融合产业集群,并且汇聚了中原电子、高德红外、七○九所、七一七所、七二二所、核动力运行所、锐科激光等一大批军民融合产业单位。临空港开发区在军民融合产业发展方面特色鲜明,逐渐形成了军工装备、智能制造、集成电路、大数据与人工智能四个维度的产业矩阵。2018 年 12 月,临空港成功引进了总投资 50 亿元的鼎兴量子军民融合创新产业园,国家网络安全人才与创新基地(军民融合)也落户在临空港,这些为今后临空港开发区军民融合产业发展打下了良好的基础。

### 2. 发展重点与未来方向

东湖高新区以"高端化、智能化、融合化、品牌化"为主攻方向,重点推进集成电路、半导体、激光光纤、新型信息、智能制造等产业领域的军民深度融合，促进优势产品"参军"发展，进入国防尖端技术领域，推动军民融合产业转型升级。临空港开发区围绕国家网络安全人才与创新基地开展军民融合相关产业，以创新驱动打造网络安全高地，并以军民融合产业投资基金为依托，重点在军工装备、智能制造、网络安全等领域实施军民融合产业发展。目前，三个开发区在智能制造、机器人等军民融合产业领域存在交集，形成了各具特色的军民融合产业，比如东湖高新区的集成电路、武汉经济技术开发区(汉南区)的汽车装备、临空港开发区的网络安防等。

3. 军民融合协同创新平台

近年来，武汉经济技术开发区(汉南区)在军民融合产业研发方面加大投入，科技成果转化落地不断加速，成功吸引了中科院、哈工大等一批军工高校院所落户，科研单位与企业共同研发、企业负责生产制造及销售的军民融合协同创新模式初步确立。东湖高新区在依托七〇九所、华中科技大学等现有存量资源的基础上，又吸引了大批海内外知名专家参与创新创业，智力密集程度不断加强，在军民融合协同创新平台建设方面积累了一定经验。临空港开发区的国家网络安全人才与创新基地和鼎兴量子军民融合创新产业园就是典型的军民融合协同创新平台，集研发、孵化、技术转化、生产、销售等于一体。

4. 产业支持政策

武汉三家国家级开发区均出台了政策支持军民融合产业发展(见表5.16)。

武汉经济技术开发区(汉南区)制定并实施了《武汉经济技术开发区军民融合产业示范基地发展实施意见》，积极争取国家、省、市产业扶持政策，并在财政投入、规划引领、金融保险等方面给予专项支持。

东湖高新区在《加大科技投入提升创新能力的政策清单》中针对军民融合科技创新给予专项支持，最高给予200万元军民融合科技创新补贴，组建军民融合产业技术创新联盟，建设军民融合专业化众创空间，推进光谷人工智能产业园建设，推动人工智能技术在军工装备中的应用。

临空港开发区则重点在招商引资方面给予军民融合企业大力支持，加快军民融合基础设施建设，落实配套项目，设立军民融合产业基金，全方位推进军民融合项目服务和基地建设。

表5. 16 武汉三家国家级开发区军民融合产业比较

| 开发区 | 优势产业 | 主要平台 | 代表性企业 | 未来发展重点 | 支持政策 |
|---|---|---|---|---|---|
| 东湖高新区 | 光纤光缆、激光产业、光通信 | 武汉未来科技城 | 高德红外、锐科激光、长盈通光电 | 军民融合激光产业创新示范区，培养军民融合的高端技术人才，创建武汉国家级军民融合创新示范区 | 《加大科技投入提升创新能力的政策清单》等 |
| 临空港开发区 | 军工装备、大数据、人工智能 | 国家网络安全人才与创新基地 | 萨尔法新能源、三江航天 | 中部地区规模最大的大数据产业集群和国家网络安全高地，积极争创国家级军民融合创新示范区 | 军民融合产业专项基金 |
| 武汉开发区 | 装备制造、智联网汽车、通用航空 | 智慧生态城、通航产业园 | 东风汽车、3611厂、汉阳特种汽车制造厂 | 建成"湖北省军民融合产业示范基地"，打造国家级军民融合创新示范区 | 《武汉经济技术开发区军民融合产业示范基地发展实施意见》 |

## (三)武汉开发区军民融合产业存在的主要问题

通过与武汉另外两家国家级开发区军民融合产业的比较，以及对武汉经济技术开发区(汉南区)军民融合产业发展现状的分析，笔者发现武汉开发区军民融合产业存在的问题主要表现在：(1)在企业方面，有一定的存量基础，增量及增速仍有待提升。(2)在技术研发方面，发展状况良好，但与国际国内一流水平仍有差距。(3)在产业集聚方面，优势产业发展突出，但上下游产业链有待进一步拓展。(4)在人才引进方面，有一定的人才吸引力，现急需出台军民融合专项人才支持举措。(5)在服务配套方面，基础良好，但"民参军"服务力度仍需加大。

## 三、战略目标

### (一)指导思想

以通航产业园和智慧生态城为依托，以通用航空和智能网联汽车等优势军民融合产业为重点,建设国家级军民融合创新示范区,着力推动"民参军"机制创新和"军转民"开放创新,加快构建产业发展、空间布局和政策保障三大体系,积极推进军民技术融合、军民产品融合、军民资本融合、军民人才融合,形成"创新引领、技术支撑、产业联动、高端开放"的军民融合产业集群,打造湖北省军民融合产业示范基地,加快构建全要素、多领域、高效益的武汉经济技术开发区(汉南区)军民深度融合发展格局。

(二)发展原则

(1)坚持军工资源与地方资源相结合。遵循深度融合趋势,加速技术、资本、市场和人才等资源军民双向转化,推进军民融合高新技术产业发展,带动产业转型升级。

(2)坚持集群发展与重点突破相结合。坚持"大产业、大园区"的发展思路,推进重大载体、重大项目、重点领域实现突破,加速产业集聚集群发展,培育形成新的经济增长点。

(3)坚持创新引领与开放合作相结合。始终把科技创新放到突出位置,加快军工科技资源开放共享,整合利用武汉经济技术开发区(汉南区)创新优质资源,推进跨领域、跨行业协同创新。

(三)发展目标

把握创新改革方向,在军民融合发展机制创新、产业体系构建、核心载体建设、军民人才培养等方面先行先试,率先实现军民融合产业创新发展。建成"湖北省军民融合产业示范基地",打造国家级军民融合创新示范区,军民融合产业产值突破600亿元。

军民融合产业进一步发展。2022年,智能网联汽车产业产值达到150亿元,智能制造和机器人产业产值达到150亿元;通用航空产业产值达到120亿元,车辆装备产业达到140亿元;民参军、军转民企业达到100家以上。

军民资源进一步融合共享。军民科技创新资源进一步开放共享,军民产品试验检测、标准通用化、军民计量资源互通共享取得积极进展,建成武汉经济技术开发区(汉南区)军民融合发展综合服务平台,军民融合公共服务体系更加完善。

创新能力显著增强。在军民两用技术领域，突破一批技术瓶颈，形成一批国际领先的自主创新科技成果。在先进技术领域推动并积极参与形成一批国家标准，承担或参与制定一批军用标准，采取多方式创新性推动军用标准和民用标准体系融合。

重点领域和重大项目建设取得重要进展。智能网联汽车、机器人、3D打印、新材料、通用航空制造技术应用、应急救援车辆、军民两用重型载重汽车、卫星应用、航空培训等领域取得新突破，重点项目产业化发展取得新进展。

（四）空间布局

以智慧生态城和通用航空及卫星产业园为核心，以智能网联汽车、机器人和智能制造、车辆装备、通用航空、新材料等军民融合特色产业为支撑，形成军民融合产业"一城一园"和多点支撑的发展格局。

1. 创新"智造"区——"一城"

依托智慧生态城，打造军民融合产业的创新"智造"区，重点发展智能网联汽车、机器人与人工智能、新材料三大产业，建设军民融合文旅小镇，成为高端人才和高端业态集聚地。

2. 新兴制造区——"一园"

依托通用航空及卫星产业园，建设武汉经济技术开发区（汉南区）军民融合产业的新兴制造区，重点发展通用航空和车辆装备两大产业。园区占地面积24.75平方千米，现有企业20个，重点军民融合企业有新兴重工湖北三六一一机械有限公司武汉分公司、武汉中原长江科技发展有限公司（752厂）等。

四、推动优势产业引领发展

（一）智能网联汽车

1. 发展思路

以下一代汽车产业[①]为重点，导入智能网联汽车、无人驾驶、新能源汽车及

---

[①]　以智能化、网联化、电动化、轻量化、共享化为特征的"下一代汽车"，主要是新能源汽车和智能网联汽车。

汽车后市场等产业资源，打造集下一代汽车的设计、研发、测试、生产制造、销售、消费娱乐、大数据反馈等于一体的完整产业链。

2. 发展重点

(1)优先发展车联网。前期优先布局车内蓝牙支持技术、车载无线信息娱乐功能、互联网访问的车联网技术等相关无线连接车辆网技术，中期大力发展汽车数据集成、云系统及大数据分析、车载应用商店、智能导航的大数据与云端车联网技术。同时向高精度通信地图、车联网应用及服务等车载咨询服务系统领域有效延伸发展。

(2)积极发展自动驾驶。围绕智能网联汽车的核心技术需求，聚焦附加值、技术含金量高的自动驾驶技术研发，重点发展驾驶辅助技术(DA)、部分自动驾驶技术(PA)、有条件自动驾驶技术(CA)和完全自动驾驶技术(HA/FA)。探索将雷达、电控、北斗导航在内的军工领域产品民用化应用于自动驾驶技术。

(3)大力研发关键零部件。选取市场前景广阔、国产化需求强烈的车载摄像头、毫米波雷达两种先进传感器，转向、制动执行器，以及车载终端设备为主要方向。

(4)配套发展后市场服务。发展汽车高端展销、维修改装、汽车金融、共享租赁、汽车文化、驾照培训、充电站、加氢站建设等高增长、高附加值环节。

3. 主要任务

(1)完成新能源与智能网联汽车基地的基础设施建设。2019 年完成 16 千米的封闭道路的建设，实现 5G 网络的全覆盖。2020 年完成园区 159 千米开放道路的测试。

(2)统筹推进新能源与智能网联汽车产业链招商。致力于产城融合、智慧提升的理念，统筹推进产业链招商，打造高端人才和高端业态集聚地。

4. 重点推进项目

重点推进 9 个项目，见表 5.17。

表 5.17　　　　　　　　智能网联汽车产业重点推进项目

| 序号 | 项目名称 | 推进情况 | 备注 |
|---|---|---|---|
| 1 | 新能源汽车智能网联基地(封闭测试场) | 开放示范区一期于 2019 年 9 月 30 日完成联调测试，封闭测试场一期于 2020 年年底完工 | 民参军 |

续表

| 序号 | 项目名称 | 推进情况 | 备注 |
|---|---|---|---|
| 2 | 武汉中科先进技术研究院项目 | 2018年9月签约,11月完成武汉中科先进技术研究院工商注册、核心团队组建工作,已与华中智谷签订过渡办公场所及孵化器(3800平方米)的租赁协议,并启动过渡办公场所装修工作。目前,先进院入驻海创园开展先进院前期筹建工作 | 民参军 |
| 3 | 新能源汽车工研院项目 | 目前已有理工国科、迪塔科技、优能高教等26家企业完成注册并入驻 | 民参军 |
| 4 | 至驱动力电动汽车电控系统研发生产项目 | 完成签约,入驻新能源汽车工研院,投资约3000万元,产值预计约1.1亿元,年缴纳各项税收约1000万元 | 民参军 |
| 5 | 禾多科技项目 | 拟在武汉经济技术开发区(汉南区)参与高速公路无人驾驶及智能代客泊车量产解决方案等项目,前期积极参与智能网联汽车基地示范区相关顶层规划设计工作,设立武汉研发总部,后期推进测试牌照的发放及与车企的合作 | 民参军 |
| 6 | 图森未来项目 | 拟在武汉设立华中区域研发基地,开展示范区物流场景规划及港口、仓到仓物流测试运营,先行先试成为全国第一家物流运营场景的无人驾驶独角兽企业 | 民参军 |
| 7 | 北斗国科车联网项目 | 已在武汉经济技术开发区(汉南区)注册,从事充电桩研发和销售、控制传感器研发、交通监控系统平台研发运营 | 民参军 |
| 8 | 武汉特尔斯特汽车技术科技有限公司 | 自动驾驶汽车,技术水平处于国内先进之列 | 民参军 |
| 9 | 武汉智能网联汽车创新中心项目 | 2018年4月23日签约,总投资额达1.2亿元。项目公司已经完成民办非企业机构注册,团队初步组建完成,2018年8月已入驻人才大厦 | 民参军 |

5. 重点引进项目

依托新能源与智能网联汽车测试基地这一国家级战略平台，重点围绕智能网联汽车产业方向开展招商工作，重点推进 9 个项目，见表 5.18。

表 5.18　　　　　　　　　智能网联汽车产业重点引进项目

| 序号 | 项 目 名 称 | 备 注 |
|---|---|---|
| 1 | 清华工研院项目 | 民参军 |
| 2 | 车规级 SoC 芯片及通信模组研发制造项目 | 民参军 |
| 3 | 紫光公有云项目 | 民参军 |
| 4 | 软银协鑫首汽约车项目 | 民参军 |
| 5 | 重庆长安汽车股份有限公司 | 民参军 |
| 6 | 华为技术有限公司 | 民参军 |
| 7 | 百度智能汽车事业部 | 民参军 |
| 8 | 北京北斗星通导航技术股份有限公司 | 民参军 |
| 9 | 江苏中科天安智联科技有限公司 | 民参军 |

(二)车辆装备

1. 发展思路

以湖北三六一一特种装备有限责任公司、东风汽车集团公司、汉阳特种汽车制造厂等骨干企业为重点，拓展车辆装备上下游产业链，推动相关产品服务国防建设和地区经济发展，全力打造湖北省车辆装备军民融合产业集聚示范区。

2. 发展重点

(1)军品车辆。重点研发生产群车加油车、便携式直升机加油装置、舰艇滑油补给车、机场油料回收车、卫星通信指挥车、军队医疗救护车、武警迎宾车等特种车辆。

(2)民品车辆。重点研发生产机动式应急供排水装备、大流量消防泡沫液远程输转系统、轻型高机动装备、特种消防车、民用特种车(包括救护车、执法车)等。

3. 主要任务

(1)加快军民融合技术研发。支持新兴重工三六一一等龙头企业充分利用军工背景以及军品研发技术，积极参与国家重点研发计划课题以及应急救援重大课题的试制开发。

(2)推广东风公司在军民融合体制机制方面的经验。东风汽车集团有限公司长期从事军用车辆的研发和生产工作，在国内属于军民融合企业的第一梯队。东风公司在军民融合体制机制建设方面积累了丰富的经验，可以在园区进行推广应用。

4. 重点推进项目(见表5.19)

表5.19　　　　　　　　　　　　车辆装备产业重点推进项目

| 序号 | 公司名称 | 公司主业 | 备注 |
|---|---|---|---|
| 1 | 湖北三六一一特种装备有限责任公司 | 应急救援特种装备产业园建设 | 军转民 民参军 |
| 2 | 东风汽车集团 | 车辆装备 | 军转民 民参军 |
| 3 | 南京金龙(武汉)新能源汽车技术有限公司 | 新能源车辆装备 | 民参军 |
| 4 | 汉阳特种汽车制造厂 | 车辆装备 | 军转民 民参军 |
| 5 | 康明斯电力(中国)有限公司公司 | 车辆装备电气系统 | 民参军 |
| 6 | 武汉罗尔科技公司 | 发动机 | 民参军 |
| 7 | 武汉非凡电源有限公司 | 车辆电源 | 民参军 |
| 8 | 武汉长光电源有限公司 | 车辆电源 | 民参军 |
| 9 | 武汉中原长江科技发展有限公司 | 车辆电源 | 民参军 |
| 10 | 武汉兴通力电源技术有限公司 | 车辆电源 | 民参军 |
| 11 | 武汉市无线电器材厂 | 航空通信 | 民参军 |
| 12 | 武汉精测电子技术股份有限公司 | 平板显示检测系 | 民参军 |
| 13 | 武汉电缆集团公司 | 发动机电缆 | 民参军 |
| 14 | 湖北军缔悍隆科技发展有限公司 | 汽车轮胎中央充放气系统研发、生产、销售及服务。 | 民参军 |

5. 重点引进项目(见表 5.20)

表 5.20 车辆装备产业重点引进项目

| 序号 | 公司名称 | 公司主业 | 备注 |
|---|---|---|---|
| 1 | 湖北华舟重工应急装备有限责任公司 | 交通应急装备、专用车辆 | 军转民 |
| 2 | 三江航天集团公司 | 特种越野车研制生产 | 军转民 |
| 3 | 上海金盾集团公司 | 特种消防车辆生产 | 民参军 |

(三)机器人和智能制造

1. 发展思路

支持哈工大机器人集团华中总部等拥有军工技术的企业在促进重点产品规模化、高新技术产业化的基础上,进一步提升军品开发设计能力和总装、分系统集成能力,加快推进工业机器人、商用服务机器人、医疗机器人、教育机器人、娱乐机器人、特种机器人、军用安防机器人(战场机器人、扫雷机器人、反恐排爆安检类机器人)等领域的研发生产。

2. 发展重点

(1)优先发展智能服务机器人和工业机器人。大力发展教育娱乐机器人、公共服务机器人,前瞻布局手术机器人、治疗机器人等医疗健康服务机器人,同时向智能模块、内容制作以及数据分析领域延伸发展。积极布局协作机器人、串联机器人及坐标机器人领域。

(2)积极发展军用、安防机器人。积极参与军工生产,开发反恐排爆安检类机器人、扫雷机器人、战场机器人等军事领域用机器人。

(3)大力发展关键零部件。优先发展传感器和智能模块。持续引进交流伺服电机、高功率密度伺服电机、谐波减速器、RV 减速器行业龙头企业,支持相关领域的技术突破。

(4)培育发展人工智能。积极发展视觉识别、语音识别、语义识别等核心技术,前瞻布局深度学习算法、云端智能机器人、机器人通用操作系统等领域。

(5)配套发展后市场服务。围绕机器人的维修保养、二手机器人买卖与再制造、融资租赁、科教与培训等一系列市场机遇，结合产业整体发展情况，阶段性地培育或引进机器人后市场服务企业。

3. 主要任务

（1）支持哈工大机器人集团建设集团华中区域总部、研究院及产业基地。集聚机器人领域高端人才，形成引领世界先进机器人技术的研发团队，实现机器人关键技术突破创新。

（2）支持企业开展智能化改造。支持大智装备、登奇机电等企业提档升级，发展智能制造，推进智能化改造，向智能工厂转型升级。

4. 重点推进项目（见表5.21）

表5.21　　　　　　　　机器人及智能制造产业重点推进项目

| 序号 | 公司名称 | 公司主业 | 备注 |
| --- | --- | --- | --- |
| 1 | 哈工大机器人集团华中总部及华中制造基地项目 | 工业机器人、民用机器人 | 军转民 民参军 |
| 2 | 新松机器人小镇项目 | 工业机器人 | 民参军 |
| 3 | 商汤科技 | 人工智能 | 民参军 |
| 4 | 深兰科技 | 人工智能 | 民参军 |
| 5 | 经开·富力中以科技创新中心项目 | 人工智能、区块链 | 民参军 |
| 6 | 华夏幸福机器人小镇项目 | 机器人 | 民参军 |
| 7 | 卓尔智能制造（武汉）有限公司 | 机器人及软件产品 | 民参军 |
| 8 | 汉口机床厂 | 智能制造 | 军转民 |

5. 重点引进项目（见表5.22）

表5.22　　　　　　　　机器人及智能制造产业重点引进项目

| 序号 | 公司名称 | 公司主业 | 备注 |
| --- | --- | --- | --- |
| 1 | 同行者智能语音交互 | 机器人 | 民参军 |
| 2 | 天外天智能产业园项目 | 机器人 | 民参军 |

| 序号 | 公司名称 | 公司主业 | 备注 |
|---|---|---|---|
| 3 | 太库人工智能与机器人孵化器 | 人工智能 | 民参军 |
| 4 | 钛基数据中心 | 大数据 | 民参军 |
| 5 | 文杰机器人 | 机器人 | 民参军 |
| 6 | 武汉经开人工智能科技园建设投资有限公司 | 人工智能 | 民参军 |

## 五、培育潜力产业跨越式发展

### (一)通用航空

1. 发展思路

以通用航空运营为依托、航空培训和航空运动体验为特色、通用航空器研发与制造为基础,重点发展公务航空、短途运输、应急救援、航空旅游以及军民两用航空产业。形成军民兼顾的通用航空全产业链,打造引领全国通航产业发展的"通用航空创意经济示范区"(见图 5.16)。

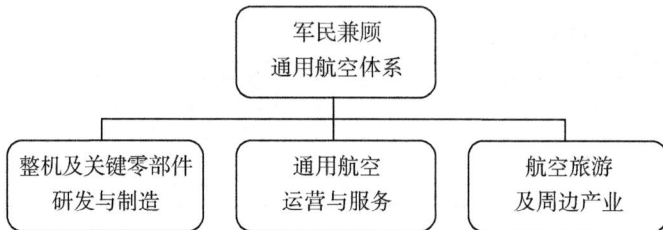

图 5.16　通用航空发展思路

2. 发展重点

(1)飞机整机及无人机。推进航空器的研发制造,加快研发轻型公务机,引导发展应急救援类通用飞机,鼓励生产研发各类消费型无人机、专业无人机和军用无人机。

(2)航空发动机及零部件。推动航空发动机研发生产和小型飞行器生产组装，研发主要部件和相关设备，延长通航零部件生产链。

（3）通用航空运营与服务。开展航空维修、短途运输、航空应急救援，提升装备综合保障能力，鼓励发展航空租赁、航空培训、展示交易、航空科技体验，建成军民兼顾的通用航空体系。

3. 主要任务

（1）承办世界军人运动会跳伞项目。高质量地完成第七届世界军人运动会跳伞比赛项目，提供机场、场馆设施和服务。

（2）办好国际航联世界飞行者大会。定期举办通用航空展，提升开发区知名度，打造世界飞行者（WFE）大会品牌。

（3）飞行俱乐部。打造会员聚集、交流的高端俱乐部，内设专属机坪、机库等设施。

（4）打造航空金融交易平台。提供新机订购、二手飞机交易和贷款融资服务。

4. 重点推进项目

推进 14 个重点项目，见表 5.23。

表 5.23 通用航空产业重点推进项目

| 序号 | 项目名称 | 建设公司 | 备注 |
|---|---|---|---|
| 1 | 武汉开发区通航产业综合示范区 PPP 项目 | 中航通飞、中国宏泰 | 民参军 |
| 2 | 武汉文发航空飞机及发动机研发、总装及制造项目 | 武汉文发航空科技发展有限公司 | 民参军 |
| 3 | 卓尔通用飞机复装、交付、维修项目 | 武汉卓尔航空投资有限公司 | 民参军 |
| 4 | 正阳华中地区航空医疗救援直升机组装维修改装项目 | 武汉航福聚科技产业发展有限公司 | 民参军 |
| 5 | 晟铭航空及高端制造项目 | 江西海铂机械有限公司 | 民参军 |
| 6 | 挑战者通航运营项目 | 武汉市挑战者通用航空有限责任公司 | 民参军 |
| 7 | 英安通航运营项目 | 英安通用航空有限公司、中国城市建设控股集团 | 民参军 |

续表

| 序号 | 项目名称 | 建设公司 | 备注 |
|---|---|---|---|
| 8 | 意大利火神 P68、飞机组装、生产制造及通航产业链项目 | 武汉航耀弘科技服务发展有限公司 | 民参军 |
| 9 | 金豪泰无人机电子电器导航仪零部件项目 | 武汉鑫豪航泰科技有限公司 | 民参军 |
| 10 | 亚洲飞机市场、飞机拆解及零部件交易中心项目 | 青岛天际线航空技术服务有限公司 | 民参军 |
| 11 | 武汉华夏发动机排气系统项目 | 湛江市华夏消音器有限公司 | 民参军 |
| 12 | 华彬海燕通用航空汉南运营基地项目 | 海燕通用航空有限公司 | 民参军 |
| 13 | 湖北同诚通用航空发动机维修及通航运营项目 | 湖北安达晟航空技术有限公司 | 民参军 |
| 14 | 博胜航空运动培训及通航运营项目 | 西安市航空产业基地博胜通用航空有限公司 | 民参军 |

5. 重点引进项目(见表 5.24)

表 5.24　　　　　　　　　　通用航空产业重点引进项目

| 序号 | 公司名称 | 公司主业 | 备注 |
|---|---|---|---|
| 1 | 武汉宏泰展耀航空投资有限公司 | 航空产业整合与投资 | 民参军 |
| 2 | 湖北北斗航天卫星应用科技有限公司 | 北斗卫星应用装备 | 民参军 |
| 3 | 武汉普鲁多科技有限公司 | 航空软件开发 | 民参军 |
| 4 | 武汉经开卫星导航产业股份有限公司 | 卫星导航信息技术 | 民参军 |
| 5 | 昆仑商用飞机有限公司 | 航空产品及零部件开发 | 民参军 |
| 6 | 全略达(武汉)航空实业有限公司 | 航空先进技术的引进转化 | 民参军 |
| 7 | 湖北星际之门碳纤维复合材料研究院有限公司 | 航空碳纤维复合材料制品 | 民参军 |
| 8 | 中航智飞(武汉)通用航空有限公司 | 航空技术研发生产 | 民参军 |
| 9 | 湖北安达晟航空技术有限公司 | 航空技术研发生产 | 民参军 |

续表

| 序号 | 公司名称 | 公司主业 | 备注 |
|---|---|---|---|
| 10 | 国家工业空气动力学军民融合研究与创新中心项目 | 空气动力学研发 | 民参军 |
| 11 | 湖北尹翔通航发展有限公司 | 航空技术研发 | 民参军 |
| 12 | 武汉晟歆防音材料有限公司 | 航空隔音材料研发生产 | 民参军 |
| 13 | 临近空间技术项目 | 空间技术 | 民参军 |
| 14 | 彩虹无人机通航项目 | 无人机 | 民参军 |
| 15 | 国防科技大学激光陀螺项目 | 激光 | 军转民 |
| 16 | 吉林进取空间项目 | 空间技术 | 民参军 |

## (二) 新材料

### 1. 发展思路

积极培育和壮大军民融合产业市场主体,重点扶持一批在军民两用市场具有竞争力的优质企业,全力发展军用新材料、高性能纤维及复合材料、纳米材料、3D 打印材料、锂电池材料,拓展 3D 打印、纤维材料等上下游产业链,建设军民融合特色的新材料产业集群(见图 5.17)。

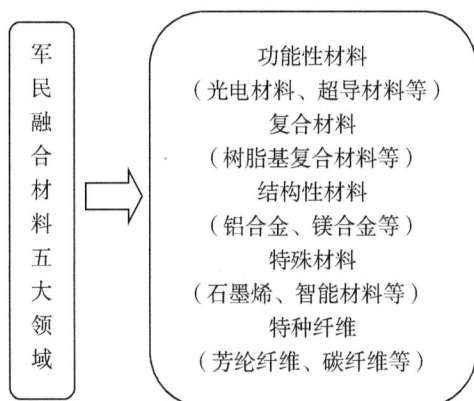

图 5.17　军民融合新材料产业主要领域

2. 发展重点

(1)军民两用材料。研究能适应武器装备特殊工况与极端工况的先进材料及制品，并能用于民用领域的军民融合材料，包括功能性材料、复合材料、结构性材料、特殊材料、特种纤维等。

(2)高性能纤维及复合材料。重点发展碳纤维材料、高强玻璃纤维，择机发展新型光纤、传感器材料等光电材料。引入孵化碳纤维、光电材料等高端细分领域的新兴企业。

(3)3D打印材料。重点研发工程塑料、橡胶类材料、陶瓷材料、金属材料等工业级3D打印材料，支持3D打印技术在军事装备及零部件制造和快速修复上的应用，拓展打印服务交易、应用展示相关领域。

(4)纳米材料。重点发展纳米催化材料、纳米陶瓷材料、纳米涂料、纳米半导体材料领域，重点发展微纳米表面工程、纳米发电功能器件。

(5)锂电池材料。重点生产研制锂一次电池、锂二次电池、海水锂电池，研发高比能量长储存寿命技术、低温锂电池设计技术、锂电池超大规格制造技术等"军转民"技术。

3. 主要任务

(1)培育军民融合新材料产业集群。重点培育纤维材料、3D打印材料、纳米材料、锂电池材料四大产业集群，打造具有军民融合特色的新材料产业基地。

(2)形成军民融合新材料产品体系。在功能性材料、复合材料、结构性材料、特殊材料、特种纤维材料等领域，生产具有市场竞争力的军民两用代表性产品。

(3)创建军民融合新材料研发中心。以中环中科院、启迪科技城等项目为依托，结合武汉本土军工研发优势，打造集研发、企业孵化和创新服务于一体的产业技术创新中心。

4. 重点推进项目

推进8个重点项目，见表5.25。

表 5.25 新材料产业重点推进项目

| 序号 | 企业名称 | 项目名称 | 项目内容 | 备注 |
|------|----------|----------|----------|------|
| 1 | 中环股份 | 中环中科院项目 | 微电子研发基地 | 民参军 |
| 2 | 启迪控股股份有限公司 | 启迪科技城项目 | 众创空间、孵化器 | 民参军 |
| 3 | 武汉建工产业园建设发展有限公司 | 湖北省建工产业园项目 | 建筑装配 | 民参军 |
| 4 | 东旭蓝天新能源公司 | 东旭蓝天华中总部项目 | 新能源、环保材料研发基地 | 民参军 |
| 5 | 中建紫光 CBIM | 装配式建筑产业示范基地与研发中心项目 | 新材料 | 民参军 |
| 6 | 深圳市雄韬电源科技股份有限公司 | 雄韬氢燃料电池整车及核心部件项目 | 氢燃料电池 | 民参军 |
| 7 | 武汉雄韬氢雄燃料电池科技有限公司 | 雄韬氢能武汉产业园及总部基地项目 | 氢燃料电池 | 民参军 |
| 8 | 武汉市工程塑料有限公司 | — | 工程塑料 | 军转民 |

## 5. 重点引进项目

重点引进 2 个项目，见表 5.26。

表 5.26 新材料产业重点引进项目

| 序号 | 项目名称 | 项目内容 |
|------|----------|----------|
| 1 | EV100 动力电池先进技术研究院项目 | 先进电池材料研究中心、新一代电池研制、EV 后市场检测服务平台，一期预计投入 10 亿元 |
| 2 | 军民融合新材料产业园项目 | 芳纶、钒钛等产品研发，以及相关配套产业 |

## (三) 文化旅游产业

### 1. 发展思路

以军运会为契机，培育军事旅游体验项目，发展文旅教育康养产业，建成具有军民融合特色的文化旅游小镇。形成国防军事科技与教育、文化、旅游产业深度融合发展模式，年接待游客 2000 万人次，实现年均旅游产值 200 亿元以上。

2. 发展重点

(1)军事主题旅游。推出军事旅游景点，培育军事文化旅游产业，突出军事主题，主打视听体验，发展军事体验、军工展示、VR 互动、人工智能及娱乐机器人，配套休闲、观光、购物等商业服务。

(2)康养产业与国际教育。发展国际一流的康养医疗产业，重点推进重离子治疗技术的发展；鼓励和支持发展国际教育，探索实施基础教育阶段的国际教育模式。

3. 主要任务

(1)军事主题公园。打造以军事体验、军事参观为主题的生态公园。

(2)集聚国际教育资源。建设优质的国际学校，吸引高端国际教育企业集聚，形成教育、体育、艺术的全天候国际教育生态系统。

4. 重点推进项目

推进 3 个重点项目，见表 5.27。

表 5.27 文化旅游产业重点推进项目

| 序号 | 企业名称 | 项目名称 | 项目内容 | 备注 |
|---|---|---|---|---|
| 1 | 融创集团 | 融创文旅及产城项目 | 文化旅游、生态旅游、城市配套 | 民参军 |
| 2 | 宏泰集团 | 全域医疗三甲综合医院及健康医养中心项目 | 重离子肿瘤医院、综合医疗 | 军转民 |
| 3 | 广州联冠投资集团 | 爱莎国际学校项目 | 从幼儿园、小学、初中到高中的国际教育 | 民参军 |

5. 重点引进项目

重点引进 2 个项目，见表 5.28。

表 5.28　　　　　　　　　　文化旅游产业重点引进项目

| 序号 | 项目名称 | 项目内容 |
|---|---|---|
| 1 | 军民融合文化旅游主题功能区项目 | 主题公园、特色城镇、品牌总部基地，预计年接待游客 2000 万人次以上 |
| 2 | 国家检测高技术服务业集聚区等国家战略平台 | 专业第三方检验检测服务 |

## 六、保障措施

### (一)加强规划实施组织领导

成立工委(区委)军民融合发展委员会，负责领导全区军民融合发展工作，统筹"军转民"与"民参军"企业的并行发展。建立区领导对口联系军民融合产业园区(重大军民融合项目)工作机制，支持推动军民融合发展工作。建立军民融合"两库一清单"推进模式，及时跟踪推进重点领域、重点项目军民融合发展，加强全区军民融合项目的分类指导、动态调整和梯次推进，明确项目推进计划方案、责任主体和进度要求。加大项目统筹调度、协调服务和监督检查，及时解决项目推进中存在的困难和问题，确保项目按期推进。

### (二)推进"民参军"体制创新

1. 推进混合所有制改革

加强与央属军工企业的战略合作，争取"民参军"改革创新先行先试。支持符合各类要求的投资主体参与武汉经济技术开发区(汉南区)军工企业股份制改造，支持符合条件的民营企业与军工企业组建混合所有制企业。鼓励军工单位加快推动资本公众化，提高军工资产证券化水平。鼓励民营优势企业积极参与央属军工企业"瘦身健体"提质增效，参与军工科研院所分类改革，联手打造军民融合科技型企业。

2. 推进审批管理体制改革

健全军民融合发展的组织管理体系，统筹协调跨部门跨层级审批、军地信息沟通联络等事项。争取资质认证管理权限，在武汉经济技术开发区(汉南区)建立"四证"①审查、认证工作协调机制，推进武器装备科研生产许可、装备承制单位资格"两证"联合审查，为民营优势企业进入军工领域创造条件。组织企业参加军民融合政策法规辅导和"军工四证"业务流程专题培训。

3. 搭建军民融合创新服务平台

健全区级"军政产学研用"统一组织、军地协调、需求对接、资源共享机制，充分利用市场对资源配置的决定性作用，营造公平、公正的军政产学研用大环境。强化重点单位、重点项目引导，围绕军民两用重点技术领域，鼓励辖区内涉军企业主动与高校、科研院所加强合作，强化工程(技术)研究中心、工程实验室、军民融合技术创新联盟等协同创新平台作用。

(三)推进"军转民"开放创新

1. 争取国有军工单位改革试点

争取试点国有军工单位市场化改革，建立健全企业法人治理结构。支持国有军工单位开展科技成果收益分配改革，支持国有军工单位将科技成果转化所获得的部分收益用于奖励科技成果完成人员。探索开展国防知识产权解密和转化交易试点，开展研发发包制和产品订货招标制试点。

2. 推进军工高技术应用

支持军工单位在武汉经济技术开发区(汉南区)自主处置不涉及国家核心能力、符合保密规定的科技成果的合作实施、转让、对外投资和实施许可等事项。支持军工单位利用自身优势，在武汉经济技术开发区(汉南区)创办、合办科技型企业。鼓励高校、科研院所通过技术、资本合作以及产业联盟等多种方式和渠道，加快具有自主知识产权的关键核心技术转化。除涉及国家安全、战略武器和核心领域外，鼓励国有军工企业自主选择配套企业，构建"小核心、大协作、专业化、开放型"的武器装备科研生产体系。

3. 推动优质资源社会化开放

---

① "四证"：装备承制单位资格证、武器装备科研生产许可证、武器装备科研生产单位保密资格审查认证、武器装备质量管理体系认证。

建立军工科技资源使用和服务价格补偿机制，支持国防科技重点实验室、军工重大试验设施向民营企业开放。支持军工单位、民营优势企业、高校和科研院所在保密、安全的前提下，搭建军民设备设施共享信息对接平台，推动有关信息平台资源互联互通，研发资源和先进设备资源开放共享。

## (四)强化军民融合人才支撑

### 1. 加大高层次军民融合人才引进力度

重点吸引部队转业和离退休专家，引进骨干型离退休专家，吸引这些专家到武汉经济技术开发区(汉南区)定居，长期参与企业的研发。聚焦军民融合产业发展，打造人才集聚高地。

### 2. 加强军民融合人才培养

支持军口单位、民口单位与在武汉经济技术开发区(汉南区)的高校联合建立培训中心，支持江汉大学、武汉商学院等高校设立国防科技学院和国防科技专业，健全军地人才双向交流机制，培养高层次人才。

### 3. 营造良好的军民融合人才生态环境

实施"六大工程"人才政策，建设一流的人才承载平台，认真落实"黄鹤英才计划"等政策，激励中介服务机构引进高层次人才，营造良好的军民融合人才发展环境。

## (五)优化营商环境

优化政务服务质量。全面落实《武汉经济技术开发区(汉南区)促进产业集聚办法》，打造政务直通车平台，实现政务服务"扁平化"，便利企业获取政府服务。深入实施《进一步健全重大产业和基础设施项目审批绿色通道工作机制实施细则》，全面缩短产业项目施工许可证办理时间。推行帮办(代办)服务和容缺受理(审批)，建立招商局、园区、企业多方联动的审批工作运行机制，优先保障军民融合产业重大项目的用地和用能需求，促进项目早建成、早投产、早达产。

提高智慧服务水平。加快武汉开发区企业公共服务云平台建设，积极完善政企直通车、金融服务、双创服务、企业上市、法律服务、知识产权服务、企业文化交流和人才引进八大子平台，为企业提供专业化、全方位、一体化的服务平台。推进企业大数据平台建设,推动"互联网+"在企业的深层次运用。运用大数据开展惠民政策,推动智慧燃气、"互联网+养老"、社区"微治理"等智慧生活运用平台建设,加快智慧城市建设和产城融合步伐。

制定促进军民融合产业发展的政策措施。对军民融合重大产业项目,在土地使用、基础设施建设等方面依法依规给予优先支持。对获得国家级、省级和市级军民融合产业示范基地资金奖励的园区给予配套扶持。争取市军民融合产业发展基金的政策支持,设立军民融合产业发展基金。

## (六)开展军民融合产业专题招商

统筹安排军民融合重点区域专题招商,坚持军民融合产业链招商,将军民融合纳入全区重大综合性招商活动内容,引进培育新材料和智能网联汽车、人工智能及智能制造、通用航空及卫星、车辆装备等重点领域军民融合企业和关键项目。深入研究军民融合的产业结合点,建立精准的军民融合产业目标企业库,对重点领域、重点项目根据实际需要实行"一业一策""一企一策",引进军工企业和具有军民融合潜力的民品企业进入园区,增强军民融合企业实力,扩大军民融合产业规模。

# 参 考 文 献

1. 徐晓阳. 改革开放以来我国汽车产业发展回眸与展望[J]. 中国集体经济, 2021, 4.

2. 舒敏. 基于区位熵方法的旅游产业集聚度分析——以安徽省为例[J]. 统计理论与实践, 2021, 2.

3. 杨帅, 周一帆. 我国汽车产业重点地区"十四五"时期发展建议[J]. 汽车与配件, 2021, 1.

4. 海亿新能助力湖北汽车产业寻"新"机[N]. 湖北卫视新闻头条, 2020-09-26.

5. 赵霞. 国家级开发区: 高质量发展的"沌口"样本[M]. 武汉: 湖北人民出版社, 2019.

6. 汽车业"双走廊"纵横荆楚[N]. 湖北日报, 2019-12-30.

7. 潘晨涛, 李亚, 张延, 等. 数字经济促进传统汽车产业转型升级研究——以阿里与福特合作为例[J]. 科技经济导刊, 2019, 27(13).

8. 费皓博. 日本九州地区汽车产业集群发展研究[D]. 长春: 吉林大学, 2018.

9. 汽车整车企业与零部件企业协同发展研究——吉林、湖北、上海的对比研究[J]. 企业论坛, 2016, 22: 99-100.

10. 项义军, 潘俊, 尹龙. 产业外向度综合评测指标体系构建研究[J]. 商业研究, 2009, 11.

11. 李晓华. "人工智能+制造"最终目的是加快制造业转型升级[N]. 经济参考报, 2018-06-13(6).

12. 李辉. "制造智能化"与"智能制造化"[J]. 中国工业评论, 2017(9): 52-56.

13. 邓洲. 促进人工智能与制造业深度融合发展的难点及政策建议[J]. 经济纵横, 2018(8): 41-49.

14. 敖翔.当下我国制造业就业的挑战与机遇[J].现代管理科学,2019(3):18-20.

15. 王立军.当制造业碰撞人工智能:开辟浙江发展新路径[J].杭州科技,2017(2):23-27.

16. 李娟,王菲,宁翠娟,等.当制造业遇到人工智能[J].纺织科学研究,2017(12):38.

17. 刘慧琳,连晓鹏.广东推动人工智能与实体经济深度融合[J].广东经济,2018(6):12-21.

18. 马宏宾.好风凭借力　送我上青云——人工智能助力中国制造[J].中国工业评论,2017(9):66-72.

19. 曹高明,饶晶.加快江西制造业向智能制造转型升级研究[J].老区建设,2019(6):29-36.

20. 朱耿,朱占峰,朱一青,等.人工智能发展对宁波经济的冲击及应对策略[J].宁波经济(三江论坛),2018(8):27-30.

21. 王祺扬.加快制造业优化升级　实现工业高质量发展[J].政策,2018(5):18-21.

22. 吴妍妍,钱文,王华美.安徽智能制造发展对策研究[J].理论建设,2018(2):100-107.

23. 申亚杰,龚晓菊.湖北制造业发展的现状和省际比较研究[J].现代经济信息,2017(14):484,486.

24. 薛加玉.人工智能赋能制造业转型升级[J].现代工业经济和信息化,2019,9(3):9-10,16.

25. 人工智能时代　传统制造业何去何从[J].智慧工厂,2018(4):24-25.

26. 蒋建强,董宜孝.苏州探索智能制造业升级的路径研究[J].商业经济,2018(11):72-73,78.

27. 陆峰.扎实推进人工智能和制造业融合发展[J].新经济导刊,2018(9):25-27.

28. 沈丹璇,姜逸翔.制造业对人工智能应用意愿影响因素实证研究[J].现代商业,2019(9):43-46.

29. 教宗渝．浅析人工智能对制造业的多重影响[J]．通讯世界，2019，26（1）：309.

30. 孙波，栾世奇．以人工智能与装备制造业深度融合引领黑龙江省工业转型[J]．奋斗，2019(1)：58-59.

31. 方毅芳．基于科学数据的人工智能与制造业融合现状分析[J]．中国仪器仪表，2019(3)：23-29.

32. 刘星．人工智能与制造业融合渐进[J]．电气技术，2018，19(3)：3.

33. 胡权．重新定义智能制造[J]．清华管理评论，2018(Z1)：78-89.

34. 张颖聪．人工智能与先进制造业的创新融合[J]．科技创业月刊，2018，31（1）：11-13.

35. 钱锋，桂卫华．人工智能助力制造业优化升级[J]．中国科学基金，2018，32（3）：257-261.

36. 王怀明．湖北省制造业"新型化"评价实证研究[J]．华中科技大学学报(社会科学版)，2010，24(1)：65-71.

37. 申亚杰，龚晓菊．湖北制造业发展的现状和省际比较研究[J]．现代经济信息，2017(14)：484，486.

38. 颜莉，马荣．湖北实施中国制造2025战略比较与路径分析[J]．湖北经济学院学报(人文社会科学版)，2018，15(12)：26-29，33.

39. 肖泽磊，范如国，王松．考虑技术异质性的湖北制造业创新绩效测度与影响因素研究[J]．湖北社会科学，2019(3)：53-61.

40. 吕小刚，石小金．产业集群形成理论综述[J]．辽宁行政学院学报，2010(7)：86-87.

41. 姜霞．高新技术产业集群持续发展的动力机制及实证研究——以武汉东湖高新区光电子信息产业集群为例[J]．改革与战略，2014(9)：115-118.

42. 张秀生，陈立兵．产业集群、合作竞争与区域竞争力[J]．武汉大学学报哲学社会科学版，2005(5)：294-299.

43. 张西奎，胡蓓．产业集群的人才集聚研究[J]．商业研究，2007(359)：5-7.

44. 龙小宁，张晶，张晓波．产业集群对企业履约和融资环境的影响[J]．经济学（季刊），2015(4)：1563-1590.

45. 刘志阳，姚红艳．战略性新兴产业的集群特征、培育模式与政策取向[J]．重庆社会科学，2011(3)：49-55.

46. 王欢芳，何燕子．战略性新兴产业集群式发展的路径探讨[J]．经济纵横，2012(10)：45-48.

47. 李扬，沈志渔．战略性新兴产业集群的创新发展规律研究[J]．经济与管理研究，2010(10)：29-34.

48. 刘国宜，胡振华，易经章．产业集群的动力来源研究[J]．湖南社会科学，2013(3)：167-169.

49. 喻登科，涂国平，陈华．战略性新兴产业集群协同发展的路径与模式[J]．研究科学学与科学技术管理，2012(4)：114-120.

50. 孙国民，陈东．战略性新兴产业集群：形成机理及发展动向[J]．中国科技论坛，2018(11)：44-52.

51. 宋歌．战略性新兴产业集群式发展研究[D]．武汉：武汉大学，2013.

52. 王欢芳，李密．促进战略性新兴产业集群协同发展[J]．宏观经济管理，2016(7)：65-67.

53. 朱斌，欧伟强．海峡两岸战略性新兴产业集群协同演进研究[J]．科研管理，2016(7)：35-46.

54. 刘红霞．战略性新兴产业集群建设问题思考[J]．商业时代，2011(26)：123-124.

55. 张金艳．陕西战略性新兴产业集群集聚度研究[D]．西安：陕西科技大学，2015.

56. 孙露卉，熊梦洁．探究战略性新兴产业集群互动发展模式[J]．产业经济，2016(1)：171-174.

57. 李欣峰，张晓燕．因类施策促进战略性新兴产业集群发展[J]．现代管理科学，2019(12)：27-29.

58. 史焱文，李二玲，李小建．农业产业集群创新效率及影响因素——基于山东省寿光蔬菜产业集群的实证分析[J]．地理科学进展，2014(7)：1000-1008.